教｜育｜知｜库

项目式学习的教学研究与实践

田树林　刘　强———

主编

光明日报出版社

图书在版编目（CIP）数据

项目式学习的教学研究与实践／田树林，刘强主编
. －－北京：光明日报出版社，2021.6
ISBN 978－7－5194－6078－5

Ⅰ.①项… Ⅱ.①田… ②刘… Ⅲ.①课程—教学研
究—高中 Ⅳ.①G632.3

中国版本图书馆 CIP 数据核字（2021）第 086837 号

项目式学习的教学研究与实践
XIANGMUSHI XUEXI DE JIAOXUE YANJIU YU SHIJIAN

主　编：田树林　刘　强

责任编辑：郭思齐　　　　　　　　责任校对：刘文文
封面设计：中联华文　　　　　　　责任印制：曹　净

出版发行：光明日报出版社
地　　址：北京市西城区永安路 106 号，100050
电　　话：010－63169890（咨询），63131930（邮购）
传　　真：010－63131930
网　　址：http://book.gmw.cn
E－mail：guosiqi@ gmw.cn
法律顾问：北京德恒律师事务所龚柳方律师

印　　刷：三河市华东印刷有限公司
装　　订：三河市华东印刷有限公司
本书如有破损、缺页、装订错误，请与本社联系调换，电话：010－63131930

开　　本：170mm×240mm
字　　数：404 千字　　　　　　　印　　张：22.5
版　　次：2021 年 6 月第 1 版　　印　　次：2021 年 6 月第 1 次印刷
书　　号：ISBN 978－7－5194－6078－5
定　　价：75.00 元

编委会

立身以立教为先，立学以读书为本

阅读是学习的基本功，读书与教师的教、学生的学相融相伴，互动互通；立身以立教为先，立学以读书为本。由此可见，"没有阅读的学校，不可能有真正的教育"（朱永新语）。进而审视教师的专业素养，要想好好教书，先要好好读书、多读好书。好学、善教、能研、会著，是教师专业生涯必经的成长历程，也是学校教风、学风与学术等"软实力"的体现，更是学生学会学习、终身学习的潜移默化、润物无声的引领。

北京市第八十中学全体教职工把读书作为工作和生活中不可或缺的一部分。多年来，全体教师潜心阅读，勤于思索，躬于实践。每个假期，除了学校统一发给教师的书籍外，每位教师还依据学科需要和兴趣爱好，阅读了很多与本专业有关的报刊、中外名著和教育教学理论等有关书籍，反思自己的学科教学方法与过程、收获与不足，撰写了既有理论支撑，又有实用操作价值的课题方案、学术论文，独创教学课例、哲理性感悟体会等。

本书选取的论文是第八十中学教师近期优质教学案例和具有一定影响力的学术论文，有的是教后感悟，有的是绝妙的课堂生成，有的是把项目式读书所得应用在自己的课堂里，体现了普通高中新课标的教育理念，强调了学科核心素养，注重了学生的思维参与和思维发展。那一篇篇论文，犹如林木葱茏的校园里苍翠常青的片片绿叶；一份份心得，堪为恪守教育情怀、潜心教学研究的"不二情书"。

文章的遴选原则，首先是各位老师践行了新课程的理念，有的是阅读《统整的力量》《基于实践的 STEAM 教学模式》《基于项目的 STEAM 学习》等教育理论书籍受到的启迪和顿悟；有的是运用项目式教学策略的生成与反思。其次是操作性，遴选的过程是将教育理论和教学实践结合，既有项目式教学的理论支撑，又富有学科特色的实践操作过程。体现了项目式学科开发的关键，即把学科知识技能的习得过程设计到任务情境中，打破了学科逻辑结构而以项目来组织课程，根据教学目标，围绕核心概念和基本原理组织探究任务的完成，促成学生的自我建构，发展学生高阶思维能力。

第八十中学组织教师专业阅读，聚焦主题、学用结合、创新实践，通过"学思结合、知行统一、研创并举、共享成功"，铺就操作路径，搭建合作平台，将教师年度读书心得结集出版，最终汇成首都名校科研著述与人文传承的丰硕宝藏。

"工欲善其事，必先利其器"，在落实核心素养教育的当下，我们更应该努力读好书，勤著述，使我们教育生涯更有厚度，更有温度，更有力度！

目 录
CONTENTS

基于"三生和谐"课堂的项目式教学[*]

　　"三生和谐"课堂有其特色的课堂教学目标及其设计思路与方法，以及实施的基本思想、方法与流程。在厘清"项目式教学"的本源内涵、应用发展和基本特点的基础上，借鉴和使用"项目式教学"理念，构建了实施"三生和谐"课堂教学中"课后实践学习"的教学方式。基于"三生和谐"课堂的项目式教学，设计并实施了"运用色度计传感器测定富铁物质中铁元素含量"的教学案例。

一、关于"三生和谐"课堂

　　"三生和谐"课堂是北京市教育科学"十二五"规划校本研究专项课题。在北京市第八十中学"三生和谐"课堂教学行动研究（课题编号：BBA15026）的引领下，经过多年在课堂教学中边实践边研究边提炼边完善而形成的学校特色课堂，形成了学校特色的"三生和谐"课堂教学文化①。"三生和谐"课堂有其特色的课堂教学目标，设计思路、方法与流程。

　　"三生和谐"课堂教学目标首先是基于中国新课程理念的"三维度"和美国玛扎诺的"四水平"学习目标理论[1]有机融合起来作为课堂教学目标设计的理论依据，而创造性提出的"三维度四水平"课堂教学目标[2]。主张以"知识与技能"目标为载体去融合"过程与方法""情感态度与价值观"目标，并将高度融合的"三维度"目标划分为四个难度水平，这样设计出来的教学目标既

　　* 本文作者：赵玉泉。
　　　全国教育科学规划教育部重点课题：基于落实学生核心素养的高中化学课堂教学目标设计与实施的研究，课题批准号 DHA190442。
　　① 2017 年荣获北京市朝阳区第一批学校文化特色品牌金牌项目，并且作为《整体提升教师质量的机制创新研究与实践》中的重要成果，荣获 2017 年北京市基础教育教学成果一等奖，2018 年基础教育国家级教学成果二等奖。

有"三维度"，又融合了"四水平"，称之为"三维度四水平"课堂教学目标。而后又与时俱进，以落实学生核心素养为引领，创造性提出将学生核心素养的"六维度"（理想信念、社会责任感、科学文化素养、终身学习能力、自主发展能力和沟通合作能力）和美国玛扎诺的"四水平"学习目标理论有机融合起来，作为课堂教学目标设计的理论依据，主张以"学科核心素养"为载体去融合"学生核心素养"的其他五维度，从而形成"六维度"目标，并将高度融合的"六维度"目标划分为四个难度水平，由低到高依次为：水平1——提取目标；水平2——理解目标；水平3——分析目标；水平4——运用目标。这样设计出来的课堂教学目标即"六维度"融合"四水平"，称之为"六维度四水平"课堂教学目标。并在"三维度四水平"课堂教学目标的基础上，进一步构建了"六维度四水平"课堂教学目标设计思路与方法（见图1），以及实施的基本思想、方法与流程。[3]

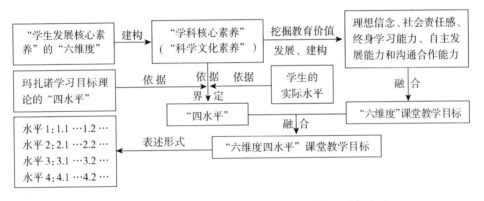

图1　"六维度四水平"课堂教学目标设计的思路与方法

实施"六维度四水平"课堂教学目标的基本思想，一是基于"六维度四水平"课堂教学目标正是"六维度"课堂教学目标按照"四水平"形成了一个进阶式的"六维度四水平"课堂教学目标链（见图2），它完全符合学生的认知与思维规律，必将有利于学生思维能力进阶式发展和目标的进阶式达成。二是基于课堂教学的"三不同"公理：课堂教学目标的难度水平不同，决定了达成不同难度水平的课堂教学目标需要完成的活动与任务不同，采用的教学方式不同。因此，一般来讲，水平1和部分水平2的目标，学生通过课前个人或小组自主学习是可以达成的，称之为课前目标；部分水平2和部分水平3的目标学生通过课上集体自主与合作学习也是可以达成的，部分水平3和水平4的目标则要通过课上师生、生生合作探究来达成，称之为课上目标；而最后部分水平4的目标则需要通过课后实践学习来达成，称之为课后目标。即可以将"六维度四

水平"课堂教学目标分解为学生"课前—课堂—课后"学习目标,并形成与
"六维度四水平"课堂教学目标链恰好对应的学生"课前—课上—课后"学习
目标链,以及以主要学习方式形成的"自主—合作与探究—实践"学习方式链,
从而形成了教学目标链、学习目标链、学习方式链等"三链融合、三位一体"
的特色教学结构。这种特色教学结构突破了传统课堂观,将课堂在空间维度上
扩展到教室甚至校外,在时间维度上从课堂延伸到课前和课后,在活动维度上
由教师满堂灌转变为学生自主、合作与探究,从而确立起教学目标、学习目标
和学习方式三位一体的"新大课堂观",提炼出以学生为主体的"新大课堂
观",以便实施"六维度四水平"课堂教学目标的课堂教学基本方法(见图3),
以及实施的基本流程——"三步两反馈"(见图4)。通过"三步两反馈"很好
地实现了"六维度四水平"课堂教学目标的达成,学生发展核心素养在课堂教
学中真正落地,有效解决了"怎样培养人"的问题。

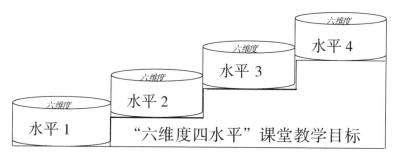

图2　进阶式的"六维度四水平"课堂教学目标链

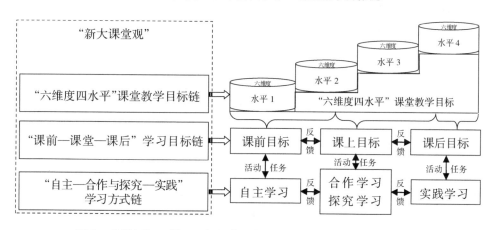

图3　教学目标、学习目标和学习方式三位一体的"新大课堂观",
以学生为主体的"新大课堂观"下实施"六维度四水平"的课堂教学
目标的课堂教学基本方法

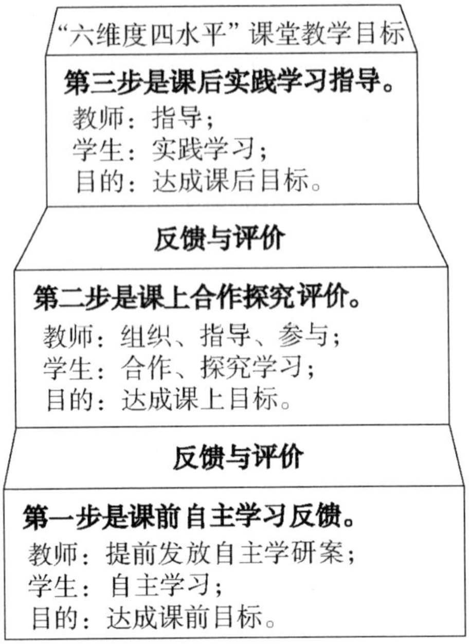

> "六维度四水平"课堂教学目标

> **第三步是课后实践学习指导。**
> 教师：指导；
> 学生：实践学习；
> 目的：达成课后目标。

> **反馈与评价**

> **第二步是课上合作探究评价。**
> 教师：组织、指导、参与；
> 学生：合作、探究学习；
> 目的：达成课上目标。

> **反馈与评价**

> **第一步是课前自主学习反馈。**
> 教师：提前发放自主学研案；
> 学生：自主学习；
> 目的：达成课前目标。

图4　"三生和谐"课堂教学的实施流程——"三步两反馈"

二、关于项目式教学

"项目式教学"的理念源于西方劳动教育思想，是校企合作办学思路的雏形[4]。其本源内涵是：由学校和企业共同组成项目小组，深入实际，在解决实际问题的同时，应用已有的知识，在实践的一线培养解决问题的能力[5]。项目式教学倡导"工作过程导向"，学习者即为工作者，学习现场就是工作现场，让学生身临其境，使其充分体验到学习与工作的双重乐趣。因此，项目式教学方法又叫"（工学）一体化教学"方法[6]。由于"项目教学"可以有效实现职业教育的目标——培养专门的技能型人才，能够有效满足职业院校的学生希望掌握一些实用的、被市场和企业认可的技能的愿望，因此，"项目教学"在国内外职业教育中得以广泛应用。而且，"项目教学"具有注重知识的应用性，技能的实用性，学习的自主性、合作性、探究性及实践性等特征，特别是学习的实践性是"项目教学"最为突出的特点。而这些与基础教育教学改革所倡导的理念是一致的，因此，将"项目教学"应用到基础教育阶段，虽然失去了其在职业教育中的本源内涵，但也是值得借鉴的。

三、基于"三生和谐"课堂的项目式教学

《普通高中课程方案（2017年版）》中，在有关确定课程内容应遵循的基本原则中特别新增了："关联性。注重学科内容选择、活动设计与学生发展核心素养养成的有机联系，关注学科间的联系与整合，加深课程内容与社会生活、高等教育和职业发展的内在联系。"那么，如何在课程实施过程中落实这一基本原则？显然，通过实施"三生和谐"课堂教学中的"课后实践学习"可以有效落实这一基本原则，为此，我们借鉴和使用项目式教学理念，构建了实施"三生和谐"课堂教学中的"课后实践学习"教学方式——基于"三生和谐"课堂的项目式教学。

（一）基于"三生和谐"课堂的项目式教学设计原则

基于"三生和谐"课堂的项目式教学设计的核心，是一个真实项目的确定与设计，因此，在进行教学设计时要遵循以下基本原则：

1. 项目来源要有"根"

项目要来源于常规课堂教学，根植于必修课堂和选择性必修课程之中，是对常规课堂教学的拓展、延伸与实践应用，是为了达成具有一定研究性、社会实践性等超越常规课堂能够完成的活动与任务的高水平教学目标——部分水平4的目标。这不是每一节常规课堂教学之后都需要有的，但"有无"与课标要求、教学内容、学生发展需求等密切相关。

2. 项目设计要有"魂"

再好的一个项目也不可能涵盖学生发展核心素养的全部，但是，任何一个项目都要至少蕴含着重点发展学生核心素养六维度中的一个维度。发展学生核心素养是项目设计的"魂"，而创新精神和实践能力又是学生核心素养的核心，因此，培养学生创新精神和实践能力是项目设计的"灵魂"。

3. 项目设计要有"谱"

一是要靠学生的"谱"。要密切结合学生的三方面——"过去已有的""现在欲达到的""未来发展需要的"实际水平和发展需求。项目大小与难易适宜，应是学生在实践时容易获得成就感的项目。

二是要靠生活的"谱"。要密切联系学生的实际生活。项目要源于学生生活，又服务于学生生活，是学生在学习时感兴趣的项目。

三是要靠社会的"谱"。要密切结合社会发展的需要。项目要源于化学与STSE（科学、技术、社会和环境）的关联，是学生在实践时能够体验到化学在社会发展中重要应用的项目。

四是要靠学校的"谱"。对于普通中小学校来讲，既没有职业院校所具有的实训室、实训基地、校企合作等，也没有长时间的在校外真实工作环境中实习的课程与教学安排，因此，项目设计要密切结合学校的各种教学资源、仪器设备等实际情况，是学生在学习时能够顺利实施的项目。

（二）基于"三生和谐"课堂的项目式教学实施流程

第一步是自主设计反馈。教师至少提前一周甚至更长时间发放具体项目的题目与要求，要求学生课前独立或小组合作完成项目设计。教师是学生自主设计的参与者、指导者，要对学生自主设计进行及时反馈与评价，以准确掌握学生自主设计的实际情况，并依此确定教学的重点、难点、疑点，真正做到先学后教、以学定教。

第二步是合作探究评价。课上首先对学生自主设计方案进行展示汇报，然后评价质疑，关键是合作探究释疑。其目的是最终完善项目设计方案。但需要注意的是：小组代表展示汇报后，要允许、鼓励组内其他成员进行补充，组间成员进行评价质疑。主要采用师生、生生、组组等合作探究的方式释疑并达成共识。

第三步是实践项目指导。以教师为指导，学生为主体实践项目设计方案。

（三）基于"三生和谐"课堂的项目式教学评价标准

1. 达成度。基于教学目标的达成度来评价教学效果是各种教学评价最常用的方法。该类教学的课堂教学目标，是在已经达成常规课堂教学目标的基础之上的、难度水平较高的应用水平目标，目标的难度水平是具有一定挑战性的，要着重看其应用能力的达成度如何。

2. 关联度。基于确定课程内容应遵循的关联性原则，一是要看综合应用到学科内知识与技能的关联度如何；二是要看学科间的联系与整合的关联度如何；三是要看活动设计与学生发展核心素养养成的关联度如何；四是要看与STSE的关联度如何。

3. 实践性。实践性是该类教学最突出的特点。实践是思维发展的动力，实践是创造性思维产生的源泉。实践性一是要看实践中学生的创新性如何；二是要看实践中学生参与度的高低。

4. 获得性。获得性亦称"习得性"。基于"以学评教"的原则，该类教学评价的最终标准要落地到学生的实际获得上，要看不同基础与个性的学生是否在学生核心素养的某一维度都有一定程度的发展以及发展情况。

（四）基于"三生和谐"课堂的项目式教学案例

1. 项目名称

运用色度计传感器测定富铁物质中铁元素含量[7]~[8]。

2. 项目确定的背景

（1）基于学生学完高中化学有关铁元素单质及其化合物之后，开展一次化学实践学习。

（2）基于铁元素与人体健康密切相关，常见富铁物质（包括某些天然食品，铁强化食品、药品等）是与学生生活、健康密不可分的，是学生感兴趣的。

（3）比色法是用来测定某一待测组分含量的一种定量分析方法，是中学化学实验（如用 pH 试纸测定溶液的酸碱度）、社会生活（如碘盐含碘量快速检测）、医学检验（如尿糖试纸法检验尿糖）、工农业生产（如用农药残留快速检测试纸检测某些农药残留情况）以及环境保护（如对大气或水中的微量铅进行分析）等多方面测定微量及痕量组分广泛应用的方法，但学生并没有较为系统地掌握有关比色法的知识与技能。

（4）基于现代传感技术在化学实验中的应用，必将给化学实验及其在实践中的应用带来重大变化，这是现代社会发展的必然，也是当今普通高中化学课程建设与实施中的不足。

基于以上几点，确定一个基于传感技术，运用色度计传感器测定富铁物质中铁元素含量的实践项目。

3. 项目设计的目的

（1）该项目中测定原理的设计是首要的设计核心，不仅要应用有关化学知识与技能，还要综合应用物理、数学等学科知识，激发和培养学生自主学习、合作探究的欲望和能力，尤其是培养学生综合应用多学科知识与技能解决实际问题的能力。

（2）选用学生生活中常见的富铁物质（如紫菜干、铁强化食盐、铁维隆口服液等）作为实验样品，不同于中学化学实验中现成的实验试剂，而是需要将样品处理成可供实验检测的试剂，学生将在实践中掌握样品处理的目的、原则和方法，以培养其实际应用能力。

（3）将现代传感技术应用到化学实验中进行定量测定，不仅可以培养学生对于数据的处理与分析能力，而且可以让学生充分感受到现代科学与技术的进步，培养学生的创新精神与实践能力。

4. 项目设计的预案

（1）测定原理设计

利用 Fe^{3+} 与足量的硫氰化钾在溶液中反应生成血红色的 $[Fe(SCN)_6]^{3-}$ 的显色反应：$Fe^{3+} + 6SCN^- = [Fe(SCN)_6]^{3-}$（血红色，其完全符合比色法的要求），可以运用色度计传感器，测定血红色的 $[Fe(SCN)_6]^{3-}$ 溶液的透光率（T），而透光率（T）与吸光度（A）的关系为：$A = 2 - \lg(T)$；根据比尔—朗伯定律：$A = kc$，则有：$2 - \lg(T) = kc$，即 $\lg(100/T) = kc$，k 为常数，与溶液的性质和比色皿的厚度等有关；c 为 $[Fe(SCN)_6]^{3-}$ 的浓度，单位为 $mol \cdot L^{-1}$；也就是说 $\lg(100/T)$ 与 c 呈线性关系。因此，用比色皿分别盛装浓度不同的 $[Fe(SCN)_6]^{3-}$ 标准溶液，放入色度计中测量它们的透光率（T），计算出相应的 $\lg(100/T)$ 的值，绘制 $\lg(100/T)$ ~c 曲线，即标准曲线。

将一定量（x m g）的含铁物质样品中的铁元素完全转化为 Fe^{3+} 进入溶液中，并加入足量的硫氰化钾溶液（与配制标准溶液时加入的 KSCN 溶液的量相同），即可得到血红色的 $[Fe(SCN)_6]^{3-}$ 溶液，然后转移到容量瓶（V mL）中定容，从而得到准确体积的待测液。通过测定其透光率（T），计算相应的 $\lg(100/T)$ 值，即可在标准曲线上查到其对应的浓度 $c\{[Fe(SCN)_6]^{3-}\}$，也就是 $c(Fe^{3+})$。

最后，根据 m、V、c 即可计算出该含铁物质样品中的铁元素的含量（w）：
$w = \dfrac{56Vc}{m} \times 100\%$，$\dfrac{56Vc}{m} \times 10^5$ 即表示 100 g 样品中含有 $\dfrac{56Vc}{m} \times 10^5$ mg 的铁。

（2）测定仪器和试剂

色度计、数据采集器、天平、坩埚、容量瓶（100mL）、电炉或酒精灯、烧杯、胶头滴管、玻璃棒、研钵、过滤装置等；样品（紫菜干、铁强化食盐、铁维隆口服液），$2mol \cdot L^{-1}$ 硝酸，饱和 KSCN 溶液，浓度分别为 $2 \times 10^{-4} mol \cdot L^{-1}$、$4 \times 10^{-4} mol \cdot L^{-1}$、$6 \times 10^{-4} mol \cdot L^{-1}$、$8 \times 10^{-4} mol \cdot L^{-1}$、$10 \times 10^{-4} mol \cdot L^{-1}$ 的 $[Fe(SCN)_6]^{3-}$ 标准溶液。

（3）测定步骤设计

①数据采集器设置与色度计的校正。连接色度计和数据采集器，色度计选用蓝色滤光片。在比色皿中加入蒸馏水，放入色度计中，开始数据采集，调节色度计旋钮，使数据采集器示数为 100%。

②绘制标准曲线。用比色皿分别盛装浓度不同的 $[Fe(SCN)_6]^{3-}$ 标准溶液，放入色度计中测量它们的透光率（一般每种标准液要平行测定 3 次，再取平均值），计算出相应的 $\lg(100/T)$ 值，绘制 $\lg(100/T)$ ~c 曲线，即标准

曲线。

③准确量取一定量的样品并处理成待测液。我们拟选用富铁食物（紫菜干）、铁强化食品（铁强化食盐）和铁制剂药品（铁维隆口服液）这三种具有代表性的样品进行实验，当然，你也可以选择你喜欢的、方便的其他样品进行实验。

a. 紫菜干样品处理。准确称取紫菜干 10g，用手将其撕成小块，放入坩埚中用电炉（或酒精灯）灼烧，使之完全灰化；再用 5mL 2mol·L^{-1} 的硝酸溶解（硝酸可以将二价铁氧化为三价铁，并且有调节 pH 抑制水解的作用），过滤，再用少量稀硝酸洗涤滤渣 2~3 次，并向滤液（如果滤液颜色深，需先用活性炭进行脱色处理）中滴加足量的饱和 KSCN 溶液（与配制标准溶液时加入的 KSCN 溶液的量相同），充分搅拌后转移到 100mL 的容量瓶中定容，即得到紫菜干含铁量测定待测液。

b. 铁强化食盐样品处理。准确称取铁强化食盐 5g，倒入烧杯中，加入 5mL 2mol·L^{-1} 的硝酸（可以使用盐酸代替硝酸），再滴加足量的饱和 KSCN 溶液（与配制标准溶液时加入的 KSCN 溶液的量相同），充分搅拌后转移到 100mL 的容量瓶中定容，即得到铁强化食盐含铁量测定待测液。

c. 铁维隆口服液样品处理。准确量取铁维隆口服液 10mL，倒入烧杯中，加入 5mL 2mol·L^{-1} 的硝酸，再滴加足量的饱和 KSCN 溶液（与配制标准溶液时加入的 KSCN 溶液的量相同），充分搅拌后转移到 100mL 的容量瓶中定容，即得到铁维隆口服液含铁量测定待测液。

④在洁净的比色皿中装入待测溶液，测量其透光率并记录，平行测定 3 次，取平均值，计算出 lg（100/T），在标准曲线上查出对应的 Fe^{3+} 的浓度，再根据 Fe^{3+} 浓度计算出样品中铁元素的含量（见表1）。

表1　数据记录与处理

样品名称	透光率（T）				lg（100/T）	Fe^{3+}浓度	铁含量
	1	2	3	平均值			
紫菜干							
铁强化食盐							
铁维隆口服液							

参考文献：

[1] 罗伯特·J. 玛扎诺，黛布拉·J. 皮克林，塔米·赫夫尔鲍尔. 学习目

标、形成性评估与高效课堂［M］. 邵钦瑜，冯蕾，译. 北京：中国书籍出版社，2012：5－25.

［2］赵玉泉. "三维度四水平"高中化学课堂教学目标设计与实施［J］. 中学化学教与学，2015（7）：32－35.

［3］田树林，赵玉泉. "三生和谐"课堂教学理论与实践［M］. 北京：人民日报出版社，2016：1－99.

［4］仲瑶. 项目式教学的实施过程研究［J］. 科技视界，2015（36）：219.

［5］王春燕. 项目式教学的研究与应用［J］. 计算机教育，2007（9）：10－11.

［6］贾慧兰. 浅析项目式教学实施过程［J］. 教学实践探索，2017（10）：173.

［7］赵玉泉. 化学实验创新与探究能力培养［M］. 上海：上海交通大学出版社，2018：130－141.

［8］赵玉泉，于乃佳. 基于"项目教学"的普通高中化学实践教学［J］. 中学化学教学参考，2019（2）：12－14.

基于 STEM 理念的项目式学习的实践研究*

——以物理研究性学习"钻木取火"为例

STEM 是科学、技术、工程和数学四门学科的简写，它将原本分散的学科形成一个整体。与常规的分学科教学不同，STEM 教学强调为学生提供逼近真实，且富有现实意义的问题情境，让学生通过自主性学习、探索性学习、合作式学习等学习方式，整合内化碎片化的、教科书式的知识，协作发展 STEM 素养。STEM 教学强调将学生学习到的零碎知识与机械过程转变成一个探究世界相互联系的不同侧面的过程。笔者在从事学科教学之余，还兼任学校科技探索社团的辅导教师，指导学生开展物理研究性学习，经过长期的教学实践，笔者认为基于 STEM 的项目式学习是发展 STEM 素养的有效途径。将 STEM 教育融于学科教学，既突破了传统教学的局限，比如物理教学不再仅仅局限于物理学科，还包括数学、技术与工程方面的思想与知识；同时，教学也不仅局限在日常的课堂上，而是将日常生活和社会实践引入学科教学中来，学以致用，通过基于工程的项目式学习，运用数学、科学的知识解决方案，通过技术达成目标，来训练和培养学生的创新思维能力，从而最终实现达到培养创新人才的根本目的。

以下为笔者以开发的基于 STEM 理念的项目式学习的具体案例"钻木取火"为例，具体阐释基于 STEM 理念的项目式学习的教学实践和探索。

一、案例背景分析

（一）开发缘由

笔者兼任中央电视台科教频道《走近科学》栏目的顾问，受邀担任 2018 年改版的新节目《解码科技史》的节目策划，新栏目要制作一期《谁发现了氧气》的节目，应央视编导的要求，节目中需要录制一段"钻木取火"视频，视

---

* 本文作者：韩叙虹。

频内容为现代人模仿古人进行钻木取火，这个科学实验的任务就落在了笔者与笔者所在学校的科技探索社团的同学们的肩上。

（二）学习者分析

担任此次录制任务的学生系北京市某重点中学的科技探索社团的高二学生，学习基础好，物理学习能力强，基本掌握了初高中物理、化学等学科知识，在知识储备方面，完全能胜任"钻木取火"任务，且有科技背景，有较强的动手能力和解决实际问题能力。一方面，"纸上得来终觉浅"，笔者期待借助工程思想理念的项目式学习，让学生在实验的创新和设计能力上得到有效的锻炼；另一方面，通过项目式学习，让学生体会到科学成果的来之不易，即便是像"钻木取火"这样一个似乎毫不费劲的科学任务，但在实现的过程中仍艰辛无比。事实也证明如此。

二、主题课程设计

（一）基于 STEM 的项目式学习的教学目标分析

科学知识层面，主要以高中物理力学知识和化学中有关燃烧的知识为依托，主要有：运用物理的运动与相互作用观念，对木棍进行受力分析和平衡条件的分析；运用物理的能量观念，分析钻木取火过程中的能量转化关系；分析燃烧的条件，经历完整的钻木取火的科学探究过程，培养学生解决实际问题的能力；学会与他人合作，合理分工、协作，共同完成学习任务。技术与工程层面，主要是经历信息的搜索和整合，进一步理解钻木取火的原理和生火的条件；从实际生活中，寻找合适的可燃物，利用学校的通用技术实验室的先进条件，自行研制钻木和钻木辅助装置等。而项目本身就是一个工程问题，工程问题及其解决都体现了问题驱动下的 STEM 理念。在数学层面上，将数学作为有效的测算工具，主要完成钻木辅助装置的各参数计算，以及实现能量转换的精确测算等。

（二）主题课程的设计思路

本 STEM 的主题课程，以完成钻木取火的实验任务的项目式学习展开，以小组合作学习的方式，通过基于工程的学习，运用数学、科学的知识，设计解决方案，亲自动脑动手，通过技术达成目标。

三、主题课程的具体教学过程

（一）第一阶段：钻木取火原理释析和燃烧条件分析

1. 课题引入，播放网上野外生存短片《钻木取火》

旁白：用一根木棍，通过双手用力往复旋转，持续摩擦木板，不久接触处就会冒烟，木板燃起火星后，就得到火种，利用火种就可以引燃易燃品，从而完成钻木取火的过程。

2. 以小组竞争的形式，将参与实验的学生分成两小组，任命小组长，布置钻木取火的实验任务，准备时间为一周，一周后以比赛的形式，看哪一组先完成实验任务——生火。要求采取小组合作学习的方式，通过观看视频和网上检索等，了解钻木取火的原理及详细的取火步骤，制订本组的实验方案，准备实验器材。

3. 两小组展开热烈的探讨，统一小组意见，得出燃烧的 3 个关键条件：易燃品，氧气，摩擦达到着火点（燃点）。三个条件缺一不可。

4. 针对以上 3 个关键条件，小组设计实验方案。

设计意图：通过互联网强大的信息检索功能，分析钻木取火的原理以及针对取火步骤分析燃烧条件，探讨实验成功的关键点，继而再根据关键点开始设计实验方案，让学生体会要完成一个项目需要经历的一般流程，特别是从关键点切入是科学分解项目的依据和实验成功的保障。

（二）第二阶段：钻木工具的研制和准备

这个阶段历时 1 周，小组同学在查找文献等参考资料的基础上，在运用物理知识进行受力分析和平衡条件分析之后，还就怎样更容易燃烧等问题，请教化学老师。化学老师给出的建议是：氧气是助燃气，一定要留一个进风口，既能让氧气进到里面，还能提高氧气的浓度，从而保证充分燃烧。

两小组最终确定完成实验所需的器材及材质：木板用材质比较软的一大块松木（在松木表面凿出一处凹陷作为钻眼），如图 1—甲所示，学生在给它钻孔；在制作钻木用的木棍时，如图 1—乙所示，先用小刀削尖，呈锥形，再把棍的前面的头稍微磨钝点，好让它跟木板的摩擦更充分，也让摩擦力变得更大。

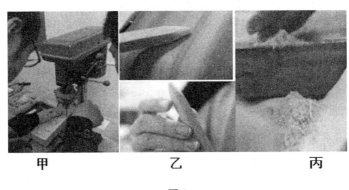

甲　　　　　　乙　　　　　　丙

图1

学生们还找来了很多易燃物以做引火用，有涂了乙醚的棉花、报纸，还有用大锯锯出的松木屑（如图1—丙所示）等。为了固定木棍，第一小组还自己制作了一个辅助工具，如图2所示，让木棍插在辅助工具的眼里，可以保证木棍在钻的过程中不会左偏右倒。

设计意图：这是一个让学生运用物理和化学的原理，借助数学的工具，亲自动脑动手制作实验器材的过程。一方面，要求学生遵从古人钻木取火的原意，学习将科学知识应用到实际问题中，完成器材的制作；另一方面，这个过程也有助于培养学生实验操作的能力和分工合作的精神。

图2

（三）第三阶段：钻木取火实验及改进

在一个极其寒冷的冬日的上午，两小组同学开始了钻木取火实验竞赛。两小组都派出了力气最大的"大力士"同学直接用手钻木，如图3所示，但用力过猛，木棍从中断成两截，换上准备好的新木棍再来。两小组不断地换人，每位同学都尽可能用最大的力，最快的速度，但都没有任何效果。在经历了2个多小时的手钻之后，第一次钻木取火实验以失败告终。

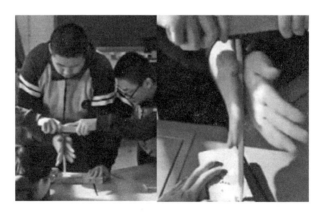

图3

面对如此严峻的实验形势，两组同学决定化对手为合作伙伴，联手共同克难攻关。同学们分析失败的原因主要是力气不如古人大，一组的组长提议研制新的钻木器材，对工具进行升级改良。一番分工后，两组同学投身到学校通用技术实验室里各司其职，他们运用3D激光切割机等先进的设备研制出了"陀螺式"钻杆。如图 4 所示,"陀螺式"钻杆是一个很精巧的机械装置,它类似于陀螺的原理,使钻木钻得更快,即使手已经停下来了,它还能继续钻,可以获得稳定而持续的旋转。

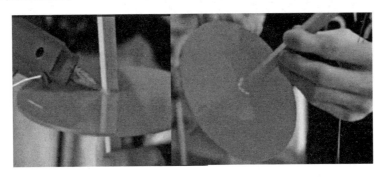

图 4

如图 5 所示,依次为松木板、钻杆和固定钻杆的辅助工具,至此,升级版钻木器件准备停当。有了"陀螺式"钻杆的助阵,再做钻木取火实验时,同学们戴上白手套,钻木架势十足（如图 6—甲所示）,尤其在转速和持续时间上,都有明显的增加。果然,没过几分钟,空气中就闻到了焦煳的松香味,加快钻木后,就看到烟不断地冒出来（如图 6—乙所示）。同学们兴奋地从旁边递上木屑、棉花、报纸……多管齐下。实验又持续了几个小时,在冒烟的基础上,即使钻杆从中间硬生生磨断了 3 根,也都没能把火点起来。即便如此,每次看到木材冒烟,同学们都欢欣鼓舞,激动不已。

图 5

甲　　　　　　　　　　　　　　　　乙

图6

实验结束后，同学们分析为什么只见冒烟，不见火光，他们认为有两大可能的原因：最大可能是进风口太小，冒烟后，由于拼命往里添引火物，导致氧气进入不够或者进风口被引火物给堵死了；第二种，是气温太低，当天环境温度在零度以下，摩擦后获得的热量不够，温度达不到着火点。

设计意图：本阶段属于典型的科学探究实验过程：实验，观察，质疑，解释；再实验，观察，解释……在一轮又一轮的实验改良探索中，学生的热情高涨，思想的火花不断被激发，不断激励着学生勇于探索、大胆尝试；另外，经历了这个过程，同学们深深体会到科学的艰辛和成果的来之不易，很多时候，我们只能非常接近成功的大门，而不能真正成功。但经过科学"洗礼"的学生更能感受到科学有着如此美好的秉性，从而更加钟爱科学，更有激情地去学习科学。

四、教学反思

STEM 教育是注重体验性的。我们第一次如此深刻地理解了什么是科学，什么是真理！正如丁肇中所说："所有的自然科学都是实验科学。实验可以推翻理论，而理论永远无法推翻实验。因此实验对于自然科学来讲非常重要。"对之前的猜想进行验证，正是基于一次次科学探索，一次次实验论证，在一轮又一轮的实验改良中，更接近科学的真相！

有人说，STEM 教学强调的是培养学生"带走的能力"，而不是"背不动的书包"，这是 STEM 教育的意义之所在。通过项目式的学习过程，基于问题的模式的运用，是提高学生创新能力的有效途径。一方面，使学生积极主动地参与到学科教学和社会实践中来，培养他们的主观能动性，学会独立思考，勇于探究。另一方面，培养学生运用工程的理念去分析、处理实际问题，来训练和培养学生的创新思维能力和质疑精神。基于 STEM 的项目式学习是在学科教学的基础上，以设计 STEM 的生活或工作的项目来推动学科教学的 STEM 的教育转型！

参考文献：

［1］韩叙虹．基于物理核心素养培养的 STEM 教学的实践与探索［J］．中学物理，2018（3）：2 – 6.

［2］赵玉婷，王卓玉．初中《研究性学习》的课程设计与实施策略研究［J］．现代远距离教育，2017（4）：38 – 43.

［3］谢丽，李春密．物理课程融入 STEM 教育理念的研究与实践［J］．物理教师，2017（4）：2 – 4.

［4］王玲玲．基于 STEM 的小学科学课程设计研究［D］．上海：华东师范大学，2015.

基于概念整合的电磁感应复习策略*

基础教育阶段科学课程的学习，力图通过少数大概念来整合学科知识，建构统一的概念体系，在此基础上设计合理的学习进阶，实现对重要原理的深入探索，发展学生的整合理解能力，并在其中渗透科学本质教育和 STSE 教育，促进学生科学素养的连贯发展。[1]科学概念体系的整合与进阶发展研究，已经从理论建构拓展到课堂教学实践，力图通过课堂教学的设计、实施与评价，实现从教学理念到课堂实践的转化。

在高三物理复习中，无论从教师教学还是学生学习角度，概念整合都处于非常突出的地位。基于概念整合设计复习教学和学习策略，对提高课堂效率和提升学生物理学科综合素养都具有重要意义。

一、高三复习中概念整合的必要性

物理概念是物理学习的基础，学生物理学科的认知发展，要建立在一定的概念基础上。高三复习教学应促进有效的认知构建，帮助学生形成完整的、系统的学科概念体系。

学生在高三复习之前，通过基础年级新课阶段的学习，已经对力、热、电、光、原等各领域的物理概念有了初步的认识。这些认识中，有些是比较准确深刻的，有些则是粗浅表面的，有些甚至还是纯经验的感性认识，停留在元认知层面，是一种片面的心智概念模型。这些心智概念模型距离科学概念还有一定的距离，需要通过复习进行理解、拓展与深化，形成对概念的全面、深刻认识，促进由经验概念向科学概念的转变。

学生在新课阶段学习的概念，前后缺少连贯性，尚未形成序列。在高三复习中，必须超越学生现有知识，通过知识的重组，围绕学科核心概念重组教学

---

　　* 本文作者：姜连国。

内容，以概念为主线，内容之间逐渐演进，层次分明，实现教学内容的进阶整合，帮助学生构建相对完整的概念体系。[2]

学生在新课的不同阶段学习的概念，往往是碎片化、各自独立的，高三复习需要帮助学生打通概念之间的隔阂，实现同类概念之间的整合，通过归纳共性的东西，提炼同类思想或方法，在知识、方法的迁移和应用中，促进学科素养的提升。

二、电磁感应概念整合的依据

2017 年版新课标中，电磁感应内容在共同必修 3 和选择性必修 2 中均有出现，但要求不同。必修 3 中与电磁感应相关的内容要求为："知道磁通量。通过实验，了解电磁感应现象，了解产生感应电流的条件。知道电磁感应现象的应用及其对现代社会的影响。"建议通过查阅资料了解电磁感应现象的发现过程。

在选择性必修 2 中"电磁感应及其应用"部分，对电磁感应部分内容做出了更高层次的要求，包括"2.2.1 探究影响感应电流方向的因素，理解楞次定律""2.2.2 通过实验，理解法拉第电磁感应定律""2.2.3 通过实验，了解自感现象和涡流现象。能举例说明自感现象和涡流现象在生产生活中的应用"等，并要求用能量的观点解释楞次定律，了解电磁炉的结构和原理等。

按照高考要求的学业质量水平 4 的层级要求，电磁感应的上述三个主题从"物理观念""科学思维""科学探究""科学态度与责任"四个层面既有各自的具体要求，又有各自的侧重点。2.2.1 从科学思维角度要求学生"有极强的推理与归纳能力"；从实验探究角度需要对实验设计有一个清晰的"从目的到手段"的思维通道，通过对序列实验的设计、操作和结论解释，提升学生的实验设计水平和实验解释能力，强调从实验的表面现象中归纳"相同事件"或"相关事件"的共同特征；用能量观点解释楞次定律，则要求学生从不同角度分析物理问题。2.2.2 限于实验条件和数学方法，高中阶段不要求用实验方法做定量研究，因此，理解法拉第电磁感应定律，应用定律分析解决电磁感应问题是主要的考查要求。2.2.3 属于了解水平，要求学生基于生活中的经验或通过实验表述现象，定性解释原理。

从电磁感应涉及的知识序列上，由电磁感应现象、产生条件、感应电流的方向、感应电动势能大小，到电磁感应过程中的电路问题、动力学问题、能量问题，再到自感、涡流、电磁驱动、电磁阻尼、交变电流等，形成从现象，到原理，到解释，再到应用的四个层次，体现物理学源于生活又服务于生活的思想。在复习中，需要通过知识内容的整合，才能形成清晰完整的知识序列。同时，在上述知识序列的形成过程中，还会涉及通量、变化量、变化率、电荷量、冲量、功、能量等物理学科内的共通概念。打通上述概念在不同模块中的具体表现及相互关联，是知识内容更高层次的要求。

三、电磁感应概念整合的内容设计

电磁感应的复习也应遵循由浅入深的顺序，逐渐形成由现象到应用的一系列过渡，最终建构完整的知识序列。与之对应，电磁感应相关概念的整合也是由浅入深，由简单到复杂的。教学中，可以首先基于概念整合设计教学内容，在此基础上，围绕知识内容设计复习教学的其他要素。根据电磁感应主题的知识特点，相关概念的整合可以有不同的切入点，举例如下。

（一）以磁通量为切入点的通量概念整合

在高中物理课程中，磁通量概念是在必修 3 的磁场部分介绍的，要求学生知道磁通量是描述通过某一个面的磁感线条数多少的物理量，并且用磁通密度描述磁场的强弱。磁通量概念的深入理解和应用，则是在电磁感应部分，要求明确磁通量是双向标量，指单方向穿过某一面的磁感线条数。关于磁通量的定量计算，在匀强磁场中要用磁感应强度乘以在垂直于磁场方向上的投影面积，在非匀强磁场中会用微元法处理。"通量"是物理学中的一个重要概念，高中物理课程中，虽然除磁通量外，对通量概念并没有更多的涉及，但通量思想却在课程教学中多次体现。北京卷 2018 年高考理综第 24 题，就对通量概念的理解进行了较为深入的考查。

例 1（2018 年高考理综北京卷第 24 题）

（1）静电场可以用电场线和等势面形象描述。

a. 请根据电场强度的定义和库仑定律推导出点电荷 Q 的场强表达式；

b. 点电荷的电场线和等势面分布如图 1 所示，等势面 S_1、S_2 到点电荷的距离分别为 r_1、r_2。我们知道，电场线的疏密反映了空间区域电场强度的大小。请计算 S_1、S_2 上单位面积通过的电场线条数之比。

（2）观测宇宙中辐射电磁波的天体，距离越远单位面积接收的电磁波功率越小，观测越困难。为了收集足够强的来自天体的电磁波，增大望远镜口径是提高天文观测能力的一条重要途径。2016 年 9 月 25 日，世界上最大的单口径球面射电望远镜 FAST 在我国贵州落成启用，被誉为"中国天眼"。FAST 直径为500 m，有效提高了人类观测宇宙的精度和范围。

a. 设直径为 100m 的望远镜能够接收到的来自某天体的电磁波功率为 P_1，计算 FAST 能够接收到的来自该天体的电磁波功率 P_2；

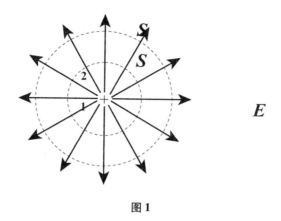

图 1

b. 在宇宙大尺度上，天体的空间分布是均匀的。仅以辐射功率为 P 的同类天体为观测对象，设直径为 100m 的望远镜能够观测到的此类天体数目是 N_0，计算 FAST 能够观测到的此类天体数目 N。

题目以教材中的磁通量和磁通密度为知识起点，考查电通量和电通密度，进一步考查光通量和光通密度。考查内容从书本知识迁移到学科相关概念，再进一步拓展到跨学科概念，包括物质和能量的流动、通量、强度等。在最后一问考查学生的逆向思维与反向建模能力，促进概念的深层理解，为学生关键能力的发展奠定基础。

在电磁感应的复习中，首先要深入理解磁通量概念，在此基础上，对高中涉及的通量思想进行整合。可以提出问题：高中物理中，还有哪些地方体现了"通量"思想？让学生在各自的知识储备中进行检索，随时发言，信息共享。类比磁通量和磁通密度，还可以提出电通量和电通密度（电场强度），光通量和光通密度（光强），能量辐射的通量和对应密度，液体流量和流量密度（流速），电流和电流密度……需要说明的是，这里的通量和通量密度思想只是一种模型，与大学物理中的通量、通量密度概念不同，高中教学和高考考查的只是思想方法的迁移和应用，而不是大学物理中对通量概念的全面理解和复杂运算。

（二）以磁通量变化量为切入点的变化量概念

变化量是一个共通概念，许多学科都有涉及。在物理学中，变化量有多种不同的含义。以磁通量变化量为切入点整合变化量概念时，以下几点需要重点关注。

1. 磁通量变化量

磁通量变化量是双向标量，区分磁感线从正面穿入还是从背面穿入。当初、末状态磁感线穿入方向相同时，用初、末状态磁通量之差的绝对值表示磁通量变化量的大小；当初、末状态磁感线穿入方向相反时，用初、末状态磁通量之和表示磁通量变化量的大小。结合应用楞次定律判断感应电流方向的需要，常常用"正面增加""正面减少""背面增加""背面减少""正减背增""背减正增"等来描述磁通量的变化方向。具体计算时，也可以先选定一个正方向，直接用末态减初态，用正负号描述初、末状态的磁通量及磁通量变化量的方向。

2. 矢量变化量

矢量变化量一般指末状态与初状态的矢量之差，高中最常用的是速度变化量和动量变化量。根据矢量运算规则，若将表示初、末状态矢量的有向线段起点画在同一个点上，则矢量变化量可以用从初态矢量末端到末态矢量末端的有向线段来表示。在高考中，要求会通过化为代数运算来定量求解矢量变化量。在一维情景中，先选定一个正方向，直接用末态减初态，用正负号描述初、末状态及矢量变化量的方向；在二维或三维情景中，则需要先建立直角坐标系，将初、末状态的矢量分别正交分解到坐标轴上，然后在每个分方向上分别求解，必要时再将每个分方向上的矢量变化量进行合成。

例 2（2016 年高考理综北京卷第 24 题）

（1）动量定理可以表示为 $\triangle P = F \triangle t$，其中动量 P 和力 F 都是矢量。在运用动量定理处理二维问题时，可以在相互垂直的 x、y 两个方向上分别研究。例如，质量为 m 的小球斜射到木板上，入射的角度是 θ，碰撞后弹出的角度也是 θ，碰撞前后的速度大小都是 v，如图 2 所示。碰撞过程中忽略小球所受重力。

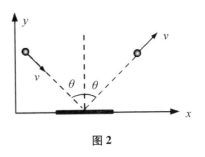

图 2

a. 分别求出碰撞前后 x、y 方向小球的动量变化$\triangle P_x$、$\triangle P_y$。

答案：$\Delta P_x = mv\sin\theta - mv\sin\theta = 0$

$\Delta P_y = mv\cos\theta - (- mv\cos\theta) = 2 mv\cos\theta$

3. 标量变化量

标量虽然不具有矢量那样的方向性，但也分为多种不同的类型。除磁通量、电流等双向标量外，有些标量强调相对性，如高度、重力势能、电势、电势能等，需要先选定参考面，再用带正负号的数表示标量的值。有些标量虽有正负，但不强调相对性，如温度；有些则为非负标量，如动能、弹性势能、质量、密度等。在求解上述不同标量的变化量时，都需要区分"增加量"和"减少量"。求"增加量"时，需要用末态减初态的值；求"减少量"时，需要用初态减末态的值。"增加量"和"减少量"均具有绝对性，与参考面的选取及初、末态的正负无关。"增加量"和"减少量"均可带正负号，"增加量"为正表示"正增加"，为负表示"负增加"（也就是减少）；"减少量"为正表示"正减少"，为负表示"负减少"（也就是增加）。准确区分能量的"增加量"和"减少量"，才能正确运用功能关系，如"所有外力做的总功等于动能的增加量""重力做的功等于重力势能的减少量""电场力做的功等于电势能的减少量""重力和弹簧弹力以外的力做的总功等于机械能的增加量"……

（三）以磁通量变化率为切入点的变化率概念

变化率是描述变化快慢的量，是变化量的高阶概念。与变化量一样，变化率也是共通概念。在物理学领域，变化率的应用也非常广泛，在把握变化率概念时，要特别注意从变化量到变化率的概念进阶。例如，位移可以认为是位置的变化量，位移与时间的比值，描述物体位置变化快慢，数值上等于位置坐标的变化率，即速度。同理，速度变化量与时间的比值，描述物体速度变化的快慢，数值上等于速度的变化率，即加速度；动量变化量与时间的比值，描述物体动量变化的快慢，数值上等于动量的变化率，也等于物体所受到的力（牛顿第二定律的动量表述）；功率是功与时间的比值，描述力对物体做功的快慢，数值上等于力和速度的乘积……

对于变化率概念，还要关注从平均值到瞬时值的过渡。用变化量与所需时间的比值，定义出来的是平均变化率，在非均匀变化时，平均变化率是一个近似值，要准确描述各个时刻的变化快慢，还需要引入瞬时变化率。由于在高中物理中不要求用微积分知识，因此从平均变化率到瞬时变化率需要借助近似和极限思想进行过渡：从物理测量角度，当时间极短时，可以近似认为均匀变化，比值与所取的时间和变化量不再有关，此后即使时间再短些，比值也不再变化；从数学角度，当时间足够短时，初、末时刻无限靠近，我们相信每一个时刻也有个变化率，描述这一时刻的变化快慢。这里强调的不是高等数学工具，而是科学方法：近似和极限。

在此基础上，理解磁通量变化率概念就水到渠成了，用磁通量变化量跟所需时间的比值来定义磁通量的平均变化率，描述磁通量的变化快慢。利用近似和极限法，可以得出磁通量变化率的瞬时值。需要特别注意的是，在电磁感应中，磁通量变化率数值上等于单匝线圈中产生的感应电动势。对于导体棒切割类电磁感应过程，可以导出 $E = BLv$；对于磁场变化类电磁感应过程，可以导出 $E = N\dfrac{\Delta B}{\Delta t}S$，其中 $\dfrac{\Delta B}{\Delta t}$ 为磁感应强度的变化率，又可以拓展为磁感应强度的变化量和变化率概念。

变化率概念还可以借助图像来描述：以纵轴表示变化的物理量，横轴为时间，建立坐标系，在物理量变化图像中，图线斜率表示变化率；若物理量非线性变化，则图线上某点切线的斜率表示变化率。例如，在"位移—时间"图像中，图线斜率表示速度；"速度—时间"图像中，图线斜率表示加速度；"磁通量—时间"图像中，图线斜率表示磁通量变化率；"磁感应强度—时间"图像中，图线斜率表示磁感应强度的变化率……

（四）以感应电荷量和安培力冲量为切入点的过程累积量

高中物理学习中会遇到一些过程累积量，例如，力在一段距离上的累积效果为功，力在一段时间上的累积效果为冲量，电流在一段时间上的累积效果为电荷量。电磁感应过程中也有上述过程累积量，对这些累积量的定量研究可以得出一些特殊的结论。

1. 感应电荷量

感应电荷量指电磁感应的一段时间内流过回路某一截面的电荷量。根据法拉第电磁感应定律 $E = N\dfrac{\Delta\Phi}{\Delta t}$、闭合电路欧姆定律 $I = \dfrac{I}{R+r}$，以及 $q = I \cdot \Delta t$，可得感应电荷量 $q = N\dfrac{\Delta\Phi}{R+r}$。可见，感应电荷量与时间无关，在线圈匝数一定时，只取决于回路磁通量的变化量和总电阻。当磁通量均匀变化时，感应电动势和感应电流不变；当磁通量非均匀变化时，感应电动势和感应电流不断变化，这时可认为感应电动势和感应电流为平均值，上述过程和结论仍然适用。

2. 电磁感应中的安培力冲量

在电磁感应过程中，回路中的部分导体处在原磁场中，产生感应电流时，会受到原磁场的安培力。结合 $F = BIL$ 和 $q = I \cdot \Delta t$，安培力冲量 $F_{安}t = BLq$，再由法拉第电磁感应定律 $E = N\dfrac{\Delta\Phi}{\Delta t}$、闭合电路欧姆定律 $I = \dfrac{I}{R+r}$ 和 $q = I \cdot \Delta t$，可得电磁感应过程中的安培力冲量 $F_{安}t = NBL\dfrac{\Delta\Phi}{R+r}$，可见，电磁感应过程中的安培力冲量也与时间无关，当磁通量均匀变化时，感应电动势、感应电流及导体受到的安培力均不变；当磁通量非均匀变化时，感应电动势、感应电流及导体受到的安培力不断变化，这时可认为上述各量均为平均值，结论仍然适用。

以感应电荷量及安培力冲量为切入点对过程累积量整合，还可以进一步拓展，比如，速度在一段时间上的累积是位移，加速度在一段时间上的累积是速度变化量……过程累积量也可以借助图像来描述：以纵轴表示变化的物理量，横轴为时间建立坐标系，在物理量变化图像中，图线与横轴所围图形的面积表示累积量。例如，在"速度—时间"图像中，面积表示位移；"加速度—时间"图像中，面积表示速度变化量；"力—位移"图像中，面积表示功；"力—时间"图像中，面积表示冲量……

（五）以电磁感应中的能量转化为切入点的更宽泛的能量观

从能量转化角度，电磁感应是把其他形式的能转化成电能的过程。产生感应电动势的那部分导体相当于电源，对应内电路，回路的其余部分为外电路。在内电路中，通过非静电力做功把其他形式的能转化为电能，转化来的电能又同时通过电流在整个回路中做的电功转化为其他形式的能。

在感生类的电磁感应过程中，变化的磁场产生涡旋电场，导体回路中自由电荷所受涡旋电场的电场力为非静电力。

在动生类的电磁感应中，非静电力来源比较复杂。以切割类为例，如图 3 所示，导体棒 MN 向右切割磁感线运动时，棒中的自由电荷（以正电荷为例）受到的洛伦兹力如图 4 所示，因随棒运动所受到的洛伦兹力 f_1 为非静电力，对自由电荷做正功。棒中自由电荷（以正电荷为例）由 N 到 M 定向移动形成电流，由于这种定向移动还受到一个与切割速度方向相反的洛伦兹力 f_2，对自由电荷做负功。f_1 与 f_2 所做的功数值相等，正负相反，二者的合力即自由电荷实际受到的洛伦兹力 f，f 并没有做功，但通过两个分力 f_1 和 f_2 做功实现了能量的传递。棒中所有自由电荷所受到的 f_2 的总和宏观上表现为安培力，安培力对导体棒做负功，故有"在切割类电磁感应中，充当电源的那部分导体，一定要克服安培力做功，数值上等于非静电力做功转化来的电能"。

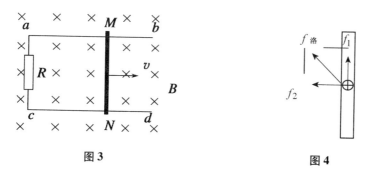

图 3　　　　　　　　　　　图 4

深入分析电磁感应过程中的能量转化，可以进一步巩固功能关系与能量守恒知识。在电磁感应过程中，前面学过的力学、静电场及电路中的功能关系仍然适用，与电磁感应中的能量转化与守恒一起，形成更宽泛的能量观。

参考文献:

[1] 郭玉英,姚建欣,张静.整合与发展——科学课程中概念体系的建构及其学习进阶 [J].课程教材教法,2013 (2):44-49.

[2] 翟小铭,郭玉英,李敏.构建学习进阶:本质问题与教学实践策略 [J].教育科学,2015 (2):47-51.

基于项目的教与学实践[*]

——以《雷电防护》为例

为发展学生核心素养，促进21世纪人才培养，各国展开了 STEM 教育探索，旨在加强科学（Science）、技术（Technology）、工程（Engineering）与数学（Mathematics）教育的整合。据此，以《雷电防护》为案例，展开 STEM 整合与创新的物理教学实践探索。创设真实情境"雷电危害"，围绕如何进行雷电防护展开小组合作探究，设计并制作雷电防护装置。

《雷电防护》案例源于实际生活，在体现物理学科特点的同时，较好地将物理、技术、工程和数学内容进行有效整合。基于项目式学习方式，充分调动学生积极性。注重小组合作，在协作中促进跨学科整合能力，培养解决问题能力以及促进科学思维的发展。

一、教学背景分析

（一）案例开发缘由

1. 综合性原则。《雷电防护》案例内容基于数学，通过探究防雷措施和制作防雷装置领会物理、技术学科的相关知识和思想。

2. 实践性原则。《雷电防护》案例内容需要学生相互合作、亲身参与探究防雷措施和制作防雷装置。

3. 情境性原则。《雷电防护》是基于真实的实际问题即雷击危害，与我们自身生命财产安全密切相关，利于学生融入情境。

（二）学习者分析

1. 学生已有的知识基础分析。学生在本节课之前已经细致完整地学习了静电场的相关知识，能从微观原子结构分析静电现象，掌握点电荷间的相互作用，

---

* 本文作者：陈颖。

了解静电场，理解电场强度、电势能、电势等基本概念，能分析带电粒子在电场中的运动。

2. 学生经历过的探究过程和习得的思维能力分析。学生在本节课前经历了探究滑动摩擦力、力的合成、平抛运动等基本的探究过程，了解探究的基本环节，对科学推理、科学论证等科学思维有了一定的认识，但均有待加强和完善。

3. 学生实践、跨学科整合能力分析。学生在之前经历的多数是课内的实验探究，对实际问题解决能力欠佳。同时，跨学科的整理能力也是以前学生学习过程中极少接触的，亟待加强和完善。

二、教学设计说明

（一）教学目标分析

《雷电防护》的教学目标包括以下四个方面：

1. 促进物理学科知识及技能的习得。理解什么是静电平衡状态，以及理解静电平衡状态下导体的特征。

2. 提升科学探究和工程设计能力。通过实验探究，判断分析论证应对雷击的措施，以及设计制作防雷击装置，促进科学探究和工程设计能力的发展。

3. 培养解决实际问题能力和跨学科综合能力。通过整合数学和静电平衡相关知识，以及探究和工程设计能力，解决防雷击问题，促进解决实际问题能力和跨学科综合能力发展。

4. 促进学生学习兴趣的提高和科学态度的培养，发展学生创新精神和创新思维能力。

（二）案例设计思路

案例设计基于国际技术和工程教育协会（ITEEA）开发的 EbD™ 项目①设计模式展开，主要包括五个阶段：

1. 参与阶段。意在激发学生的学习兴趣和好奇心，促进学生积极主动参与课堂。

2. 探索阶段。为学生提供建构自身对问题的探索理解的课堂环境。学生以小组合作的形式进行动手探究或工程设计，并相互分享交流，探索对问题的理解。

---

① International Technology and Engineering Educator Association. Engineering by Design（EbD）A Standards – based model program［EB/OL］. International Techndogy and Engineering Educator Association，2019 – 04 – 19.

3. 解释阶段。帮助学生解释和精细化上一阶段的探索结果。教师通过解释推动学生思考,理顺相应的逻辑关系。

4. 工程阶段。通过运用概念和实践为学生提供对该主题更深层次的理解。促进学生运用概念学习自然世界并将它们用于人造世界。

5. 评价阶段。教师和学生对课堂的实时监控,评价和测试并非线性的,而是在每一个阶段教学过程中连续发生的。

图1 《雷电防护》教学流程图

(三)教学用具

教师教具:多媒体课件、无线同屏设备、电子起电机、平行板金属、门闩、导线。

学生学具:任务单、手摇起电机、铁盒、夹子、导线、穗子、铝箔纸、纸杯、针、铁丝、透明胶带、剪刀。

三、教学过程

(一)参与阶段:创设雷电情境,引出雷电防护,判断应对措施

教师活动:展示游客在雷电天气时游览加州红杉公园时头发"奓开"的照片,以及雷击危害的相关照片,引出对雷电防护的学习。

学生活动:了解雷击及其伤害。

教师活动:通过动画讲解雷电形成的机理,利用高压起电器模拟雷电。

学生活动:了解雷电形成机理,观察实验室闪电。

教师活动:创设课堂核心情境——户外遇到雷电危险。

提出问题:判断哪些是防止雷击的合理做法?

A. 躲在车里;B. 躲在亭子里;C. 蹲下;D. 跑向空旷的地方;E. 打电话求助。

学生活动:以组为单位,进行小组讨论后通过学生端电脑提交选择。

设计意图:通过雷雨天头发"奓开"照片,引起学生兴趣,再展示雷击危害照片,引起学生对雷击的重视。在此基础上,提出本节课的核心"故事线"

问题：遇到雷电危险该如何应对？再通过限时讨论提交的形式，极大地激发学生的学习欲望，开启对雷电防护的学习。

（二）探索阶段：实验探究，论证防止雷击的合理措施

教师活动：布置任务一——通过实验论证本组对防雷击合理措施的选择。

引导学生思考：

1. 用哪些材料，如何模拟选项情境？

2. 用哪些材料，如何模拟雷电场？

3. 用哪些材料，如何模拟"人"？

提供探究器材：手摇起电机、铁盒、铝箔纸、纸杯、针、导线、夹子、穗子、胶带、剪刀。

组织学生展开探究，认真观察学生活动，及时给予评价，对遇到困难的小组提供适当引导。

学生活动：认真聆听任务要求。小组合作，展开实验探究，论证本组对防雷电合理措施的选择，交流汇报实验成果。

组1学生：我们认为应该躲在车里，而不躲在亭子里。因为汽车的外壳为金属，因此我们用铁盒模拟汽车。用夹子模拟人，在夹子上拴穗子，通过穗子观察人是否带电。在实验中我们将带穗子的夹子分别放在铁盒的外部和内部，可以看到当夹子在铁盒内部时，穗子不动；而当夹子在铁盒外部时，穗子张开，因此夹子在铁盒内不带电，感受不到电场作用。所以我们认为遇到雷电危险时，躲在车里是比较合理的应对措施。

图2 组1学生实验

组2学生：我们认为应该蹲下，而不是跑向空旷的地方或者打电话求助。我们注意观察了蹲下和跑向空旷的地方的区别，相比于蹲下弓着的人，站着的人更为尖锐突出。实验中，我们用夹子模拟蹲下的人，用针模拟站着的人，将针和夹子同时放置于手摇起电机的电场中，可以看到仅在起电球和针之间放电。

所以我们认为遇到雷电危险时，蹲下弓着是比较合理的应对措施。

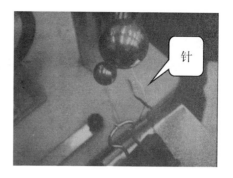

图3　组2学生实验

设计意图：创设问题探索理解的课堂环境，明确任务，提供实验器材和课堂时间，让学生以小组合作的形式进行动手探究，并相互交流分享，探索雷电防护措施的合理性。促进学生科学探究能力、解决实际问题能力和跨学科综合能力的提升。

（三）解释阶段：师生互动，解释防雷击措施的机理

教师活动：提出问题——从理论上能否解释防雷击措施呢？如何解释呢？

引导学生观察两种合理措施和其他措施的区别。结合动画引导学生思考，处于静电场中的导体运动。总结静电平衡，以及处于静电平衡状态时导体的特征。明确导体表面电荷分布。

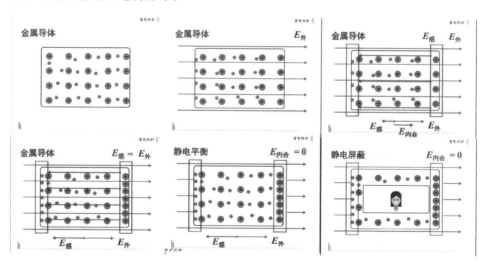

图4　静电平衡动画演示

学生活动：观察动画，建构静电平衡的形象认识。在生生互动、师生互动中解释两种防雷击措施的合理性：

选A，不选B：因为汽车外壳是金属，而金属导体处于雷云电场中，导体内的电荷会重新分布，直至产生的感应电场与外电场抵消，导体球壳内部电场为零。即躲在车里的人感受不到雷云电场的作用，所以不会被雷击。

选C，不选D和E：因为导体表面电荷在表面形状突出（或尖锐）的地方

分布密集，周围电场更强，更容易与雷云间形成电流，引来雷击。

设计意图：通过师生对话，引导学生思考，总结静电平衡状态，以及处于静电平衡状态时导体的特征，明确导体表面电荷分布。在此基础上，让学生再次解释两种防雷击措施的合理性，理顺内在的逻辑关系，精细化上一阶段的探索结果。

（四）工程阶段：设计并制作防雷装置

教师活动：布置任务二——设计并制作防雷装置。

明确装置设计要求：1. 能保护"小人"不受雷击；2. 能显示保护效果；3. 具有实际操作可行性。

提供实验器材：包括上一阶段器材，以及铝箔纸、纸杯、针、胶带、剪刀等。

组织学生设计制作防雷装置，观察学生活动，提供适当引导。

学生活动：认真聆听任务要求，开展小组合作，基于静电平衡状态下导体特征等相关知识和创意想象，设计并制作防雷装置。

图5中左图为组1学生设计的装置，给"小人"制作了金属外壳，通过"开窗户"可以观察到闪电击中金属外壳，但没有击中"小人"。右图为组2学生设计的装置，即简化版的避雷针，可以观察到"雷云"和避雷针之间放电，此时"小人"安全。

图5　学生设计装置

设计意图：让学生经历防雷电装置设计制作的过程，内化静电平衡相关知识的认识，提升科学思维能力和实践动手能力，促进学生对科学（物理静电平衡相关知识）、技术、工程和数学更深层次的理解。

（五）评价检测阶段：教师和学生对课堂的实时监控

评价检测并非仅发生在课堂的最后，而是在每一个阶段教学过程中连续发生的，而且评价检测的形式是多样且多方的，包括网络答题检测、实际检测、自评、互评以及师评。

在参与阶段，通过网络答题的方式测评学生对雷电防护的"前概念"，结果如图6所示，可以看到多数学生仅选择了C，究其原因，学生不能给出相应解释。此时教师没有立即给出答案，同时也是为了激发学生的好奇心和学习兴趣，促使其进行探索。

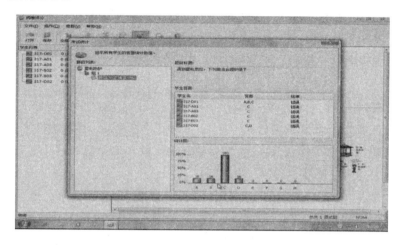

图6　参与阶段学生评价

在探索和解释阶段，所有学生都进行了自评和互评，在此基础上教师再介入评价总结。

在工程阶段，通过现场实验，检验各组学生防雷装置的实际效果。

设计意图：通过及时反馈学生的前概念、参与情况、实施操作，以及探究或设计结果情况，并在评价检测中深化学生对静电平衡相关知识的认识，促进科学素养和科学探究工程设计能力的发展。

四、教学反思

为促进学生核心素养发展，以《雷电防护》为案例，展开STEM整合与创新的物理教学实践探索。教学中具有如下特色：

（一）教学目标丰富且具有整合性。教学目标不局限于物理学科，还涵盖了科学、技术、工程和数学四个方面，且不是孤立地呈现，而是有机整合，以促进学生解决实际问题的综合能力提升和学习兴趣的提高。

（二）以一个真实情境问题贯穿整堂课。传统课堂也强调真实情境，但仅限于课堂引入和知识应用部分，而本案例是以"雷电防护"这一真实问题为整堂课的故事线,在"故事"中促进学生对静电平衡的理解,对科学探究和工程设计等多学科能力的发展。

(三)课堂教学融合工程设计。在课堂中给予学生充分的时间和材料设计雷电防护装置,在学生工程设计中渗透 STEM 的教学理念。

(四)多元化的教学评价。课堂包含了生生之间、师生之间的多方评价,并通过苏格拉底式的提问、反馈和评价促进学生深层思维的发展。

然而,对学生跨学科综合能力的培养,也不是一蹴而就的,需要我们教师积极地开发 STEM 课程,整合多学科内容,通过项目式学习,在师生、生生的实践和思维碰撞中,真正促进学生的核心素养的发展。

参考文献:

[1] 范燕瑞. STEM 教育研究 [D]. 上海:华东师范大学,2011.

[2] 李雁冰."科学、技术、工程与数学"教育运动的本质反思与实践问题 [J]. 全球教育展望,2014,43(11):3-8.

[3] 李扬. STEM 教育视野下的科学课程构建 [D]. 金华:浙江师范大学,2014.

[4] 李函颖. 美国 STEM 教育的困境与走向 [J]. 比较教育研究,2014(5):53-58.

[5] 王玲玲. 基于 STEM 的小学科学课程设计研究 [D]. 上海:华东师范大学,2015.

[6] 穆鑫楠. 21 世纪以来美国高中 STEM 课程发展研究 [D]. 天津:天津师范大学,2015.

[7] 傅骞,刘鹏飞. 从验证到创造——中小学 STEM 教育应用模式研究 [J]. 中国电化教育,2016(351):71-78.

[8] BREINER J M, HARKNESS S S, JOHNSON C C, et al. What Is STEM! A Discussion About Conceptions of STEM in Education and Partnerships [J]. School Science and Mathematics,2012(112):3-11.

[9] SCOTT C. An Investigation of Science, Technology, Engineering and Mathematics (STEM) Focused High Schools in the U. S [J] Joumal of STEM education,2012,13(5):30-39.

[10] WHITE D W. STEM Education:an Unique Summer Program [J]. Technology and Engineering Teacher,2013(2):8-13.

课例：运动的快慢*

一、教学背景分析

（一）教学内容分析

本节课是人民教育出版社八年级·上第一章机械运动的第三节"运动的快慢"，是起始章节。前两节为长度和时间的测量以及运动的描述，学生刚刚接触物理学科，不太了解学习物理学科的方法和过程，对物理的一些要求也比较陌生。本节课的内容与生活息息相关，是运动的描述的后继，也是后面知识的基础，是运动学的重点内容之一。本节课的内容"速度和匀速直线运动"，集概念建构、规律探究和物理知识应用于一体，是充分体现物理思想方法的一节课。为了让学生更好地掌握此重点内容，本节课要让学生重新认识"速度"这个物理量。知道物理学中的比值定义法，为今后的学习打下良好的基础。通过本节的学习让学生知道速度在生活中的重要性。

（二）学生情况分析

八年级的学生刚接触物理，对物理学科有些陌生，不具备物理的思维方法。学生对于本节课的知识有一定的生活经验，知道生活中比较运动快慢的两种方法（路程相同比时间长短或时间相同比路程长短）；知道一些运动的形式，没进行过系统的分类；知道平均速度的计算，不太了解其物理含义。对于物理学中比较快慢的方法不是很清楚，不知道为什么用路程和时间的比表示速度。在学习此章节前接触了一些关于运动学的知识，有一定的基础。知道长度和时间的单位及单位的换算，为学习速度的单位奠定了一些基础，对米/秒这个组合单位比较陌生，对速度单位的换算就更不熟悉了。在小学阶段学生已经知道了速度、路程、时间的关系，但对各物理量代表的含义不是很清楚，对物理量单位的认

---

* 本文作者：成振生。

识浅薄。受小学数学学科的影响，学生解答计算题的格式很不规范，部分学生对物理量的符号混淆。学生仅仅了解一些速度在生活中的应用。

二、教学目标及教学重、难点

（一）知识与技能

1. 知道比较物体运动快慢的方法。

2. 能用速度描述物体的运动。

3. 能用速度公式进行简单的计算。

4. 知道匀速直线运动的概念。

5. 了解平均速度的概念。

（二）过程与方法

1. 通过活动和实验体验比较物体运动快慢的方法。

2. 通过对物体运动快慢的探究，采用比值法定义"速度"这一物理量。认识速度概念在实际生活中的意义。

3. 通过练习掌握运用速度公式进行简单的计算。

4. 通过学生活动和观看视频了解机械运动的形式。

（三）情感、态度与价值观

1. 有能用"运动快慢"的观点观察和分析身边事例的意识。

2. 通过观看图片，让学生有珍爱生命，遵守交通规则的意识。

3. 培养学生与他人合作的精神，同时提升学生与他人沟通的能力。在教学中，使学生体验民族自豪感。

（四）教学重点

1. 速度的物理意义及速度公式。

2. 让学生知道速度在生产生活中的意义，树立遵守交通规则的意识。

（五）教学难点

1. 速度概念的建立。

2. 速度单位的换算。

3. 规范物理计算题的解题格式。

三、教学过程设计及实施

环节 1   引入课题

【教师】出示图片，学生讨论每天上学和外出旅游的出行方式。

图 1

【学生】学生回答，并说出理由。

【设计意图】让学生了解比较运动的快慢在生活中的实际意义。

【教师】通过总结得出，我们都会选择用时短、运动快的出行方式。在生活中，我们如何比较物体运动的快慢呢？

设计活动——接力比赛

活动1：班内5个小组同时将接力棒从小组第一个向后传递，教师随时发令停止，学生判断哪个小组传递得快，是根据什么判断的。

【学生】体验活动，学生判断并说出判断的依据。

【教师】设计活动——接力比赛

活动2：班内5个小组同时将接力棒从小组第一个向后传递到第六个，都传递完成后，学生判断哪个小组传递得快，是根据什么判断的。

【学生】体验活动，学生判断并说出判断的依据。

学生分析并总结出：比较物体运动快慢的两种方法：

①在时间相同的情况下，比路程的远近（路程远的就快）；

②在路程相同的情况下，比所用时间的长短（用时短的就快）；

【设计意图】通过体验活动让学生认识比较物体运动的快慢的两种基本方法。

【教师】播放奥运会百米比赛视频。

选择比赛中某一时间暂停，提问：谁快？你是怎么比较的？

比赛结束，提问：谁是冠军？你又是怎么比较的？

【学生】观看视频并回答。

【教师】体育赛场上还有哪些项目是通过比较运动的快慢来决定胜负的？

【学生】举例回答。如自行车、游泳、速度滑冰、皮划艇等。

【教师】出示两项世界纪录：

男子1500m世界纪录3分26秒；女子400m世界纪录47.60秒。

我们如何比较他们运动的快慢呢？

【学生】

可以比较1m路程用的时间，即：$\dfrac{时间}{路程}$　男子：$\dfrac{206s}{1500m}=\dfrac{0.14s}{1m}$

女子：$\dfrac{47.6s}{400m}=\dfrac{0.12s}{1m}$

比值越小，运动越快。

可以比较1s内通过的路程，即：$\dfrac{路程}{时间}$　男子：$\dfrac{1500m}{206s}=\dfrac{7.3m}{1s}$

女子：$\dfrac{400m}{47.6s}=\dfrac{8.4m}{1s}$

比值越大，运动越快。

【教师】以上两种方式都可以比较运动的快慢，实际上都有一种"平均（折合）"的思想，将路程（时间）"折合"成相同的大小来比较时间（路程），那物理学中采用哪种方式比较快慢呢？

【设计意图】通过分析归纳让学生认识用比值法来描述物体运动快慢的方法。

【学生】回答并分析。用路程和时间的比来表示运动的快慢，比值越大，运动越快，这种方式更便于比较。

【教师】物理学中用路程和时间的比的方法来表示运动的快慢，我们称之为"速度"。

环节2　速度

1. 速度的物理意义

【教师】速度是表示物体运动快慢的物理量。

2. 速度的定义

【教师】物理学中，把路程与时间之比叫作速度。

通常用字母v表示速度，s表示路程，t表示时间。

那么三者的关系如何表示呢？

$$v = \frac{s}{t}$$

【学生】回答并写出。

3. 速度的单位

【教师】如果路程和时间单位用 m 和 s，那么速度的单位是什么？怎么读？

【学生】米除以秒。

【教师】规范写法和读法，m/s 或 m·s^{-1}，读作：米每秒。速度单位由路程和时间单位组合而成，这种单位叫作组合单位。

在交通运输中常用的速度单位是什么？符号是什么？

【学生】学生回答。千米每小时，km/h 或 km·h^{-1}。

【教师】1m/s 和 1km/h 谁大谁小？你能将 1m/s 转化成 km/h 吗？

教师板演 m/s 到 km/h 换算过程：

$$1\text{m/s} = \frac{1\text{m}}{1\text{s}} = \frac{\frac{1}{1000}\text{km}}{\frac{1}{3600}\text{h}} = 3.6\text{km/h}$$

要求学生写出 km/h 到 m/s 的换算过程。

【学生】学生完成，请两个学生到黑板上板书。

$$1\text{km/h} = \frac{1\text{km}}{1\text{h}} = \frac{1000\text{m}}{3600\text{s}} = \frac{1}{3.6}\text{m/s}$$

即：$1\text{km/h} = \frac{1}{3.6}\text{m/s}$

$1\text{m/s} = 3.6\text{km/h}$

【设计意图】通过练习让学生认识单位换算的物理过程。

【教师】练习：火车的速度为 72 km/h，小轿车的速度是 30 m/s，比较两车的速度。

【学生】完成练习。

【教师】分析引导一题多解。

展示小资料：一些物体的运动速度

①蜗牛爬行约 1.5mm/s

②人步行约 1.1m/s

③骑自行车约 5m/s

④喷气式客机约 250m/s

⑤子弹（出膛时）约 1000m/s

⑥高速公路上的小车约 33m/s

图 2

【设计意图】让学生了解生活中常见的物体运动速度。

【学生】观察思考，并思考如何用 km/h 来描述。

【教师】还可以列举国内、国外对速度追求的发展等，或者要求学生回家查资料。

【学生】学生回答。

【教师】汽车速度表：直接显示出速度。

周末，小明和爸爸驾车去郊外游玩，若轿车以如图 3 所示的速度行驶了 15min，则汽车行驶的距离约为多少？

【学生】学生练习。

【教师】学生计算过程往往忽略数据的单位。

图 3

解题过程：

解：$t = 15\text{min} = 0.25\text{h}$

$s = vt = 70\text{km/h} \times 0.25\text{h} = 17.5\text{km}$

答：汽车行驶的距离约为 17.5km。

解题格式要求：

①公式；

②代入数据（数字＋单位）；

③结果（数字＋单位）。

【设计意图】规范学生的解题格式。

【教师】展示图片：交通标志牌

图 4

你知道这些数据的含义吗？

【学生】学生回答。

【教师】在交通上，为什么要对车辆进行限速呢？

【学生】学生回答。

【设计意图】让学生了解速度在生活中的意义，从物理知识走向社会生活。

环节 3 机械运动的分类

【教师】设计活动——你能抓住正在下落的橡皮吗？

活动规则：两人合作完成，甲同学用一只手在空中一定高度拿着橡皮，第一次乙同学一只手放在甲同学橡皮正下方约 20cm 的 A 处，让橡皮自由下落，看能否抓住橡皮；第二次乙同学将手张开放在距橡皮约 100cm 的 B 处，看能否抓住橡皮，可重复以上过程几次。

【学生】学生实验，汇报实验结果。发现在 A 处比 B 处更容易抓住橡皮。

【教师】为什么会有这样的结果呢？

【学生】学生回答。因为开始时橡皮下落速度比较慢，容易抓住，越向下运动，速度越快，人反应较慢，不容易抓住橡皮。

【教师】橡皮在下落时，橡皮是越来越快的，即速度越来越快，一直在加速。像火箭发射，飞机起飞，汽车和火车启动时，速度在加快，做加速运动。而像飞机着陆，汽车和火车刹车时，速度在减慢，做减速运动。除了物体运动时速度大小的变化，其运动特点还可能会有什么变化呢？可以举例说明。

【学生】学生回答。运动方向的变化。

【教师】播放各种运动形式的视频。

图 5

这些物体在运动时都有哪些特点呢?

【学生】学生回答。速度大小和方向两个方面。

【设计意图】从生活走向物理,归纳总结运动的分类。

【教师】机械运动按照运动路线可以分成直线运动和曲线运动。直线运动按照运动速度可以分成匀速直线运动和变速直线运动。

$$
机械运动
\begin{cases}
直线运动
\begin{cases}
匀速直线运动 \\
变速直线运动
\end{cases} \\
曲线运动
\end{cases}
$$

物体沿着直线且快慢不变的运动,叫作匀速直线运动。(物体在任意相同时间内通过相同的路程。)

如在平直轨道上平稳行驶的列车,平直公路上平稳行驶的汽车,竖直升降且平稳运行的电梯,商场(机场)平稳运行的滚梯等有时可以认为它们在做匀速直线运动。

物体沿着直线且快慢有变化的运动,叫作变速直线运动。

【教师】拓展——"频闪摄影"研究物体运动的方法

频闪摄影又称连闪摄影,是借助于电子闪光灯的连续闪光,在一个画面上记录动体的连续运动过程。电子频闪灯是一种新型的摄影照明灯具,当这种灯充足电后,可以像连发手枪一样,一次紧接一次地频繁闪光。高频电子频闪灯的闪光频率可以根据需要调节，闪光频率越高，底片曝光次数越多，在照片上出现的影像也越多。一般来说，这种灯每秒钟的闪光次数可达几十次甚至上百次。用电子频闪灯拍摄一个动体时，画面上可以留下几十个重叠、错落有致的影像。如图6所示，用频闪摄影技术拍摄了甲、乙两个物体从左向右的运动情况（每隔相同时间拍摄一次），请大家分析两球速度大小变化情况。

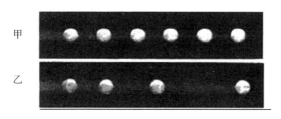

图6

【学生】学生回答。甲做匀速运动，乙做加速运动。

【设计意图】拓宽学生的视野。

环节4　平均速度

【教师】我国优秀运动员刘翔在2004年雅典奥运会上勇夺男子110m栏金牌并打破奥运会纪录，成绩是12.91s。他的速度是多少？

【学生】学生回答。约为8.52m/s。

【教师】刘翔在整个比赛过程中速度是不是保持8.52m/s不变呢？那么这个8.52m/s我们应该叫它什么？

【学生】学生回答，平均速度。

【教师】变速运动比较复杂，如果只是做粗略研究，也可以用公式 $v = s/t$ 来计算它的速度。这样算出来的速度叫平均速度。日常情况下所说的速度，多数指的是平均速度。

【教师】实践应用：

一辆汽车在平直的公路行驶，假设1s内通过了5m的距离，2s内通过了25m的距离，4s内又通过了60m的距离。试求汽车在最初2s内的平均速度与这4s内的总的平均速度各是多少。

【学生】学生回答，最初2s内的平均速度为12.5m/s，4s内的总的平均速度为15m/s。

【教师】变速运动在不同时间内的平均速度一般来说是不同的，所以在计算平均速度时，必须指出是哪段时间内的平均速度。

【设计意图】总结比较运动快慢的方法。

环节 5　小结

【教师】通过本节课的学习你有哪些收获？

【学生】学生回答，总结。

【设计意图】总结本节课的收获（包括知识和方法等）。

五、教学效果分析

本节课依据课程标准的要求，结合教学特点，以学生认知水平和思维能力为出发点，制定了明确的教学目标。从对速度知识的认识上看，本节课从建立学生对速度定义、物理意义的认识，到后续学习中体会到速度在实际应用上的价值；从方法看，通过本节课渗透应用比值定义法建立物理概念的方法，为建立密度、压强、电阻、比热容等概念做好方法上的铺垫。突出课时学习的阶段性特点，依据教学目标设计了符合学生认知规律和思维特点的教学活动。

本节课基于学生前认知水平，围绕核心概念有效开展了促进认知发展的学习进阶活动。围绕认知目标和能力目标设计前测题，依据前测了解学生知识经验和认知水平，结合对学生前认知与科学认知的比较、分析，明确建构知识的思维关键点，通过围绕"如何比较运动的快慢——速度的定义——速度的单位——生活中的一些速度——运动的形式"的知识序，合理安排教学序，达到了引导学生自主构建知识体系的目的。

本节课以知识为载体，有效促进学生物理学科核心素养的发展。本节课通过"创设问题情境——学生活动——问题启发、质疑——科学思维——分析总结——应用提高——发展思维"的线索，形成"认识比较运动快慢的重要性""速度的定义""单位的换算""运动的分类"的物理观念。通过学生分析讨论建立速度的定义，学生能运用证据说明观点方式，发展科学论证的科学思维，能用辩证的思维分析问题，初步形成尊重事实和敢于质疑的科学态度，经历从实际情境中提炼物理概念、解释论证的科学思维，感受物理与生活的密切联系。

本节课利用各种教学资源，联系生活实际，激发学生的学习动机，体现"从生活走向物理，从物理走向社会"的理念。本节课从生活中常见的现象来引入，使学生认识到比较运动快慢在生活中的重要性，也能感受到比较运动快慢在生活中无处不在，体现从生活走向物理的理念。通过学生活动体验比较运动快慢的方法，体现学生做（玩）中学，参与课堂的思想，使学生体验比较运动快慢的方法，了解生活中的速度，认识交通标牌的含义，体会速度在生活中的价值和作用，学会用辩证的思想去认识速度的大小和优劣。结合生活中一些常见的运动方式来认识常见运动的分类形式，促进学生从形象思维向抽象思维的过渡。

初中物理高效课堂的探索[*]

高效课堂的构建以及新的物理课程标准都倡导自主、合作的学习方式，提倡以学生的自学和探究为前提，将课堂还给学生，让学生真正体会到学习和探索的乐趣。但是在构建高效的自主学习的教学中，经常发现学生在由常规学习到自主学习的转变中，自主学习的动力不足，目的性不强，甚至不知如何学习，这样就达不到我们预期的目的，使自主学习的效果和优势不能很好地体现出来。为了培养学生良好的自学习惯和自主学习的能力，需要我们去精心设计教学的每一个环节，只有提高学生自主学习的有效性才能使我们的课堂更高效。

一、预习与自学是自主学习的前提

（一）激发学生学习兴趣，使学生产生学习欲望

在学习中我们要巧妙地激发学生兴趣，有效地调动学生的学习兴趣情感，使学生真正把学习变成自身的需要，从而积极主动地参与到学习中来。所以，自学前的引课是很关键的，如果我们仅仅安排学生自学教材某一部分，然后就让学生自己去学习，那么学生自然也就会出现学习动力不足的现象。比如在讲到《光的色散》一节时，以前都是通过彩虹的图片和三棱镜的实验来引起学生的好奇，然后讲解其中的原理，在构建高效自主的课堂教学模式以后，我把这一节课的结构加以调整，仍然用图片和三棱镜的实验来引课，不过引完课程以后不再马上把原理讲出来，而是趁着学生的好奇心，安排自主学习的内容，让学生通过自己的学习来找到答案。这样就有效地把学生的学习积极性充分调动起来了，让他们真正感受到探索知识的乐趣。下面是我们在人教版新教材授课过程中的一些生动有趣的引课案例：

---

* 本文作者：张晓慧。

1. 用"比一比、赛一赛"的方式激发学生的动力

如在"杠杆平衡条件的应用"这节课中，对上节课学过的实验进行再现，方式是竞赛的形式。主要是通过一些和上节课类似的实验完成对上节课实验成果的检测，它不是简单的重复。上节课学生的思维过程是基于探究的基础上反复实践，可以随意地去设想钩码的位置来进行充分探究，从而得到结论。而这节课的实验是在此基础上，对一些条件进行限定，在学生已经清楚杠杆平衡条件的前提下，有目的地去挂钩码来确定位置，这实际是杠杆平衡条件的应用。通过这个实验使学生清楚地掌握杠杆上力和力臂的关系，通过用杠杆提着重物和不提重物让学生进一步理解动力和阻力的关系是由动力臂和阻力臂之间的关系决定的。同时教师用竞赛的形式激发学生的竞争意识，在紧张有序的教学中让学生完成本节课的探究，这样为学生下一步的自主总结规律提供了数据支持。

2. 用"魔术"教学激趣设疑

在讲解第九章第三节《压强——大气压强》时，教师给学生变了一个神奇的魔术，借助的道具就是图片中的两心壶，又名"良心壶"（如图1、图2、图3所示）：

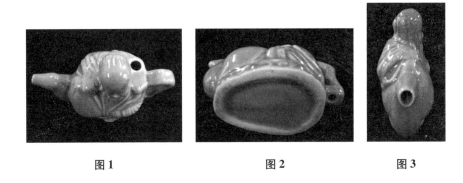

图1   图2   图3

教师在两个壶中分别装入红墨水和清水，上课时教师将壶拿在手中，用大拇指和小拇指分别堵住上下两个圆孔，然后告诉学生："同学们，老师今天请大家喝酒，先来一杯红酒。"这时教师松开一个堵住圆孔的手指头，红水缓缓流了出来，学生并不觉得诧异。"接下来我们换换口味，老师请大家喝一杯白酒。"紧接着清水流了出来，这时候学生感觉到非常神奇，然后教师引导："同学们肯定想知道其中的奥秘，学习了今天的课程，你们能不能找到其中的物理道理呢？"这样的引课抓住了学生的兴趣点，激发学生探索的欲望，同时这个问题属于大气压强的应用，对于这个问题的解决也恰好是本节课的重点和难点，教师这样设计对于教学重、难点的突破有着很重要的意义。

3. 用与物理相关的智力题发散学生的思维

在讲解第十四章第三节《内能的应用——能量的转化和守恒》时，教师给学生出了这样一道智力题：在一个封闭的房间里有三盏灯，屋子没有窗户，只有一个门，在屋子的外面有三个开关，已知三个开关分别控制三盏灯，但是如果想具体知道哪个开关控制哪盏灯，只允许你进入屋子一次，你该怎么办呢？

对这个问题，学生非常感兴趣，个个都跃跃欲试，教师可以现场模拟，把班里的教室模拟成问题中的屋子，于是同学们会想各种办法来解决问题。聪明点的学生很容易想到这个问题应该是和能量有关系的，于是想到能量的种类，电能、内能，这个问题也就解决了。问题的答案是：在屋外打开两个开关，一段时间后，关闭开着的一个开关，这时打开门走进屋子，有一盏灯是亮着的，这个灯是由开着的那个开关控制的；另外两个灯，用手去摸一摸，有一个有点热度的是开后又关闭的那个开关控制的，最后一盏灯就是一直没动的那个开关控制的。解答出这个问题之后，学生会发出感叹，原来这道微软公司招聘员工的智力题就是和物理中的电能、内能息息相关的，可见学好物理是多么重要，带着这样的想法，学生肯定会全力投入下面教师安排的教学环节中。

4. 用各种游戏和实验来活跃课堂的气氛

在课堂中，为了提高学生的学习兴趣，我们会尽量设置一些同学们感兴趣的游戏，让学生边玩边学，收获颇多。比如同学们非常爱看的电视节目：《谁是卧底》《一战到底》《开心辞典》《想挑战吗》等游戏节目，我们也模仿这些节目的形式，让同学们参与其中，将一些物理概念，易错易混的知识点，各种题型的物理题提前分类、整理，放入小信封，写好编号，同学们采取各种游戏的形式进行竞赛、挑战等，通过这样的游戏环节设置，教师寓教于乐，学生学得高兴，记得牢固，注意力也高度集中，大大提高了课堂效率。

5. 用各种实物或者实验物品模拟现实生活中的物品，将课堂还原生活

在讲解第十二章第一节《简单机械——杠杆的应用》时，教师亲自买来羊角锤、木块和钉子，让每个学生亲自体验羊角锤的使用来感受生活，积累生活中的经验。在讲解钓鱼竿的使用时，由于场地和空间的限制，教师用长的钢板尺、细线、大钩码和曲别针来模拟钓鱼竿的使用，这样便于学生在使用时更关注杠杆的支点、动力、阻力的作用位置，使感性认识向理性认识很自然地过渡。

（二）自学的指导与导学案

虽然我们很想让学生学会自己学习，但不是所有的学生都能很快掌握自学的方法和技巧，很多同学仅仅认为自学就是把老师要求的教材通读一遍，最多把书上的定理、定义都背卜来就行了。所以在学生自学之前就需要我们对学生

进行指导。我们可以根据所学内容的前后联系和难易程度，制订不同的导学案，以供学生学习时参考。导学案的种类很多，可以是练习型，通过习题的不断深入，引导学生一步步深入地学习。

如果教师能够做到对每节课的导学案都进行精心的设计，考虑学生的知识形成过程，用问题或者活动把整个教学知识连接起来，学生一定能够循序渐进地掌握知识，让知识形成体系，最后融会贯通，应用自如。

二、合作学习是自主学习的深化

当学生进行了比较充分的自学以后，对所学习的内容有了初步的认识和理解，心中的疑问也亟待解决的时候，加强合作学习就成为"自主学习"实施的关键。

（一）合作学习的形式

根据课程特点的不同，小组合作也有不同的形式。讨论型的小组合作学习也是我们经常用到的形式，学生在小组长的带领下，将每一个人在自学过程中遇到的疑问和困难都提出来，让大家共同来讨论解决，以达到共同学习的目的，同时又能让每个人都积极参与提问与回答，不仅加深了学生对所学习内容的理解，而且能让学生互帮互学，互相透析重点，突破难点。竞赛型的小组学习，可以展开小组间的竞赛，对一个较难的问题或一系列问题进行研究和讨论，然后提出本小组的观点和意见，来达到组间的互相竞争与学习，使学习更具有研究和探索的意义，激发学生的求知欲并培养学生的发散性思维和创造力。

（二）小组合作学习的指导

教师在开展小组合作学习的过程中，要注意小组合作学习并非纯粹的小组讨论，不能过分追求场面的热烈，要注意学生是否真的在讨论，讨论是否有意义。教师要善于控制合作学习的过程，不能让学生放任自流，亦不能流于形式，要及时纠正偏见，消除误解，预防冷场和过度依赖，更要关注学习消极的学生。

随着新教材新课标的实施，为了更深地挖掘学生学习的主动性和积极性，我们把每个班里的学生进行了两两组合、师徒搭配，以这种形式贯穿学期物理学习的始末。

学生在整个学期物理学习的各个方面我们都要跟踪记录，定期评选最佳组合奖、最佳进步奖、单人优胜奖、单人进步奖。同时表格是开放的，任何学生都可以把自己想竞赛的各种有关物理方面的项目计入表格，对表格实行自主管理。同学、老师、家长共同监督，形成教育的合力，大大地激发了学生的竞争意识和互助精神，收到了很好的效果。同时我们会在学期开始研读考试说明、课标，精心地研究讨论我们每一章每一节的课前和课后检测，以达到对学生的学习、掌握、应用知识水平的真正反馈。

三、课堂展示是自主学习的升华

在学生合作学习的过程中，我们可以创设不同的情境，让不同层次的学生都能走上讲台，把所学所感所悟都展示出来，让他们都能尝到成功的喜悦。让不同层次的学生经过自主参与，都有所发现、创造，都有成功参与的体验，以此培养学生的主体意识和探索精神，增强自信心和勇气。

课堂展示的形式有很多，我们可以根据课程类型的不同，学生自学能力和水平层次的不同，采用不同的形式。如果我们刚开始开展自主学习的课堂模式，学生对课堂展示还信心不足，我们可以采用串讲式的课堂展示方法，由老师按照导学案的思路，将问题一一提出，让同学根据小组讨论的结果进行解答式的讲解。当然，我们应该争取不要让这种解答变成回答问题，而要让学生走上讲台来讲解，从台下走到台上，这一小步对学生来说很关键，因为这对他们来说不仅是形式的不同，更是身份的不同，是一种升华。当学生已经能很好地熟练地上讲台来讲解内容、分析问题以后，我们就可以把课堂放开了，把课堂甚至是讲台让给学生，让他们有充分展示自己风采的机会，让他们能充分体会到成功的快乐，这样不仅能促进学生的全面发展，更能促进他们积极主动地参与后续的自主学习中去，使他们能够进入良性的可持续发展的自主学习的状态。

通过对自主学习的有效性的探究，我们发现高效的课堂关键在于我们理念的转变和对教学结构的精心设计，我们只有简化教，放弃"包办"，将原来教的内容"下放"给学生，让学生预习自学，教师根据学生在预习中遇到的问题设计教学，随堂点拨。有些内容让学生间互教互学，使师生之间、生生之间多了些合作，融洽了师生关系，形成一个"学习共同体"。这样就落实了物理新课程的理念，提高了课堂教学的有效性。

把物理学史引入教学进行美育*

　　课堂教学是一门艺术，一堂好课是一件艺术品，教师在整个教学过程中创造的教学艺术美是教师按照美的规律来呈现知识和组织教学所付出的创造性劳动的结果，可以使学生在有益身心健康的积极愉快的求知气氛中，获得知识的营养和美的享受。教学的目的是使学生乐学，在审美欣赏中掌握知识，提升能力。

　　我们的课程标准一直提倡培养德、智、体、美、劳全面发展的学生，但在教学中，美育一直是被人们忽视的一个方面。有些人，甚至一些教育工作者似乎认为只有美术、音乐、文学方面是有美育可谈的，其他学科并不存在美育。其实美的因素无处不在，美育的作用是相当重要的，这一点许多学者都曾论述过。爱因斯坦的主要教育思想就是"培养和谐的人"，什么是和谐的人呢？他认为："用专业知识教育人是不够的，通过专业教育，他可以成为一种机器，但是不能成为一个和谐的人。他必须对美和道德上的善有鲜明的辨别力，否则他更像一只受过很好训练的狗，而不是一个和谐发展的人。"在这里，他特别强调了"一个和谐的人"要有"对美的辨别力"。爱因斯坦是一个伟大的天才物理学家，曾经建立了相对论，开创了物理学的新天地，建立大统一理论即万有理论是他的毕生追求，他建立相对论的思考过程就是对"宇宙美"的追求过程。和谐美、简洁美一直是他衡量物理学理论是否正确的标准。据说爱因斯坦在评价学生的成果时，对于不美的公式、理论是连看一看的兴趣都没有的，只有形式上看上去美观、和谐的东西才值得进一步地深入研究。许多科学家都是这样，他们认为合于现实又形式简洁的规律是美的。科学家所做的就是用更加优雅严谨的语言描绘这个世界。开普勒相信天体的运动规律是简洁的，但又不忽视任何一点误差，最终发现了行星运动的统一规则：行星运动三定律。诺特定理更

---

　　* 本文作者：赵艳红。

是物理学之美的集中体现，每一种对称性对应一种守恒律：时间平移对称性对应能量守恒；空间平移对称性对应动量守恒；空间转动对称性对应角动量守恒。而对称性中蕴含的美学价值是再明显不过的。在物理学史中这样的例子很多，由此可见物理学史是现成的对学生进行美育的素材。而且我们也可以看出，对于美的追求使物理学家们为人类做出了巨大的贡献，因此，对学生进行美育是非常重要的。那么，如何把物理学史引入教学对学生进行美育呢？

首先要通过在教学中引入物理学史的方式使学生形成一种对自然科学的审美观念。审美观念的形成是学生对科学美的承认、理解、要求和创造。但在教学中由于物理知识本身较为抽象，特别是高中物理较难学习、掌握，部分学生特别是后进学生在忙于应付考试的情况下是体会不出美的，甚至有些学生还逐渐失去了对物理的兴趣。对于这些学生，仅仅在讲公式、规律时告诉他们这公式、规律有多美、多简洁、多和谐，多么有条理性、有概括性是不够的。例如，在讲牛顿第二定律（$F=ma$）时，我们告诉学生：牛顿第二定律把所有的质点运动都置于它的统治之下，在所有的杂乱无章的运动中，这种本质规律的发现使世界变得井然有序，这有多美！这些话学生听来，确实会有点感触，但这种感觉并不是很强烈，对于审美观念的形成作用不会很大，学生可能听听就过去了，不会有很大触动。我们应该用更加贴近生活的方式，介绍物理学发展给人类文化发展带来的重大影响，例如，经典力学对于现代建筑学的重要意义，声学与乐理的紧密联系，光学与电磁学如何孕育摄影艺术并带来文化传播方式的革命。同时物理实验与物理学现象本身也蕴含着无限的美，例如，简谐振动的垂直叠加产生的利萨如图形，晶体生长、表面放电图样所共有的分形特征，超导体的优美性质，等等。现代教学更应使用可视化、高自由度、注重美感的方式进行教学，用生动的方式讲述故事。

另外，可以利用物理学史的人文因素对学生进行心灵美教育。对于心灵美的教育，现在学校似乎不如以前重视，其实心灵美是人类有史以来最美的东西，它是人类社会健康、文明向前发展的重要因素。在物理学史中，许多物理学家都是心灵美的典范，他们光辉的人格、美好善良的人品都应该成为学生心目中的榜样。如果在讲授知识本身美的同时，讲一讲科学家在发现这些理论时所经历的曲折过程，所具有的信念，以及他们对美、和谐、简洁的形式的追求，终于发现了真理的喜悦……这对任何学生的触动都是巨大的，产生的影响也是深远的，在触动的同时不但有助于引导学生形成良好的观念、品质，而且可以培养学生的兴趣。知识在这一过程中，必然被接受或想被接受。例如，在讲电磁感应定律时，可以利用一点时间介绍一下法拉第的生平、人格及人性，他一生淡泊名利，献身科学，为人类做出了巨大贡献；在讲欧姆定律时，讲一讲欧姆在怎样艰苦的环境下发现了欧姆定律：$I = U/R$，这个看似如此简单的规律耗费了科学家多少心血啊；还有原子物理部分讲到的镭的发现者居里夫人，在发现镭之后，对于镭的提取技术不要专利，直接把成果公之于众贡献给人类；等等。这样一些物理学家一生对真、善、美的不懈追求，在学生心目中一定会激起美丽而神圣的感情，这种感情是会让人终生难忘的。

基于核心素养引领下的物理科学探究*

——同一直线上的二力合成

早在 20 世纪初，杜威就提出要在学校科学教育中，运用探究的方法，他指出："科学不仅是要学习一堆知识，同时也是一种学习的过程或方法。"对于同一直线上的二力合成，作为教师，可以直接告诉学生："同一直线，方向相同的两个力的合力为两个力的和；同一直线，方向相反的两个力的合力为两个力的差。"但是在学生开始学习科学的时候，就把专业的概念和定律教给学生，不能获得很好的效果，学生不明白该定律是如何引申出来的。于是学生仅仅学得了所谓的"科学"，而不是学习处理日常问题的科学方法。这种直接告知学生定律的教学方法属于死记硬背、生搬硬套，不利于学生更好地理解，不适合在新中考背景下培养学生的物理核心素养。探究作为一种科学的教育方式，它的合理性已经被许多教育学家所接受，在当今社会，提高学生的探究能力，使学生理解探究过程的物理本质已经成为重中之重，所以本节课的目的在于让学生更好地理解同一直线上二力合成的本质，通过实验的方法解决生活或学习中遇到的物理问题，提高学生的物理核心素养。

本节课是我们八年级上册第八章《运动和力》的创新补充内容，科学探究《同一直线上的二力合成》。在本章教材中，第一节为《牛顿第一定律》，第二节为《二力平衡》，第三节为《摩擦力》，本节课安排在第二节《二力平衡》后，因为学生在学习第二节内容后，明白了二力平衡的条件。

本节课所用到的实验器材如下，教师：弹簧、弹簧测力计、钩码、定滑轮、细绳、传感测力计、吸铁石；学生：弹簧、弹簧测力计、钩码、铁架台、刻度尺、细绳。

教师：什么是力的作用效果？

---

* 本文作者：杨冠卿。

　　学生：力可以使物体发生形变；力也可以改变物体的运动状态。

　　教师：在图 1 中，两个小孩可以提起一桶水，一个成年人也可以提起一桶水，他们都让这个桶保持相同的运动状态，我们能不能说 F_1 和 F_2 产生了和 F 一样的力的作用效果？

　　学生：可以。

图 1

　　在上述教学过程中，我们通过一幅图片展示了两个小孩的力与一个成年人的力达到了相同的力的作用效果，为接下来引入新课做好铺垫。

　　教师：如果一个力产生的效果跟两个力共同作用产生的效果相同，这个力就叫作那两个力的合力，那两个力叫作这个力的分力。

　　在上面所举的例子中，谁为合力？谁为分力？

　　学生：成人提水的力，是孩子提水的力的合力；孩子提水的力，是成人提水的力的分力。

　　科学的探究要素应包含以下几个方面：提出问题，猜想与假设，设计实验与制订计划，进行实验与收集证据，分析与论证，评估以及交流合作。学生了解力、分力的定义以后，会提出问题：合力和分力之间到底有什么关系？接下来让学生进行猜想并设计实验来验证自己的猜想。对于一个弹簧来说，怎么用一个力和两个力，让它产生相同的力的作用效果？我们已经学过力的作用效果包含了力可以使物体发生形变，所以我们可以用一个力和两个力分别作用在弹簧上，使弹簧发生相同的形变，进而去探究 $F_合$ 与 $F_1 + F_2$ 的关系，然后分析论证，一步步完成探究过程。

　　发现问题和提出问题对科学的发展的重要作用也是众所周知的，所以提出问题显得尤为重要。学生有了问题意识以后，就会提出各种问题，但是要进行科学探究，还需要选择可探究的科学问题。首先，可探究的科学问题是可以通过实验收集数据予以解答的；其次，可探究的科学问题中提出的变量均为可以观察或者可以测量的；最后，它仅限于三种形式，A 会影响 B 吗？改变 A，B 会怎么变化？A 和 B 有关吗？正是由于科学问题的可探究性，探究过程才有了明确的方向和依据。

以下教学片段中，学生们提出可探究的科学问题：同一直线，相同方向的二力合成 $F_合$ 与 $F_1 + F_2$ 有关吗？

（一）同一直线，相同方向上的二力合成

器材：弹簧、挂钩、细线、弹簧测力计、刻度尺。

取一个弹簧，其中一端挂在黑板上的挂钩上，弹簧的一端拴有两条细绳，细绳上有结，方便弹簧测力计钩拉。

在进行该实验的时候，学生会初步猜想：合力 = 分力之和，即 $F_合 = F_1 + F_2$。

教师：请另外两位同学上来，施加同一直线，相同方向的两个力，使得弹簧的伸长量为 L_1。

学生甲和学生乙：两位同学分别施加一个竖直向上的力，使得弹簧伸长量为 L_1，并记下两个弹簧测力计的示数分别为 F_1、F_2。

教师：再请另外一位同学上来，施加一个力，使得弹簧的伸长量仍为 L_1。

学生丙：用一个力竖直向上拉，使得弹簧伸长量仍然为 L_1，并记下此时弹簧测力计的示数为 $F_合$。

设计实验是为了验证假设，我们要明确哪些量是要改变的变量，哪些量是要观察测量的变量，还要明确观察和测量的方法以及怎样记录。在本实验中，我们探究了合力 $F_合$ 与两个分力 F_1 与 F_2 之和的关系，自变量为 $F_1 + F_2$，因变量为 $F_合$，所以我们需要改变自变量完成 6 次实验。在每次实验中，应改变自变量 $F_1 + F_2$，若 $F_1 + F_2$ 没有改变，视为无效数据，不可用于最后结论的得出。

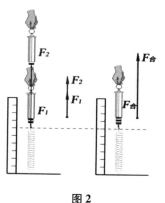

图 2

另外，一个好的数据记录表也是至关重要的，可以帮助我们更好地分析数据。

表1

F_1/N	1.1	1.2	1.3	2.4	0.5	3
F_2/N	2	1.2	0.7	2.4	0.6	3.2
$F_1 + F_2$/N	3.1	2.4	2	4.8	1.1	6.2
$F_合$/N	3	2.3	2	4.8	1	6.2

这是六组同学共同完成的实验数据，表1当中自变量为$F_1 + F_2$，因变量为$F_合$，F_1、F_2为自变量的中间量，所以也要记录在表格内。通过分析实验数据，我们发现，$F_合 = F_1 + F_2$，实验数据虽然存在一定的误差，但是在可接受范围内。最终我们归纳得出结论：同一直线，方向相同的两个力求合力，$F_合 = F_1 + F_2$。

在探究完同一直线，相同方向上的二力合成后，我们继而探究同一直线，相反方向的二力合成，在刚才探究的基础上，同学们对实验结论进行了猜想：$F_合 = F_1 - F_2$（$F_1 > F_2$）。第一个实验是在老师的引导下完成的，所以第二个实验我们交给学生自主完成。

（二）同一直线，相反方向上的二力合成

器材：铁架台、弹簧、挂钩、细线、弹簧测力计、刻度尺、动滑轮（北京市中考要求，弹簧测力计只能竖直向上拉，所以此处需要借助动滑轮来改变力的方向，满足考试要求）、钩码（可以施加竖直向下的力）。

取一个弹簧，其中一端挂在黑板上的挂钩上，弹簧的两端分别拴有一条细绳，细绳上有结，方便弹簧测力计钩拉。

学生活动：采用一根弹簧，将其倒挂在铁架台上，用弹簧测力计对其施加一个向上的拉力，然后在弹簧的挂钩上拴一根细线，使细线穿过弹簧向下，确保与弹簧测力计施加的力是一个作用点，在细线下挂两个钩码。用弹簧测力计向上拉弹簧，使弹簧伸长到一定长度，记录弹簧的长度，此时弹簧测力计示数为F_1，钩码对弹簧的拉力F_2等于钩码的重力G。将白线上面的钩码取下来，用弹簧测力计继续拉伸弹簧，使弹簧达到与原来长度相同的位置，记下此时弹簧测力计的示数$F_合$。有些同学没有使用钩码，而

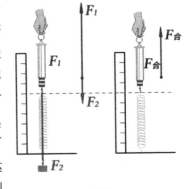

图3

是采用弹簧测力计加动滑轮的方式来完成本实验。

下面我们以其中一组同学的数据进行探究，记录的数据如表2所示：

表2

F_1/N	1	3	3	2	2	2
F_2/N	2	1	2	4	5	6
$F_{max}-F_{min}$/N	1	2	1	2	3	4
$F_合$/N	1.1	2	1.1	2	2.9	4

在本实验中，自变量为 $F_{max}-F_{min}$，F_1、F_2 为自变量的中间量，六组数据中第三组数据和第四组数据均为无效数据，因为第三组数据的自变量 $F_{max}-F_{min}=$ 1N，与第一组数据重复，第四组数据与第二组数据自变量相同，所以三、四组数据均为无效数据。同学删掉了三、四组数据，并迅速地补测了两组数据，得到如下表格：

表3

F_1/N	1	3	2	2	2	2
F_2/N	2	1	5	6	7	8
$F_{max}-F_{min}$/N	1	2	3	4	5	6
$F_合$/N	1.1	2	2.9	4	4.9	6

通过分析我们发现：当 $F_1 < F_2$ 时，$F_合 = F_2 - F_1$；当 $F_1 > F_2$ 时，$F_合 = F_1 - F_2$。最后归纳出实验结论：同一直线方向相反的两个力求合力，$F_合 = F_{max} - F_{min}$。

教师：之前已经讲过平衡力的定义，请同学们思考如果对一对平衡力进行二力合成，它们的合力是多少？

学生：平衡力的合力为零。

教师：当物体处于平衡状态的时候，合力为多少？

学生：当物体处于平衡状态时，合力为零。

教师：当物体合力为零时，它处于什么状态？

学生：当物体合力为零时，物体处于平衡状态。

课堂小结：本节课我们采用了科学探究实验法，让学生自主探究同一直线上的二力合成，告诉学生用实验法来解决物理学习中遇到的难题，提高了学生的物理核心素养，使学生做到手中有物，心中有理。归纳出了实验结论：同一直线，方向相同的两个力求合力，$F_合 = F_1 + F_2$；同一直线，方向相反的两个力求合力，$F_合 = F_{max} - F_{min}$；平衡力合力为零。

图4

课堂上，我们还向同学们介绍了新型的传感测力计，它相较于弹簧测力计来说有很多的优点，比如测量精度更高，计数更加方便，不需要人工读数，从而减小了人为因素的影响。弹簧测力计依靠弹簧的伸长来测量力的大小，传感测力计不依靠伸长，而是靠感应来测量力的大小。

物理教学要借助先进的教学设备来完成，利用校内外的各种资源来支持学生的探究活动，引导学生主动构建科学知识。我们要将科学探究作为物理教学的主要方式，加强对学生科学探究的指导。物理教学还要致力于帮助学生构建核心概念，明确不同年级物理学科的核心概念。

本节课不拘泥于课本上仅有的内容，展开基于项目的教与学的物理创新与改革，旨在提高学生探究的意识与能力，帮助学生解决现实社会中遇到的问题，提高学生物理学科的核心素养。

注明：除图1来自物理课本外，其他图片都是原创。

利用实验促进物理概念的形成*

寒假读了李春密教授主编的《中学物理实验教学研究》这本书，受益良多，现将点滴收获呈现如下：

物理概念是客观事物的物理本质属性在人们头脑中的反映，是对物理事物的抽象，是在大量观察、实验的基础上，运用逻辑思维的方法，把一些事物本质的共同的特征集中起来加以概括而形成的。所以物理概念是整个物理学的基石，是学好物理的关键。各物理概念的形成，大多是从感知开始的，除此之外还要经历学习者的思维加工才能完成。物理实验在物理概念的形成中发挥着重要作用，物理实验让学生在对物理现象进行观察和分析的基础上归纳、抽象出概念，并在实际情境中去理解和应用这些概念。物理实验显示了物理概念的产生与发展过程，使物理概念不再是静态的、晦涩难懂的、机械记忆的文字，而是活生生的，孕育了深刻物理思想和科学方法的、具有生命力的内容。

一、利用实验创设概念引入情境与问题，激发学习物理概念的兴趣

物理概念引入是概念教学的必经环节，通过这一过程使学生了解为什么引入这一概念，引入它有什么作用。但每个物理概念从来都不是孤立、无源的，而是从概念体系中生长起来的，因此，在进行物理概念引入的教学环节需要关注两点：一是需要在认知结构中找一个适当的"生长点"以便建立概念，就好像在一片正在建设的工地上构建新楼的地基一样，也许这一地基早就有了（有关经验或前概念），也可能需要在适当的地方开辟全新的空间；二是需要将新知识与认知结构联系起来，激活思维，激发求知欲，为建立概念的复杂智力活动做好准备。苏霍姆林斯基认为："有许多聪明的、天赋很好的儿童和少年，只有当他们的手指接触到创造性劳动的时候，他们对知识的兴趣才会觉醒。"中学生好奇心强，喜欢探究，物理实验的趣味性和探索性正迎合了这些心理特点，对

---

* 本文作者：何德强。

激发他们对于物理概念的学习热情和探索志趣具有很独特的作用。

在刚开始学习"力的合成与分解"时需要引入"合力与分力,合成与分解"这些概念,教师可引导学生一起做一组如图 1 所示的小实验(也可教师先演示,然后让学生带着问题一起来体验和探究,体验时细线两端点可以连接合适的测力计)。

(1) 将一根细线一端固定,另一端系住一个重锤的钩子将它竖直悬挂起来;

(2) 用一根细线穿过重锤的钩子,将细线的两端点合拢,通过两股竖直细线也可以把重锤悬挂起来;

(3) 将合拢细线的两端点慢慢分开,通过成一定角度的两股细线将重锤悬挂起来;

(4) 当细线两端点继续分开到某一夹角时,只听"咣"的一声,细线被拉断,重锤落到桌面上。

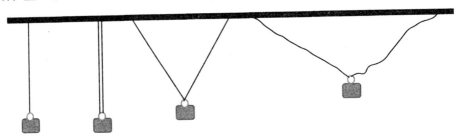

图 1

学生对于实验中的情境并不陌生,也有一定的认知经验,需要通过教学引导进行有序的探究和思考,才能逐步明确:为何要建立新的概念?建立新的概念可以解决哪些问题?通过实验(1)(2)(3)可以引导学生发现其中的异同:拉力的个数可能不同,拉力的方向可能不同,但它们各自的效果相同(都是把重锤悬挂起来),这样"等效、合力、分力"等概念便呼之欲出。在两细线的夹角逐渐增大过程中,为什么细线会断裂呢?我们需要学习合力与分力的关系,通过实验(2)(3)(4)可引导学生体验"同一合力可能有多组分力,且各组分力与合力之间存在某种需要进一步探究的逻辑联系或者运算关系"。对于基础较好的学生,还可以再加下面两个实验让其进一步探究:

(5) 用两根不同长度但材质相同的细线,各自的一端系在重锤的钩子上,各自的另一端系在同一水平面上,使两细线与竖直方向的夹角不同。

(6) 在重锤钩子处不断缓慢加挂钩码,看哪根细线先断。

通过实验引入,不仅为学生建立概念提供了足够感性经验,建立认知冲突使其产生探究问题的动力，而且让学生感到亲切自然，在亲自经历的情境中去思考和探索，有助于激励学生的探究热情与学习兴趣，培养他们注意观察、勤于思考、善于探究的综合实践能力。

二、利用实验揭示概念的基本特征，使抽象的物理概念形象化、立体化

中学生的思维方式处于由形象思维向抽象思维过渡的时期，更易于接受直观的、形象的感知信息。实验能为学生提供具体、形象的感性材料，是学生形成物理概念的基础和重要环节，因此就应尽可能让学生动手实验，在实验中获得感性材料，进而自主分析，抽象概括，才能正确有效地形成物理概念。

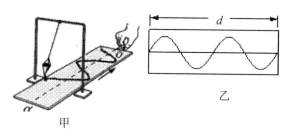

图2

在学习"简谐运动"这一概念时，如果只是在现象感知后就告知简谐运动的图像是余弦或正弦曲线这一概念特征，甚至通过理论推导得出振动方程 $x = A\cos wt$ 或 $x = A\sin wt$，这样的数学描述与理论推导过程，对一般高中生来说不容易理解，学生有可能产生畏难和厌烦情绪。这样与直接告诉学生简谐运动的图线是正弦或余弦曲线并无多大差别。如果用一个简单的实验，直观地描绘出振动物体的振动随时间的变化在空间展开的轨迹（如图2所示），展现给学生的不仅是一条直观的曲线，而且能让学生感知"简谐振动"的过程与特点，并直观形象地体验了周期、振幅等物理概念的具体内涵与外延。实验将运动过程、图线与概念有机地联系起来，描述图线突出了新概念的关键特征，与文字呈现相比较，更能引起学生的选择性知觉，更能使概念形象化、立体化，在今后的实际运用中更容易被激活，也有利于对概念的深刻理解与灵活应用。

简谐横波的图像（图3、图4）与简谐振动图像都是正余弦图像，但它们所表达的物理意义各不相同，还有许多相关物理

图3　简谐横波演示仪

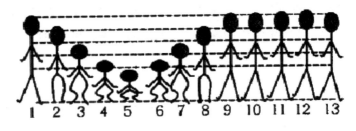

图 4　体验简谐横波形成示意图

概念，如波峰、波谷、干涉、衍射等，仅仅通过语言描述、函数关系和数学图像的形式，学生难以形成正确的认识，需要在教学中充分利用实验和体验等立体化资源来促进学生形成正确的概念。心理学研究表明：语言、文字、图像对心智的影响远不及亲身经历久远，即不同的信号对学生的选择性知觉反应的效果不同，它们在大脑中存储时间的长短及提取的速度都不同，人们更容易相信眼见为实的信息，亲身经历或者亲自实践所获得的信息比常规的语音文字信息更易于记忆和提取，而且对学习者的心理也有明显的促进作用。

三、利用实验对易混淆的概念进行辨析，帮助学生更好地巩固与深化物理概念

在学习新概念之前学生已有了相当充分的前概念，这可能与将要建立的新概念相抵触，如果直接讲授新概念往往不能奏效，因为学生对其已有经验及前概念深信不疑，并已习惯于用原有的概念框架去理解事物并建构意义。当学生带着自己的前概念框架来听教师的讲授时，往往只接纳了那些与其原有结构相协调的内容，而相矛盾的内容往往不容易被注意，有时因无法理解，即使勉强记住了一些概念的结论，也无法融会贯通，而只能将新学到的结论与原来的概念分别搁置，遇到实际问题时，仍按原来的概念框架进行思考。要真正实现概念的转变，关键是设法给学生一个巨大的"冲突"和"震撼"，以动摇其顽固前概念的基础。综观物理学发展的历史，历次重大观念变革到来之前，都要经历一系列"危机"与"灾难"，在一些无法回避的矛盾冲击下，人们才不得不走出他们已经建构的"象牙之塔"，以批判的态度重新审定他们曾坚信完美无缺的"象牙塔"的根基。利用实验确实可以引导学生去发现这种冲突，并不断探索去建构新的概念。

在辨析电动势与电压时，可设计如图 5 所示实验电路（用较旧的干电池做电源实验效果更明显）。4 个相同的灯泡并联成 4 条支路接在电源两端，依次闭合 4 个开关，观察灯 L_1 4 次亮度有无变化，并积极思考亮暗变化的直接原因。

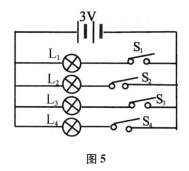

图5

当S_1闭合时，灯泡L_1正常发光，让学生思考分析可以得到灯泡L_1两端电压达到或接近它的额定电压；当S_2闭合时灯泡L_1变暗，学生可以分析出灯泡L_1和灯泡L_2两端电压小于它们的额定电压；当闭合S_3和S_4时，灯泡L_1变得更暗，说明灯泡L_1两端电压变得更小了。学生的分析是不是正确，可以在电源两端并联恰当的电压表显示电源两端的电压来判断。

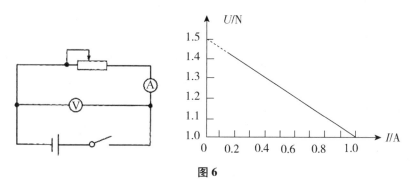

图6

通过实验我们发现，随着并联支路越多电源两端的电压会逐渐变小，学生自然会在心中产生疑问：灯泡L_1始终接在电源两端，为什么它两端的电压会发生变化呢？教师在此基础上首先引导学生进一步推断可能的原因：两节干电池虽然不变，但外电路的电阻随着并联支路越多而逐渐变大，电源两端的电压一定会随着外电阻变化而变化吗？接着引导学生设计如图6所示的实验电路进行探究实验，通过实验数据做出U—I图像，并尝试着写出U关于I的解析式，讨论图像纵轴的截距和直线斜率的物理意义，然后拿出干电池看其标注与说明，引导学生明白干电池上所标注的1.5V应该不是电压，因为电源两端的电压是要随着所接电阻变化而改变的，那它是什么呢？最后再剥开干电池，让学生观察并了解电源的基本结构及其能量转化作用。做好这些铺垫后，接着从理论上讲解电动势与内电阻的概念便水到渠成，学生也基本不会带着将信将疑的心态来学习这两个新概念，而是自觉自愿地探索新概念的奥秘，而且在他们今后的实际应用中会清楚地区分电压与电动势。

　　学生只有将外部信息通过"同化"与"顺应"的方式融入自身的认知结构中形成新的认知结构，才能达到对新知识意义的建构。物理学发展的过程告诉我们，物理概念的形成都经历了"从外部的、比较具体的非本质特征到内部的、比较抽象的本质特征的不断深化的过程"。物理概念的形成蕴含着学生的认知与能力结构的变化与发展，在物理教学中，通过合适的实验促进学生深刻理解物理概念的内涵与外延，在概念体系中比较分析、鉴别归纳出事物的本质属性，有助于学生更好地理解和深化物理概念。

四、利用实验可以让学生窥见物理概念建立过程中的科学方法与探究精神

　　学习自由落体运动时，我们知道在伽利略时代想用实验直接证实自由落体是匀加速运动是非常困难的，因为当时下落时间很难准确测量，于是伽利略让一个铜球从阻力很小的斜面上滚下，小球在斜面上运动的加速度要比它竖直下落时的加速度小得多，所以时间容易测量些（如图7所示）。他做了上百次的实验，结果发现，光滑斜面的倾角保持不变，从不同位置让小球滚下，小球通过的位移跟所用时间的平方之比是不变的，即位移与时间的平方成正比。由此证明了小球沿光滑斜面向下的运动是匀变速直线运动，换用不同质量的小球重复上述实验，位移跟所用时间的平方的比值仍不变，这说明不同质量的小球沿同一倾角的斜面所做的匀变速直线运动的情况是相同的。不断增加大斜面的倾角，重复上述实验，得出的加速度值随斜面倾角的增加而增大，这说明小球做匀变速直线运动的加速度随斜面倾角的增大而变大，从而得出重力加速度的值。爱因斯坦对于伽利略的工作给予了高度的评价：伽利略的发现以及他所应用的科学推理方法是人类思想史上伟大的成就之一，这标志着物理学的真正开始，伽利略对自由落体运动的研究，是科学实验和逻辑思维的完美结合。

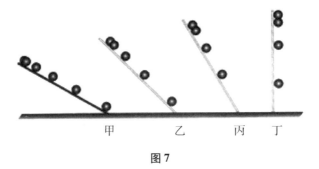

图7

　　在学习速度这个概念时，可通过生活经验或者实验引导学生讨论得出两种比较运动快慢的方法：一是在相同位移内时间长短的比较；二是在相同的时间内位移的大小比较。不管哪一种都离不开位移和时间，所以物理学中用位移和发生的那段时间的比值来定义运动快慢的物理量。在此基础之上再提出平均速度和瞬时速度的概念，要正确理解和辨析平均速度和瞬时速度这两个概念，还需要学生在实验中去体验和探究，所以教材中设计了打点计时器打出纸带让学生测平均速度，并采用不断逼近的方法去理解瞬时速度。也可采用带光电门的气垫导轨（如图8所示）来探究和比较各段的平均速度与各处的瞬时速度，这样不仅为学生的理解增加了感知材料又激发了他们的探究兴趣，而且让学生领悟了"无限分割，逐次逼近"的思想，更重要的是知道了概念建立过程中运用的科学方法。

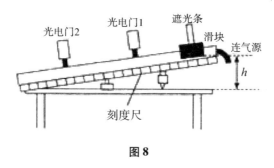

图8

五、利用实验创设物理概念的应用环境，帮助学生学以致用与评估检验

　　物理知识的习得和技能的掌握最终还得用于解决实际问题，而不只是纸上谈兵。心理学研究表明，适当和逼真的问题情境更有利于学生应用和巩固已有的物理概念，即更有利于学生运用物理知识去解决实际问题，培养学生实践能力。

　　加速度是掌握牛顿运动定律的关键概念，它是联系力和运动的纽带，但加速度也是一个非常抽象难懂的概念。在引入"加速度"的概念后，设计一个实验"利用打点计时器测量匀变速直线运动的加速度"来帮助学生消化和理解是非常必要的。在学生掌握了打点计时器的使用方法后，其重点在于如何对纸带进行处理。在数据处理的过程中才能真正地体会加速度这个概念。在这个实验中，不仅需要根据定义把加速度计算出来，学生也可以自己探索出匀变速直线运动在相等时间内速度的变化量是相等的，是一种加速度不变的直线运动。所以实验的合理安排能够将教学难点突破，使得一些重要的概念变得不再晦涩难懂。

学习自感来巩固电磁感应时，教师可以先引导学生观察在有电磁铁或者变压器的电路中的断电火花，学生就会问：为什么断电地方有火花出现？这时引导学生做断电自感实验，学生从实验中可以明显地看到，切断电路，小灯泡在熄灭之前突然发出特别明亮的闪光。接着教师进行启发："当切断电路那一瞬间，电池已不再供电，为什么小电灯泡反而会突然发出特别明亮的闪光呢？"引导学生去探索其中的原因。通过讨论分析，学生不仅对法拉第电磁感应定律和楞次定律有灵活的应用，而且对电动势、感应电动势、自感电动势、感应电流以及电磁感应等概念会有更深刻的理解。

讨论完断电自感后，教师可以引导学生去尝试通电自感，先让学生根据已经获得的知识和方法推断一下闭合开关可能发生的现象，再进行实验探究。教师尽量让学生描述清楚他们的操作与分析推断过程，就会将他们对于概念理解和知识应用的漏洞诊断出来，其实学生在完成实验的过程中就会发现自己知识和方法上的漏洞，就会自觉自愿去完善和改进。

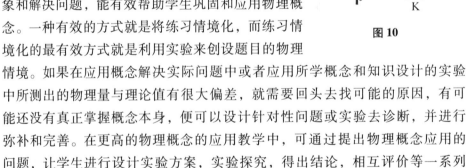

图9

图10

检验学生是否真正理解和掌握物理概念，可以看他们能否在不同于原先的学习情境中应用物理概念解决问题。物理实验相对于习题演算对物理概念的应用更加有效，让学生在实验中应用概念解释现象和解决问题，能有效帮助学生巩固和应用物理概念。一种有效的方式就是将练习情境化，而练习情境化的最有效方式就是利用实验来创设题目的物理情境。如果在应用概念解决实际问题中或者应用所学概念和知识设计的实验中所测出的物理量与理论值有很大偏差，就需要回头去找可能的原因，有可能还没有真正掌握概念本身，便可以设计针对性问题或实验去诊断，并进行弥补和完善。在更高的物理概念的应用教学中，可通过提出物理概念应用的问题，让学生进行设计实验方案，实验探究，得出结论，相互评价等一系列学生活动，使其加深对物理概念的理解，学会应用物理概念解决物理问题的方法，使物理概念的学习和应用更加生动活泼、深刻有效。

参考文献：

［1］李春密. 中学物理实验教学研究［M］. 北京：北京师范大学出版社，2018：1.

［2］阎金铎，郭玉英. 中学物理新课程教学概论［M］. 北京：北京师范大学出版社，2008：9.

［3］林勤. 思维的跃迁：高阶思维能力的培养及教学方式［M］. 上海：华东师范大学出版社，2016：3.

［4］梁树森. 促进概念变化的物理教学［J］. 物理教师，2005（26）：1－3.

高三一轮复习《圆周运动》*

高考物理一般要经过三轮复习，每一轮复习各有侧重点，其中，第一轮复习尤为重要。通过这一阶段的学习，学生掌握了基本概念、基本规律和基本解题方法与技巧，通过对物理状态、物理情景、物理过程的分析，初步形成了模型建构能力和逻辑思维能力。

合理高效的教学设计首先是要设置合理而精准的教学目标，教学目标要求从"知识与技能""过程与方法""情感、态度和价值观"三个维度进行设计，通过设计，让教师对课堂教学需要达到的效果有明确的说明及较为准确的衡量方法。但现实中很多教师在设定教学目标时只是机械地套用三维目标的模式而缺乏真正的内涵，比如只是模糊地说"应用牛顿定律分析问题"，而并未指出是通过什么样的有效途径或方法让学生做到"应用牛顿定律分析问题"，也不能说出如何检测学生"应用牛顿定律分析问题"的能力。而美国玛扎诺博士研究实验室团队通过对课堂教学的跟踪、调查和研究，提出了教学目标的四水平理论，他认为教学目标要分层级设计，将学生的学习分为知识提取、理解、分析、应用四个层次，从而形成了操作性极强的教学目标四水平理论。笔者以为，若能在新课程三维目标的基础上加入玛扎诺博士的四水平理论，使之形成三维度四水平的新型的教学目标体系，将使"知识与技能""过程与方法""情感、态度和价值观"这三个维度的教学目标更加具体化，指向性更明确，更易于操作，且能最大限度地提高学生的学习效率，提高学生的模型建构能力和逻辑思维能力。

以下就是笔者依据三维度四水平的教学目标而设计并实施的教学设计——高三一轮复习课专题《圆周运动》。

---

* 本文作者：王巨生。

【三维度四水平教学目标】

知识提取方面：

1.1 学生通过观察、实验回忆描述圆周运动的物理量

1.2 学生通过游戏体验向心力和向心加速度

理解方面：

2.1 学生通过讨论，能够说明圆周运动各物理量间的关系

2.2 学生将能够讨论、对比说明向心力和向心加速度的意义

2.3 学生将能够通过小组讨论，培养合作精神和团队意识

分析方面：

3.1 学生将能够运用圆周运动各物理量间的关系进行各物理量的分析

3.2 学生将能够根据对例题的分析，解决实际生活中圆周运动所需向心力的来源问题

3.3 学生将能够通过错题的辨析，深层次理解圆周运动

知识应用：

4.1 学生将能够总结用圆周运动的知识解决问题的步骤要求

4.2 学生将学会在生活中应用牛顿定律解决圆周运动问题

4.3 学生将所学知识应用到解决实际问题中，自身的科学素养得以培养

【教学重点】　向心力和向心加速度的关系，圆周运动的综合分析与应用

【教学难点】　圆周运动的综合分析与应用

【教学方法】　实验、讨论、总结

【教学用具】　矿泉水瓶、多媒体

【教学过程】

一、创设情境，引发兴趣

创设情境，提出问题。教师手中拿着一瓶打开盖的矿泉水，提问：哪位同学可以使矿泉水瓶口朝下，在经过头顶上方时，水不会洒到头上？

学生在笑声中开始逐渐安静进而思考问题。（通过实验，引发学生思考）

学生思考后有人说出，用手拿着瓶子，使瓶子在竖直面内转动水就不会洒到头上。

教师：谁来试一试？（利用实际生活中的问题让学生建立物理模型）

回答问题的学生亲自来尝试。（理论联系实际，进一步引发学习兴趣）

二、积极探索，加深理解

实验成功：让尝试实验的学生分析实验成功的关键。

实验失败：让尝试实验的学生分析实验失败的原因。

学生：水杯通过头顶时速度的大小。

教师引出课题：刚才演示的实验是一个近似的圆周运动的例子，那么，今天我们就来复习圆周运动的相关内容。

知识回忆：我们学过哪些描述圆周运动快慢的物理量？它们的作用都是什么？它们之间有什么联系？

学生小组讨论──→学生发言──→学生补充、总结──→教师归纳、提升

学生小组讨论：培养学生的团队合作精神，发挥学生的集体智慧。

学生补充、总结：加深学生对知识的深层理解。

教师归纳、提升：描述圆周运动快慢的物理量及其关系。

匀速圆周运动、非匀速圆周运动呢？（提出新问题，深化概念）

$v = 2\pi r/T = 2\pi fr = \omega r$　　　　$v = \Delta l /\Delta t$　　Δt 趋于零时，可将此速度看作匀速圆周运动的线速度

$\omega = 2\pi/T = 2\pi f$　　　　　　　　$\omega = \theta/\Delta t$　　Δt 趋于零时，可将此角速度看作匀速圆周运动的角速度

$f = 1/T$

概念辨析：比较线速度和角速度的区别，如图 1 所示，A、B、C 为三个轮子边缘上的三个点，试比较 A、B、C 三个点哪个点转得快？（概念辨析，加深理解）

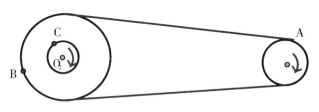

图 1

学生：线速度是描述运动快慢的，角速度是描述转动快慢的，因此问题应先明确是判断运动快慢，还是转动快慢，否则无从比较。

深入提问：分析圆周运动时，除了用上述物理量还需要别的物理量吗？

学生：还需要有向心加速度和向心力。

举例分析：用细线拴住一小球，使小球在光滑水平面上绕某点做匀速圆周运动，在这个过程中，什么力提供小球做圆周运动的向心力？该力的作用效果是什么？（通过具体模型分析，深化对向心力的理解）

学生：向心力使物体的运动方向改变。

如果在保持半径不变的情况下使小球做匀速圆周运动的速度增加，则会引起哪些物理量的变化？（应用牛顿定律分析问题，剖析知识本质）

向心加速度：反映速度方向变化快慢的物理量。

教师：解决圆周运动的问题，关键在于分析向心力及向心加速度，运用牛顿定律及运动关系进行分析。

三、规律探寻

初步尝试：

分四个学习小组，每个小组分析图2中的一个图。先组间讨论，再汇报结论。

试分析下面图中小球及物块做圆周运动时所需向心力是什么力提供的？画出受力分析并列方程。

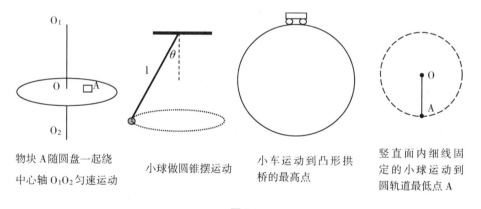

物块A随圆盘一起绕
中心轴O_1O_2匀速运动

小球做圆锥摆运动

小车运动到凸形拱
桥的最高点

竖直面内细线固
定的小球运动到
圆轨道最低点A

图2

第一组：合外力即静摩擦力提供向心力，故A受到指向O方向的静摩擦力。

教师：为什么静摩擦力不是与运动趋势方向相反沿切线方向，而是指向圆心呢？

分析得到：静摩擦力的方向是与相对运动趋势方向相反而非与运动趋势方向相反。

第二组：绳子拉力的水平分力提供向心力，也可以说是重力和拉力的合力提供向心力。

第三组：重力和支持力的合力提供向心力。

第四组：重力和拉力的合力提供向心力。

找一名学生总结如何寻找向心力。（学会归纳总结）

学生：找圆心，受力分析，找合外力。（分析有漏洞，留下悬念）

循序渐进：根据总结，将以上总结的要点应用到解决圆周运动的问题中去。

例1：如图3所示，用细线吊着一个质量为 m 的小球，使小球在水平面内做圆锥摆运动，绳长为 l，摆线与竖直方向的夹角为 θ，重力加速度为 g，试求出做匀速圆周运动的小球的线速度。

学生到黑板上板演。

对小球受力分析，如图4所示。

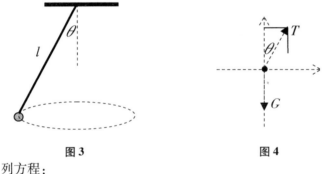

图3　　　　　　　　　　图4

列方程：

$$T\sin\theta = mv^2/l$$

其他同学找这位同学分析过程中出现的问题。

学生思考：是不是做了受力分析，找到了向心力，圆周运动的问题就解决了呢？我们看下面的练习。

探索规律：

例2：火车转弯问题分析

为了减少火车在水平面转弯时火车轮缘与轨道间的挤压，一般转弯处轨道设计为外轨高于内轨，如图5所示。且火车拐弯时有限速要求，已知转弯处圆弧半径为 R，内外轨构成的斜面倾角为 θ，有同学对火车拐弯时的速度要求进行分析后解答如下：

解：受力分析如图6所示，由牛顿第二定律得，$mg\sin\theta = mv^2/R$，整理得 $v = \sqrt{gR\sin\theta}$

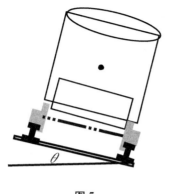

图 5

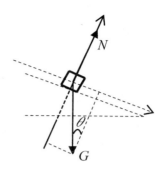

图 6

请问他的解答是否正确？说出你的观点。

学生：上述解答不正确。受力分析正确，但对火车做圆周运动所在的面没有判断正确，火车应是在水平面内做圆周运动的，按上述解答，火车是在斜面上做圆周运动的。

教师：非常好，通过此问题我们发现，只是进行受力分析，有的问题不能判断正确。解决圆周运动除了受力分析外还要注意什么呢？

学生：还要找准圆平面和圆心。

学生总结解决分析圆周运动步骤，老师整理。

四、总结提升

分析圆周运动的步骤

1. 确定研究对象。

2. 确定受力体运动的圆平面，找圆心、半径。

3. 受力分析，建正交坐标系（沿径向和切向），找向心力。

4. 列出方程→力→运动。

五、学以致用

例3：如图7所示，一长为 l 的轻质细线一端固定于 O 点，另一端固定一小球，使小球在竖直面内做圆周运动，试分析要使小球能运动到最高点 A，那么小球在 A 点的速度要满足什么条件？

引申提问：若已知小球在 A 点的临界速度，能否根据 A 点速度判断 B 点速度呢？（引出后面的机械能问题）

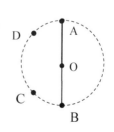

图 7

由牛顿第二定律方程：$mg = mv_A^2/R \qquad v_A = \sqrt{gl}$

由动能定理：$mg2l = 1/2mv_B^2 - 1/2mv_A^2 \qquad v_B = \sqrt{5gl}$

你能判断质点在 A、B、C、D 四个点速度的大小吗？说出你的理由。（根据分析圆周运动解决问题，同时让学生体会并分析变速圆周运动）

对小球：在 C 点的受力分析及正交分解如图 8 所示。

学生板演

方法一：由牛顿第二定律方程，$T - mg\cos\theta = mv_c^2/l$（改变小球速度方向）

$mg\sin\theta = ma_y$（改变小球速度大小）

故：C 点速度大于 D 点速度

方法二：由动能定理，B 到 A 过程中重力做负功，故速度大小逐渐减小

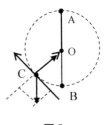

图 8

通过此环节，让学生学习从不同角度思考问题，提升学生分析问题的能力以及将所学知识应用到解决实际问题的能力。

六、模型拓展（课后思考）

上题中，考虑到学生知道了小球在最高点及最低点的特点，在实际应用中有可能死记硬背在最高点速度小，最低点速度大，而不能灵活应用。故为加深学生对圆周运动的"最高点"和"最低点"的理解，提出下面的拓展模型，同时也为后面的复合场做好铺垫。

如图 9 所示，两图均为轻质绝缘细线，一端固定于 O 点，另一端固定一带电小球，使小球在竖直面内做圆周运动，电场方向如图所示。试分析：（1）带电小球运动到最高点和最低点的速度大小关系；（2）在最低点处小球的速度是否最大？若不是，小球速度最大的位置在哪里？

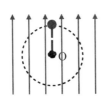 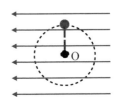

图 9

七、板书设计

1. 描述圆周运动快慢的物理量

$v = 2\pi r/T = 2\pi fr = \omega r$

$\omega = 2\pi/T = 2\pi f$

$f = 1/T$

2. 分析圆周运动的步骤

（1）确定研究对象。

（2）确定受力体运动的圆平面，找圆心、半径。

（3）受力分析，建正交坐标系（沿径向和切向），找向心力。

（4）列出方程→力→运动。

【课后反思】

本课堂教学设计特别注重从学生的认知过程出发，根据学生的逻辑思维能力从低到高逐渐深入，使学生在学习过程中的思维能力得到了最大化的训练。另一亮点就是根据玛扎诺的教学理论设置的三维度四水平的教学目标，使教学任务更明确，课堂流程更顺畅，有水到渠成的感觉。且在课末对学生的学习效果进行评价测试，课后的模型拓展则为教学开了一个窗口，为学生后续学习做了有意义的铺垫。

参考文献：

［1］罗伯特·J. 玛扎诺，黛布拉·J. 皮克林，塔米·赫夫尔鲍尔. 学习目标、形成性评估与高效课堂［M］. 邵钦瑜，冯蕾，译. 北京：中国书籍出版社，2012.

［2］罗伯特·J. 玛扎诺. 教学的艺术与科学［M］. 盛群力，唐玉霞，曾如刚，译. 福州：福建教育出版社，2016.

基于核心素养学习进阶的教学设计*

——以安培力的方向判断为例

本文根据郭玉英教授及其团队提出的适合我国学生实际的学习进阶模型，以安培力的方向判断为知识载体，设计并实施了一节层级进阶研究课。帮助学生构建体系，跨越知识之"阶"，并且发展核心素养。

教育的变革与进步是赢得 21 世纪人才竞争的关键，当代教育变革的主题是促进学生核心素养的发展。实现促进核心素养发展这一教育目标，教师的教学专业能力的提升是关键。作为一线教师，要学习如何根据课程和实际学情分析，系统规划教学活动，科学引导学生核心素养的发展。而在科学教育的领域，学者们通过围绕大概念的整合设计基于学习进阶的发展规划来统筹学生科学核心素养的整合发展。以此为基础的教学设计的改进已经成为国内外教育教学研究的热点。

本文就根据郭玉英教授及其团队提出的学习进阶层级模型，对安培力一节进行了系统的分析，以安培力的方向判断为载体，做了一节进阶教学设计。

一、学习进阶层级模型

在面向核心概念的学习进阶，在层级复杂度（hierarchical complexity）和知识整合（knowledge integration）等认知理论的基础上，提出了科学概念理解的发展层级模型（表1）。以此模型中的层级为进阶变量，描述了能量、机械运动与力，电与磁等核心概念的各级表现期望，使用大样本测试的方法收集了中学阶段不同年级学生表现的数据，对预设的表现期望进行了实证检验。通过数轮的检验，调整、完善理论预设，为这些核心概念建构了契合我国学生实际的学习进阶。

---

* 本文作者：马佳宏。

表1　科学概念理解的发展层级模型

发展层级	层级描述
经验 （experience）	学生具有尚未相互关联的日常经验和零散事实
映射 （mapping）	学生能建构事物的具体特征与抽象术语之间的映射关系
关联 （relation）	学生能建构抽象术语和事物数个可观测的具体特征间的关系
系统 （system）	学生能从系统层面上协调多要素结构中各变量的自变与共变关系
整合 （integration）	学生能由核心概念统整对某一科学观念（如物质观念、能量观念等）的理解，并建构科学观念间和跨学科概念（如系统、尺度等）之间的联系

　　学习进阶并非每一名学生都遵循的同一认知进程，不同的学生以不同的思维路径抵达终点。构建学习进阶图，可以让教学定位一目了然，让学生对核心概念的相关学习更加深入，更加贯通，更有关联性，减少对孤立事实和概念的记忆。

二、学习进阶视域下的"安培力方向判断"的教学设计与实践

环节一：经验

重现原有知识经验——通电直导线在磁场中会受到力的作用。

师：用安培力演示仪变魔术，随意控制铜棒运动的方向，引发学生兴趣。

实验原理：本实验利用单刀双掷开关控制电流方向，从而改变导体棒受力方向。

图1　实验仪器图

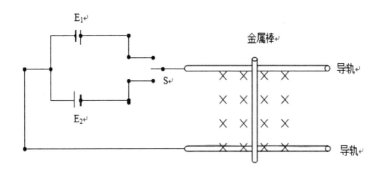

图2 实验原理图

师：这个铜棒运动的原因是什么？

生：受力。

师：这个力是谁给的？

生：磁场、电流。

师：我们初中就学过了，通电直导线在磁场中会受到力的作用。我们高中把这个力叫作安培力。那么你们认为，这个安培力的方向和什么物理量有关？为什么老师可以随意控制它的运动方向？

环节二：映射

构建映射关系——根据生活经验以及初中所学知识，猜想安培力方向和什么物理量有关。

生：和磁场方向、电流方向有关。

师：那么磁场方向变化为反向的话受力方向会怎样？电流方向变为反向又会怎样？

生：受力方向也变为反向。

师：（实验：改变磁场方向和电流方向验证学生猜想）我们发现，和大家猜想的情况确实一样。看来安培力的方向确实受这两个因素的制约。那么请问，安培力的方向和磁场方向以及电流方向有什么具体的关系呢？

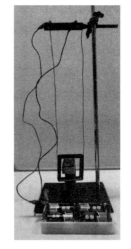

图3 学生分组实验

环节三：关联

构建具体关系——通过实验，学生自己探讨安培力的方向和磁场方向以及电流方向之间的联系。

师：按小组进行实验，在学案中记录电流、磁场和所受安培力的方向，并总结他们之间有什么具体关系。

生：实验操作如图3所示，尝试从自己的数据（表2）中总结规律。控制变量，改变磁场方向和电流方向，共四组实验数据。

表2 学生学案所记录内容

磁场方向	在磁场中的导线的电流方向	安培力方向

规律：三者相互垂直。

师：再具体的关系呢？例如，随便给定一个磁场的方向，其中放入一根通电直导线，我们该如何判断直导线所受安培力的方向呢？

生：（不能很好判断）

环节四：系统

寻找共性关系——制作安培力模型，寻求三者之间的具体关系。

师：现在拿起手中的橡皮泥和三根火柴棒。我们用火柴头表示箭头，用黑色的火柴表示磁场方向，用条纹的火柴表示电流的方向，而用原色的火柴表示安培力的方向。请大家在你们自己的几组实验数据中，随机挑选一组，完成自己的安培力模型。

生：（动手操作，按照自己的实验结果，将火柴棒插在橡皮泥上，如图4所示）

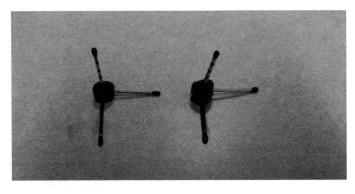

图4 安培力模型

79

师：我并没有检查大家前面的实验结果是否正确，现在请所有的小组把你们的安培力模型放在一起。请问你们发现了什么？

生：全部一样。

师：你们商量过用哪组实验数据了吗？

生：没有。

师：没有商量，随机实验结果，但模型却完全一样，看来安培力的方向和磁场方向以及电流方向确实存在着某种具体关系。现在大家能不能通过观察寻找这个关系？

生：（不自觉地伸出三个手指，分别指向三个相互垂直的方向，分别代表三者之一，或者指向墙角）

师：大家的方法非常棒。但是墙角不会转动，而磁场和电流方向是会转动的，在我们判断的时候不太方便。手也是可以灵活转动的，所以想到用手的同学非常棒。我们高中，没有采用三个手指的方法，而是采用了"左手定则"来判断安培力的方向。

师：大家在自己的实验数据中随便挑一组来试验一下，这个法则是否实用。

生：（用左手定则判断方向）

环节五：整合

构建科学观念、学科之间的联系——磁场整合，数学物理整合。

师：大家可以看到，这是我们在磁场中第二次用到手，以后我们还会用到手来判断各种方向。手在磁场这一个板块的学习中起到了非常关键的作用。希望大家能够用好自己的手。

另外，我们根据刚才的结果发现安培力的方向一定垂直于磁场的方向和电流的方向，其实这一规律正好符合我们数学中矢量叉乘的结果。而刚才同学想到的三根手指的方法，就是我们判断叉乘结果的一个非常好的方法。具体是怎么叉乘的，我们在安培力的大小判断中进一步去探讨。

现在大家来做做魔术师，判断一下刚开始的铜棒会往哪边走。

生：（利用左手定则判断安培力方向，确定铜棒运动方向）

三、教学启示

（一）学习进阶有助于学生构建知识体系

国外研究者认为，以整合的知识体系为核心，围绕少数概念进行深入探究的进阶学习，能够有效改变其"广而浅"的科学学习现状，最终实现科学素养的发展。本课例围绕"安培力方向判断"这一核心知识，由简单的现象出发，从特殊到一般，逐渐深入，直到学生完整地归纳总结出安培力方向是如何判断的，使学生形成完整的、系统的知识脉络，不再觉得安培定则就是老师硬塞给他们的一个记忆工具。

（二）学习进阶有助于学生跨越知识之"阶"

教学实践表明，学生在系列概念认知发展历程中，存在着概念之"阶"现象，从而成为教学难点。对课堂中"阶"的理解以及如何设计教学以促进学生跨越"阶"最能体现教师的教学智慧。学生的经验概念是学生的一种"信念"，在教学中可以看作活动的假设，教学过程则是不断对这个信念提供证据以证实或证伪的过程。围绕"进阶"设计核心活动，有助于学生实现"阶"的跨越，也有助于教师在教学设计时找到抓手。本课例中就通过台阶引导学生自己往目的地走。不需要老师生拉硬拽，而是学生知道目的——安培力方向判断之后，发现老师搭建的台阶——安培力模型的制作过程，自己摸索着往上爬。这样获得的知识更为牢固可靠。

（三）学习进阶有助于培养学生科学素养

科学教育应该从学生感兴趣并与他们生活相关的课题开始，逐步进展到掌握大概念。科学教育所有课程活动都应该致力于深化学生对科学概念的理解，同时应该考虑其他可能的目标。例如，科学态度和能力的培养。本课例中，学生就体会到了如何从特殊到一般，也体会到了总结归纳。从学生熟悉的事物，已有的知识经验出发，在完成对概念逐"阶"建构的同时，侧重于对学生科学思维能力的逐渐提升。构建学习进阶，能较好地呈现概念发展进程，符合学生认知发展规律，促进科学素养的不断发展。

借助课堂探究　提升学生科学思维品质*

——《探究弹性势能的表达式》教学设计

一、设计思想

（一）本节课是一节典型的规律探究课。弹性势能的表达式在高考中不作要求，但其探究方法对其他知识的学习有广泛的借鉴意义。

（二）本节课采用讨论与探究相结合的教学方式。

（三）教学中，引导学生采用类比思想和转换思想探究弹簧弹性势能的表达式，启发学生采用多种方法实施理论探究，体会物理思想的魅力。

二、指导思想与理论依据

（一）2017 版课程标准，对学生的物理观念、科学思维、科学探究等核心素养提出了明确要求，要求学生能从机械能守恒的角度分析和处理问题，形成初步的能量观；要求学生能基于观察和实验提出物理问题，通过科学推理形成猜想，设计实验，获取信息，基于证据对理论探究结果加以检验，并能对探究结果进行交流、评估、反思。

（二）北京市基教中心陶老师 2008 年在《物理教学的基本特征》中提出，物理教学要坚持以创设问题情境为切入点，以观察实验为基础，以培养学生思维能力为核心，以提升学生探究能力为重点的基本特征。

（三）北京师范大学林崇德教授 2005 年在国家教育行政学院学报中指出，思维品质是人的思维的个性特征，由敏捷性、灵活性、创造性、批判性和深刻性五种成分组成。培养思维品质是发展智力和能力的突破口，思维及其品质是可以通过训练得到培养和发展的。

---

* 本文作者：王朝祥。

三、教学背景分析

（一）教学内容分析

本节内容是在学习重力势能后的进一步拓展，让学生在变力作用的情境下进行功和能关系的探究，再一次感受功和能的紧密联系，为动能定理和机械能守恒定律的学习打下基础。

课程标准要求学生定性地了解弹性势能，不要求定量计算。

（二）学生在学习相关内容时一些基本情况

在知识方面，学生刚刚通过重力做功的分析推导出重力势能的表达式，初步理解势能产生的原因以及影响势能大小的因素，接触了势能的系统性、相对性概念，这为学习弹性势能提供了知识储备。

在思想方法上，学生通过研究匀变速直线运动的位移、胡克定律等知识，基本能分析图像截距、斜率、面积（微元法）的物理意义；通过探究牛顿第二定律等实验，了解物理中常用的转换思想，为探究弹性势能做好了方法铺垫。

虽然学生在初中阶段接触过功的概念，但学习正功、负功概念的时间不长，学生在区分弹力做功，克服弹力做功方面可能存在困难，教学中应该引导学生辨析。

（三）本节课采用的主要教学方式及主要探究内容

按照先定性后定量，先理论探究后实验验证的顺序实施教学，引领学生体验科学探究的基本过程，并充分展开讨论、交流。

四、教学目标设计

（一）类比重力势能的探究过程，形成探究弹性势能表达式的思路，理解弹性势能的概念。

（二）会分析决定弹性势能大小的相关因素，能综合运用已有的物理知识和方法对弹性势能的表达式进行理论探究，体会微元思想和图象法的应用。

（三）能利用现有的实验器材设计实验，定量验证理论探究的结果，并能对实验方案和结果进行评估。

（四）教学重点、难点

重点：弹性势能表达式的理论探究；

难点：探究实验方案设计。

五、教学资源设计

（一）实验器材：弹簧（最大拉力 5N），钩码（20g、50g）若干，铁架台，支架，刻度尺

利用上述器材设计实验，定量检验理论探究所得弹性势能的表达式是否正确。

（二）预习问题清单、实验任务单

六、教学过程设计

（一）教学流程图

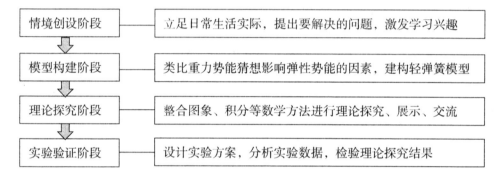

情境创设阶段	→	立足日常生活实际，提出要解决的问题，激发学习兴趣
模型构建阶段	→	类比重力势能猜想影响弹性势能的因素，建构轻弹簧模型
理论探究阶段	→	整合图象、积分等数学方法进行理论探究、展示、交流
实验验证阶段	→	设计实验方案，分析实验数据，检验理论探究结果

（二）主要的教学环节

环节一：情境创设阶段

【教师活动】立足日常生活实际，提出弹性势能概念，激发学习兴趣。

问题情境 1：让一女生到讲台前"玩"铁皮青蛙。

问题引导 1：怎么让铁皮青蛙跳起来？请你猜猜，青蛙的肚皮里应该有什么装置？青蛙的动能来自哪里？

【学生活动】基于生活经验和物理学科知识，操作实验并作出合理猜想。

【学生活动预设】学生能熟练操作铁皮青蛙；学生能类比实验室常用的秒表，猜测铁皮青蛙内部可能有螺旋式弹簧；学生联系初中物理知识，提出弹性势能转化为动能。

【设计意图】基于学生日常生活和已有物理知识创设情境，再现弹性势能概念，顺势引出能量转化思想。

【教师活动】结合日常生活实际，探讨测定弹性势能大小的间接方法。

问题情境 2：老师展示用弹弓发射木块。

问题引导2：木块的动能哪来的？怎样测定弹弓的弹性势能？

【学生活动】分析用弹弓发射木块过程中的能量转化。在思考的基础上，提出弹性势能的测定方案，并交流、展示。

【学生活动预设】学生能顺利地提出，弹弓的弹性势能转化为木块的动能。可以把弹弓弹性势能大小的测定转换为木块动能的测定。

可能的测定方案：

待测物理量：物体质量 m

平抛的水平位移 s

平抛的竖直位移 h

弹弓的弹性势能 $E_p = E_k = \dfrac{mgx^2}{4y}$

【设计意图】结合日常生活实际和常见物理模型，启发学生讨论弹性势能的间接测量方法，渗透物理学中常用的转换思想。

环节二：模型建构阶段

【教师活动】类比重力势能，猜想影响弹性势能大小的因素，建构轻弹簧模型。

问题引导：请同学们回忆重力势能表达式的导出过程以及重力势能的特点，想一想，我们怎样研究轻弹簧弹性势能的表达式？猜测一下，影响弹性势能大小的因素可能有哪些？

【学生活动】回顾重力做功与重力势能变化的关系，探讨弹性势能表达式的研究方案。

【学生活动预设】学生已经掌握"重力做功等于重力势能变化量的相反数"，不难提出利用弹力做功确定弹簧弹性势能表达式。由于弹力做功与弹力大小和位移（形变变化量）有关，学生不难猜测弹性势能与弹簧劲度系数和形变大小有关。

【设计意图】通过类比，实现知识和研究方法的顺向正迁移，使本节课中弹性势能的研究思路更加顺畅，强化了功和能的关系。

环节三：理论探究阶段

【教师活动】引导学生对轻弹簧弹性势能的表达式进行理论探究，并展示、交流。

问题引导：如图1所示，劲度系数为 k 的弹簧处于原长状态时，其右端记为 O 点，建立坐标轴如图。用力缓慢拉伸弹簧，在弹簧形变量由 x_1 增加到 x_2 的过程中，弹力做多少功？写出分析过程，并分析弹性势能变化情况。

O
x1
x2
x/m

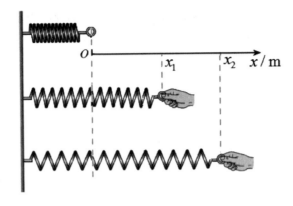

图 1

【学生活动】以小组为单位计算弹力的功，猜测弹簧弹性势能的表达式。

【学生活动预设】关于弹力做功的计算，学生可能的思路有：

方法一：利用图形面积求功（微元法）

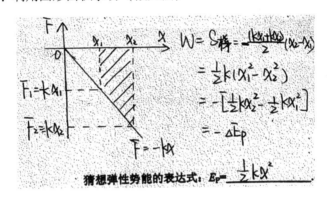

F
x
x1
x2
O
F1=kx1
F2=kx2
F=-kx
W=S梯=(kx1+kx2)/2 (x2-x1)
=1/2 k(x1²-x2²)
=-[1/2kx2²-1/2kx1²]
=-ΔEp
猜想弹性势能的表达式：Ep= 1/2 kx².

图 2

方法二：利用定积分求功

W=∫x1 x2 -kx dx
=-1/2 kx² |x1 x2
=-(1/2kx2²-1/2kx1²)=-(Ep2-Ep1)
=-ΔEp

图 3

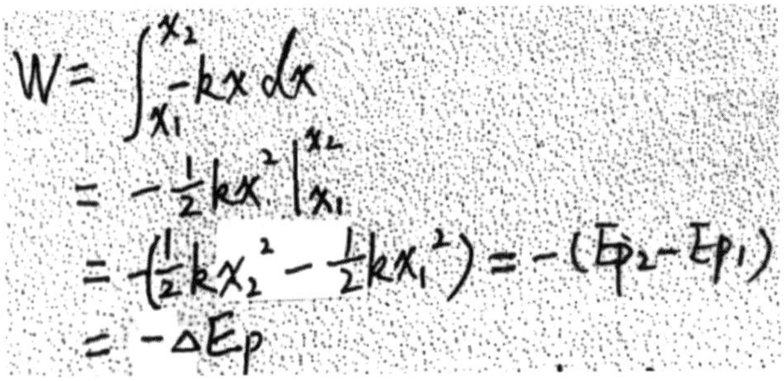

学生对弹性势能表达式的可能猜想：$E_P = \frac{1}{2}kx^2$

【设计意图】引导学生用多种方法计算弹簧弹力的功——变力的功，培养学生思维能力，逐渐形成探究意识。

在计算弹力做功时，学生容易混淆弹力的功、克服弹力所做的功，通过学生质疑、交流，以及师生互评，基本可以实现自我纠错、修正。这对学生准确把握功的概念，培养批判性思维能力大有裨益。

环节四：实验验证阶段

【教师活动】设计实验方案，分析实验数据，检验理论探究结果。

问题引导：请你利用现有器材设计一个实验，检验理论探究所得的弹性势能表达式是否正确。设计实验时，要遵守安全、准确、可操作的原则。

可选的实验器材：弹簧（最大拉力 5N)，钩码（20g、50g）若干，铁架台，支架，刻度尺。

【学生活动】分组设计实验方案，在交流、修正方案以后动手实验，获取实验数据，通过分析数据，检验理论探究的结论是否正确。

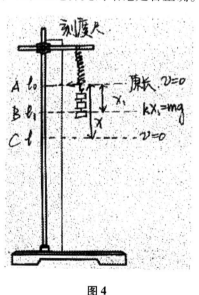

图 4

【学生活动预设】学生可能将难以测量的弹性势能转化为容易测量的重力势能，即 $E_P = mgx$，具体的实验方案如下：

实验器材如图 4 所示。

（1）轻弹簧静止悬挂在铁架台上，其下端记为 A 点；

（2）将质量为 m 的钩码挂在弹簧下端，无初速释放，记录最低点 C，记录 C 点对应的弹簧的伸长量 x；记录钩码自由悬挂在弹簧下端时，弹簧的伸长量 x_1；

（3）改变钩码质量多次实验，并记录数据；

（4）作 $F - x_1$ 图，测定弹簧的劲度系数 k；

（5）作 $E_P - x^2$ 图，看是否为过原点的直线，测定图线的斜率 k'，应有 $k' = \dfrac{k}{2}$。

【设计意图】物理开放性实验，重在设计。这个实验方案设计，体现了转换思想和化曲为直思想，充分利用正比例函数图线的特点，两次挖掘直线斜率的物理意义，体现了物理教学与数学方法的完美融合。

环节五：课堂小结阶段

【教师活动】引导学生归纳本节课的研究方法和相关知识。

（1）回顾重力势能、弹簧弹性势能表达式的探究过程，用一句话概括研究思路。

（2）关于变力做功的计算，你能想到哪些方法？

（3）通过实验验证弹性势能与弹簧形变的关系时，为什么不作 $E_P - x$ 图？

（4）类比重力势能，谈谈弹性势能的相对性、系统性。

【学生活动】自主完成课堂小结。

【设计意图】引领学生回顾探究过程，提升对类比思想、转换思想、微元思想等思想方法的认识，有意识地引导学生运用数学方法处理物理问题。

七、板书设计

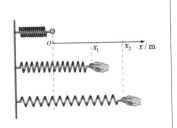

探究弹性势能的表达式

1. 理论探究：$W_{弹} = -\Delta E_P$，$E_P = \dfrac{1}{2}kx^2$

2. 实验验证：转换

3. 对弹性势能的理解

八、学习效果评价设计

（一）课内评价：师生评价与生生评价相结合的即时评价。具体体现在情境导入、理论探究、实验探究等各环节。

（二）课外评价：完成下面的参考题。

参考题：如图5所示，弹簧的一端固定，另一端连接一物块，弹簧质量不计。物块（可视为质点）的质量为 m，在水平桌面上沿 x 轴运动，与桌面间的动摩擦因数为 μ，以弹簧原长时物块的位置为坐标原点 O，当弹簧的伸长量为 x 时，物块所受弹簧弹力大小为 $F=kx$，k 为常量。

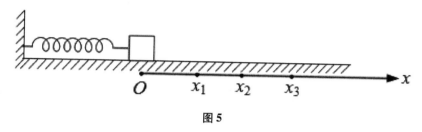

图 5

①请画出 F 随 x 变化的示意图，并根据 $F-x$ 图象求物块沿 x 轴从 O 点运动到位置 x 的过程中弹力所做的功。

②物块由 x_1 向右运动到 x_3，然后由 x_3 返回到 x_2，在这个过程中：

a. 求弹力所做的功，并据此求弹性势能的变化量；

b. 求滑动摩擦力所做的功，并与弹力做功比较，说明为什么不存在与摩擦力对应的"摩擦力势能"的概念。

九、课后反思

（一）弹性势能的表达式在课程标准中不作要求，但其探究过程中渗透的类比思想、微元思想、转换思想等思想方法很有价值，对学生科学思维的培养有重要意义。本节课教学过程中，得益于前期在知识和方法方面的充分积累，学生理解和运用这些思想方法比较顺畅。

（二）在理论探究环节，学生计算弹力做功时，涌现了图象法、积分法等多种分析方法。用图象法求功时，有的学生计算了梯形的面积，有的学生将梯形转化为长方形，体现了化变为恒的思想。

（三）在实验验证环节，课堂设计实验方案，有利于发展学生思维的敏捷性；分析实验数据，有助于发展学生思维的深刻性；拓展实验思路，体现了学生思维的创造性。

学生将验证任务分解为两个命题：$E_P \propto x^2$，$k' = \dfrac{k}{2}$。实验设计巧妙简洁，在完成本节课验证任务的同时渗透了实验数据处理方法，教学效果很好。

物理建模教学及其课堂实践[*]

——以万有引力定律的应用为例

在物理课程中实施建模教学，可以帮助学生聚焦问题，建构知识，在科学的范畴下进行问题的解决[1]。笔者从高中物理课堂教学的实际出发，结合自己对建模教学的理解，通过万有引力定律的应用这节课对建模教学作了一次大胆的尝试。研究发现在建模教学中发挥学生主动性，促进其主动参与建模过程是建模教学的关键。教师应提供有效的建模教学脚手架，为学生的科学建模活动提供保障。

一、模型和建模教学

模型被视为对真实世界的表征，是理论和实验的中介，是发展物理概念，推理和问题解决的基础[1]。在科学领域，模型被视为对真实世界的一种表征，建模是建构或修改模型的动态过程，即从复杂的现象中，抽取出能描绘该现象的元素或参数，并找出这些元素或参数之间的正确关系，建构足以正确描述、解释该现象的模型的过程[2]。

建模教学是亚利桑那州立大学理论物理学家 David Hestenes 创立的一种教学模式。在物理课程中实施建模教学，可以帮助学生聚焦问题，建构知识，在科学的范畴下进行问题的解决[1]。建模教学理论的核心观点是认为物理学家是基于模型开展推理的，通过应用，例如图形、图表、数学方程等来表征具体的物理情境，从而开始模型建构过程[1]。建模教学在美国有了近 40 年的历史，已经形成了一定的建模理论和建模教学模式。关于建模教学的环节，不同的学者提出了不同的观点。如 Hestenes 认为可以分成：模型建构、模型分析、模型验证

---

* 本文作者：何春生。

和模型应用四个环节；Hallou 认为，在问题解决过程中模型建构可以分为五个阶段，即：模型选择、模型建构、模型分析、模型验证、模型应用；北京师范大学的翟小铭博士提出模型的建构应该包含如下六个要素：暴露心智模型、表征模型、验证模型、评估模型、修正模型、应用模型[3]。笔者认为不同的课型，不同的模型建构过程会经历不尽相同的环节，使用不同的要素。

二、万有引力定律应用的教学探讨

（一）疑难和困惑

人们生活在地球表面，习惯于以地面为参考系，对由于地球自转而导致的向心力问题，缺乏直观的感知。学习万有引力定律后，很多学生认为万有引力就是称量的重力，学生头脑中原有的重力概念需要进阶。卫星在太空中运行，学生虽有耳闻，但感觉很神秘，也很抽象。学生对卫星的运行轨道和受力特点缺乏直观感知，想象不出对应的物理情境。虽然学生已经会用力和运动的相关知识分析、解决地面上或实验室里的部分物理问题，但对太空他们还未曾尝试。对部分中学生来说，万有引力和向心力的表达式都很复杂，很多学生的精力大多花在这些复杂公式的运算上。对很多同学来说，这一章仿佛是另起炉灶，找不出对应的模型，看不到它是力和运动关系的延伸。

（二）策略和途径

建构物理模型是解决这些问题的有效途径。笔者在课堂实践中通过创设物理情境，表征物理情境，研究表征化物理情境，检验和修正心智模型，整合和应用物理模型等环节帮助学生建构了两个物理模型。对地球表面的物体，通过对物理情境的模拟和表征，帮助学生建构了万有引力、重力、向心力的关系模型，为学生厘清了万有引力、重力和向心力的关系，实现了重力概念的进阶；对天上的卫星，结合具体情境，运用力和运动的关系，建构了地球圆轨道卫星模型，帮助学生比较全面地掌握了圆轨道地球卫星运行的规律和机理，促进学生在"力和运动"这个大概念学习上的进阶发展。

三、教学实践过程

（一）建构地球表面物体万有引力、重力、向心力关系模型

1. 创设（模拟）物理情境

人们生活在地球表面，习惯于以地面为参考系。对地球表面物体随地球自转做圆周运动缺乏直观的感知。中学生的思维特点是正从直观形象型向逻辑抽象型过渡，思维过程中仍需具体形象的材料支持。所以建构模型时，创设（模

拟）物理情境非常重要。把地球仪固定在圆周运动演示仪的转轴上，在地球仪的赤道、极点和一般纬度处分别贴三个不干胶片，旋转地球仪，如图1左图所示，让同学们观察不干胶片随地球仪转动时的运动情况。

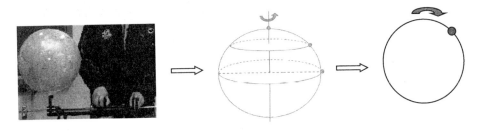

图1　模拟、表征物理情境

2. 表征物理情境

要求同学们描述地球仪上不同地点的不干胶片随地球仪转动时的运动，要求同学们画出地球赤道、任意纬度、极点处的物体随地球自转运动的示意图，并标出轨迹圆心的位置。同学针对具体的模拟物理情境，根据所要研究的问题抓住主要因素，忽略次要因素，进行一系列的抽象、简化的加工，可以得到一个描述地球上不同地点的物体随地球自转做圆周运动的图示，如图1中图所示。再取出其中的一个物体，比如赤道上的物体，同学就可以得到一个非常熟悉的圆周运动的示意图（如图1右图所示）了。这样，线速度、周期、向心加速度、向心力等描述圆周运动的物理量，就可以和这个图示建立关联。

3. 研究表征化物理情境

假设一人站在地球的赤道上，手里拿着一个弹簧秤，弹簧秤下悬挂一个物体，如图2所示。对物理进行受力分析，如图3所示，分别用 $F_万$ 表示物体所受的万有引力，$F_重$ 表示物体所受的重力，$F_向$ 表示物体随地球自转所需要的向心力，T 表示弹簧秤对物体的拉力。根据圆周运动相关知识，有 $F_向 = F_万 - T$。又因为物体相对地面静止，弹簧秤对物体的拉力大小等于物体所受的重力，即：$F_重 = T$。两式联立可得 $F_万 = F_重 + F_向$。可见对赤道上的物体来说，万有引力提供了重力和物体随地球自转需要的向心力。

图 2

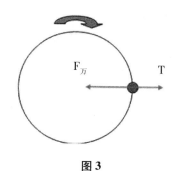

图 3

4. 检验和修正心智模型

（1）模型的修正

在赤道上建立的万有引力、重力和向心力关系模型，是否也适用于地球上的其他地点呢？处于极点处的物体不需要向心力，在极点处，模型修正为 $F_{万} = F_{重}$。在任意纬度处，向心力和万有引力不在同一条直线上，万有引力、重力、向心力之间的关系适应用平行四边形定则运算，如图 4 所示，且重力的方向不再指向地球的球心。

（2）模型的检验

刚刚建构起来的万有引力、重力、向心力关系模型是否正确呢？可以用地球表

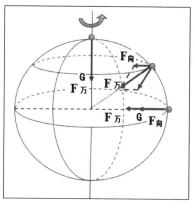

图 4

面重力加速度的实测数据进行初步检验。实际测得赤道附近的重力加速度约为 9.780 m/s²，纬度 45° 的海平面的重力加速度约为 9.806 m/s²，北极地区约为 9.832 m/s²，可见，从赤道到极点，实测的重力加速度是逐渐增加的，与模型预测的结果基本一致。

（3）模型的再修正

计算可知，赤道上物体随地球自转的向心加速度 $a_{向} = 0.034 \text{m/s}^2$，远小于赤道地区的实测重力加速度，其他纬度地区就更是如此，可见物体随地球自转所需要的向心力相对万有引力是非常小的，通常可以忽略。重力的方向偏离地心也是非常微弱的。国际上将在纬度 45° 的海平面精确测得物体的重力加速度 g = 9.80665 m/s² 作为重力加速度的标准值。在一般计算中，可以取 g = 9.80 m/s²。

这样通过模型的检验和修正，就基本帮助学生建构起了万有引力、重力、向心力关系模型。

5. 整合和应用物理模型

圆周运动、万有引力、重力、向心力、地球的自转、纬度等知识能够很好地被整合到这个模型中来，而这些知识也能很好地促进同学们对这个模型的认知和使用。这也是力和运动关系在地球自转中的应用。

应用：如果地球自转不断加速，将会产生什么后果？

由这个模型可以看出，如果地球自转的角速度变大，物体随地球自转的向心力也将逐渐增加，物体所受的重力将会逐渐减小，最终将变为零，物体将会脱离地球。

实验模拟：在地球仪的赤道上粘一块橡皮泥，不断增加转速，最终橡皮泥会脱离地球。

（二）建构地球圆轨道卫星模型

1. 创设（模拟）物理情境，表征物理情境

卫星是一些自然的或人工的在太空中绕行星运动的物体。地球卫星的轨道是不是都是圆形的呢？神州五号，变轨前近地点 200 千米、远地点 350 千米。地球的半径约为 6400 千米，对神州五号的轨道来说这 150 千米的差距相对于它们的轨道半径来说是可以忽略的，所以类似于这样的轨道，我们都可以近似将其看成圆轨道。人造地球卫星运行轨道大多是椭圆，但有些卫星，像神州五号一样运行轨道的近地点和远地点距离差距不

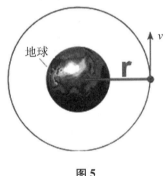

图 5

大，可以将这样的卫星轨道简化成圆。要求同学们画出地球圆轨道卫星的示意图，如图 5 所示。对圆轨道卫星运行轨道的这种表征方式，很容易让同学们把这个图示与圆周运动知识建立关联。

2. 研究表征化物理情境

（1）已知地球的质量为 M，万有引力常量为 G，组织同学小组合作，探究轨道半径为 r 的地球圆轨道卫星的向心加速度、线速度、角速度和周期。

同学们根据万有引力和圆周运动知识，由 $F_{万} = F_{向}$，可以求出：

$$a = \frac{GM}{r^2} \qquad v = \sqrt{G\frac{M}{r}} \qquad \omega = \sqrt{G\frac{M}{r^3}} \qquad T = \sqrt{\frac{4\pi^2 r^3}{GM}}$$

（2）用铁丝做成两个半径不等的圆环如图 6 所示，模拟地球圆轨道卫星的

轨道，组织同学小组合作，比较轨道半径不同的两颗人造地球卫星的向心加速度、线速度、角速度和周期。

将（1）中表达式看作自变量为 r 的函数，同学们容易得出，圆轨道卫星的半径越大，向心加速度、线速度、角速度越小，周期越大。

图 6

3. 检验和修正心智模型

（1）刚才建构的圆轨道卫星模型是否正确可以通过已知数据来检验。

近地卫星的轨道半径约为 6400 千米，周期约为 90 分钟，月球绕地球做圆周运动的半径约为 300000 千米，周期约为 27 天。可以发现这两组数据能很好地满足上述模型中卫星周期与轨道半径的数学关系。

（2）由于刚才研究圆轨道卫星用的一直是平面化的示意图，同学们头脑中建构的物理模型也有可能是平面化的，因此，需要对同学们的心智模型进行检验和修正。

组织同学讨论，正常运行的地球圆轨道卫星在空中是否会相撞。不少同学认为轨道半径相同的卫星线速度相等，撞不上，轨道半径不同的圆轨道卫星轨道没有交点，也不会相撞。

出示第三个用铁丝制成的圆环，这个圆环可以和模拟的地球成任意角度，如图 7 所示，圆轨道卫星可以以不同的角度绕地球运行，是有可能相撞的。同学们建构的圆轨道卫星模型由二维平面的逐渐修正为三维立体的。

（3）卫星绕地球做圆周运动，对卫星的轨道平面有没有约束呢？同学们的心智模型还需要进一步检验和修正。

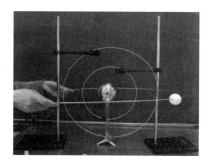

图 7

组织同学讨论，有没有可能发射一颗始终在北京正上方运行的卫星。

不少同学认为可以，在北京正上方画一个圆，只要这个圆的半径大小合适，让卫星始终在这个圆上运行，这颗卫星就有可能始终在北京的正上方。

用圆环模拟始终在北京正上方的卫星轨道。可以看出始终在北京正上方的圆形轨道平面并不过地球的球心，如图 8 所示。由图 9 可知，这种卫星不可能稳定运行，因此它是不存在的。

图 8

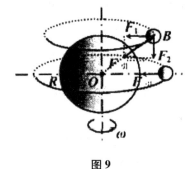
图 9

组织同学探讨什么样的卫星轨道才是存在的。因为万有引力提供向心力，所以卫星的轨道平面必须经过地球的球心，而且轨道圆的圆心应该和地球的球心重合。这样同学们建构的模型又一次被修正和完善。

4. 整合和应用物理模型

这个模型能够很好地整合万有引力、圆周运动、向心力等物理知识。它是力和运动关系的一部分，是牛顿定律在天体运动中的具体体现。

应用：组织学生探究地球同步卫星的可能轨道。

四、感悟与反思

虽然不同的学者对建模教学的环节有不同的见解，但是他们都是基于相同的理论基础，概括起来包括：模型是科学的本质之一，科学家通过建构模型认识世界和规律；模型有解释和预测能力；模型是不完整的表征，因此，它可以修订和改进；物理研究过程是不断建构并修订模型，提高其解释能力的过程[3]。教学实践过程中，结合不同具体的课题，针对不同的学生，建模教学可能会经历不同环节和途径。但建模教学对提高课堂效率，提高学生学科素养都是非常有效的。

参考文献：

[1] 张静，郭玉英. 物理建模教学的理论和实践简介 [J]. 大学物理，2013（2）.

[2] 张静，郭玉英，姚建欣. 论模型与建模在高中物理课程中的重要价值 [J]. 物理教师，2014（6）.

[3] 翟小铭，郭玉英. 物理建模教学例析 [J]. 物理教师，2015（7）.

贴着真实的人性与文学相厮磨*

——《项链》课堂教学案例

曾问过许多成年人，中学语文课本中有没有现在还想重读的课文，许多人说还想再读读《项链》，可见《项链》的魅力。

《项链》的魅力不仅在于作者塑造了一位颇具特色的女主人公，也在于主题的多义性。对玛蒂尔德这一人物形象的探讨及《项链》主题的探讨从未停止过。

一、我所理解的莫泊桑及其创作情况

为了更深入理解《项链》，我们不妨看一看莫泊桑的创作情况。

莫泊桑是一位有着浓厚的悲观主义思想的作家。他深受叔本华哲学思想的影响。认为人类永远无法达到目的，人生活在一个空虚的、失去意义的世界里，是孤立的，不被人了解的。这种思想无疑会影响他的创作，影响到他作品主题的选择与确定。作为短篇小说大师，莫泊桑的短篇小说题材是多方面的，对小人物的描写是其小说的主要内容，例如，《散步》描写一个记了40年账、抄了40年公文的小职员，在备尝寂寞、孤独、无聊之后，上吊自杀。《骑马》写一个小职员获得一笔额外收入，想像阔人一样逍遥一番，于是骑马出游，结果却把一个老妇人撞伤。老人赖在医院不肯出来，使这个小职员不堪重负。《勋章到手了》的主人公允许妻子与议员私通，以期获得一枚日思夜想的勋章。莫泊桑塑造这样一些可悲、可怜的形象，难道仅仅是为了暴露他们的爱慕虚荣和庸俗吗？单纯这样理解未免有些浅薄。《一生》是莫泊桑的一部杰出的长篇小说，描绘了贵族少女约娜幻想破灭的悲惨一生。约娜出身于衰落中的贵族家庭，她心地纯真、善良，对爱情、婚姻、家庭怀有种种美好的憧憬。但客观现实却使她的幻想一个一个地破灭了。少女时期，她幻想纯洁、美好、浪漫的爱情；婚后，她

---

* 本文作者：王岱。

渴望拥有一个幸福、和谐的家庭。但婚后不久，她发现自己理想中的丈夫竟然是一个粗鄙、吝啬、贪婪、极端自私自利的无耻之徒。可怜的约娜又将自己一生最后的希望寄托在自己儿子身上，但她儿子已完全蜕变为一个冷酷无情、眼中只有金钱和享受的人，大肆挥霍她的财产，致使她倾家荡产。在残酷命运面前，约娜不止一次地"重新幻想，重新希望，重新期待"，但"无情的现实生活"却使她的"梦想一再幻灭，希望一再落空"，直至最后的绝望！

我们联系莫泊桑的人生哲学和思想，不难发现他的作品中隐含了他的悲观主义情绪，表现了他对人生无常的思考，表达了他对命运无奈的哀叹。作品中的那些小人物都在命运的捉弄下，一个个走入困境而最终毁灭。爱慕虚荣和追求所谓非分的美好生活固然是这些故事的起因，但决定这一切的却是残酷的现实背后那人生命运的无常。作品中固然充满了批判，但更多的是对命运的思考和对人生的怜悯。由此可见，《项链》的主题也绝不会停留在对玛蒂尔德爱慕虚荣的谴责上。作者对玛蒂尔德的爱慕虚荣虽有嘲讽，但更多的是同情。作者对丢失项链后的玛蒂尔德的态度由微讽转向同情甚至是赞叹，这从文章的大量描写中，是可以看出来的。

莫泊桑的大多数短篇小说，故事简单而平凡，意料不到的事态让情节急转直下，向悲剧发展，而叙述仍保持冷静、客观，《项链》正是这种风格的典范之作，这也无形中为《项链》主题的多义性解读提供了可能。

正因为如此，我将分析鉴赏玛蒂尔德的人物形象与分析主题的多义性作为这节课的教学内容。

二、我所理解的语文阅读教学

（一）引导学生不断将阅读深入下去

在临上课的前几天，听说学生已经在上学期学过《项链》，当时也曾考虑换篇目，但经典的阅读是常读常新的，我很想看到学生阅读提升过程在课堂上的呈现。因此，还是坚持以《项链》作为此次示范课的授课篇目。课堂教学我的第一个环节就是让学生谈谈"重读之后新的发现，或者新的困惑"。

教师：读完之后你有什么新的发现？新的困惑？

男学生1：就是那个玛蒂尔德，第一次读我们老师都会讲她势利、爱慕虚荣，但是第二次读觉得在欠下这么一大笔款之后，她靠自己的努力，天天拼了命地干活，然后把债务还上了，我觉得这作为一个女性也是一种非常好的美德，就是说颠覆了她身上的那种爱慕虚荣的特点，她也是有自己的优点的。

从这可看出学生阅读是在冲破已有的阅读与诠释，有了自己新的思考。虽是粗浅的，但仍是可喜的。

对玛蒂尔德这一人物形象的深入鉴赏与分析成为我们这节课的重点内容。

（二）引导学生从生活常识去理解人物的丰富，理解人性的复杂

我们在分析文学作品时，太容易陷入机械两分法的泥淖，人物非白即黑，脸谱化现象严重。人们常常站在道德的至高点上，对作品中的人物进行道德审判，而很少设身处地理解人物。为了能引导学生平等地对待作品中的人物，怀一颗平常心去体察作品中的人物，在对玛蒂尔德这一人物进行了一定分析的基础上，我设计了这样一个问题："如果让你选择，你会选择十年前的玛蒂尔德还是十年后的玛蒂尔德？"

教师：极细小的一件事，既可以败坏你，也可以成全你。这位同学说玛蒂尔德因为丢项链这件细小的事，变得好了。但我要问一个比较敏感的问题，要给男同学一些考验，十年前的玛蒂尔德和十年后的玛蒂尔德，如果让你选择，你会怎样选？

男学生1：就是说真的让我选的话，我选十年之前，她的年纪肯定是一个原因啦，然后更看重的是我可以通过自己对她的影响去改变她一点什么。

教师：你对自己好自信啊。我知道了，你还是喜欢十年之前那个颇具风韵的、妩媚的玛蒂尔德。

男学生2：我肯定选十年后的那个。因为每个人都会老去的，我还是希望有一个好的内心，因为就算我工作再怎么勤奋，再怎么努力，我的钱财都会被她挥霍完的，这样，我就穷困潦倒，对我的后代也是很有影响的，为了家庭，我还是选择十年以后的那个玛蒂尔德。

男学生3：我的话，肯定选十年之前的。第一个原因是，我觉得她其实十年之前也不坏，比如说第二页上面一开始，要去参加晚会了，我觉得她第一是怕丢面子，但也是怕给丈夫丢面子，文章前面也说了她是一个长得很漂亮的人，但是她也没有像其他的长得漂亮的人有什么风花雪月的故事啊，其实，我觉得她挺温柔贤惠的。

教师：看吧，世界并不缺少美，只是缺少发现美的眼睛。还有啊，你要知道啊，她每天都是那样的以泪洗面。

男学生3：这个，我觉得随着时光的推移，她这种情绪会慢慢消磨掉的。

教师：怎么就会随着时光的推移消磨掉了？

男学生3：生活嘛，总归得接受嘛，她丈夫在工作上不可能再有多大的改变了，那就只能适应生活。

教师：还有同学想说吗？哦，女同学。

女同学1：我从一个女性角度来说，我还是会选择十年前的玛蒂尔德，就像刚刚同学说的十年前的玛蒂尔德也是一个很好的女人。在十年前，她会幻想，有着正常女子的那种……感觉挺浪漫的一个女子，就是说她比较有少女心嘛。然后十年后的她经历了这样一番折磨，就没有之前的那种天真烂漫的感觉了。

教师：好，大家注意了，她在公园遇到佛来思节夫人并相认的时候，她的脸上露出的是什么样的神情？

学生翻书查找。

教师：天真得意的笑容。这个天真……

女同学1：我说的这个天真是指那种少女情怀。

教师：少女的小情、小趣。

女同学1：对。

这个问题设计是情境化的，有带入感，学生通过将自己带入情境，去鉴赏分析。从课堂情况看，学生也进入了情境，他们能从自己的人生体验与生活观察去分析，这样能更好地理解人物。

我又追问："作者为什么最后不把玛蒂尔德写成一个又勤劳、又勇敢、又美丽、又优雅的人，让我们不那么遗憾呢？""作者说过一句话，一个极细小的事情就可以败坏你，也可以成全你，败坏的是什么？成全的又是什么？再有，大家想想，当玛蒂尔德在还债的过程中，她坐在窗前，当她丈夫上班的时候，她会想起那个舞会，她是多么的风光，多么的令人倾倒，她不是已经变得勤苦耐劳了吗？为什么还会这样？"

这样追问是为了引导学生通过分析玛蒂尔德这一人物形象，理解人性的复杂，莫泊桑给我们呈现的正是人内心的丰富性。玛蒂尔德实际上到最后变了，但作者并没有把她塑造成一个高大全式的人物。人的内心有很多说不透的东西，就像我们自己，我们能把自己认清楚吗？

一位优秀的作家总是从现实出发，从人性的角度出发塑造人物，他塑造的人物是一个圆形的。文学就是这样，它总是会给我们一些遗憾，文学不是宣传，可能这就是文学的魅力。它塑造的人物，越是遗憾，我们越是回味他。莫泊桑正是用他那支颇具魅力的笔写出了这一点，让我们不停地去回味。我们解读作品的时候，要从常识出发，从生活、从自身的生活体验出发。

三、引导学生品味鉴赏语言与细节

语言是形象的依托，魔鬼在细节里。

一部优秀的作品离不开精妙的细节，鉴赏作品要从语言出发，离开了语言的品味与咀嚼，就离开了真正的鉴赏。阅读教学就是要引导学生从语言、细节分析人物形象和主题，发现作品的魅力。

《项链》的语言与细节有许多可圈可点的地方。比如，在写玛蒂尔德还债的生活时，作品中有大段的描写。

教师：你看看还债中的玛蒂尔德作者是怎么写的？我请同学来读一下。

男学生1："路瓦栽夫人现在显得老了。……"

教师：这里面哪几个细节、哪几个词是很扎心的？

男学生1：小扎心的就是"高声大气地说着话"。

教师：这个怎么扎心了？

男学生1：就是感觉，活在上海哦，就感觉高声大气地说着话有点没素养。

教师：还有吗？

男学生1：然后"歪斜系着裙子"，这点倒还好。

教师：最扎心的，有没有？

男学生1：对。（默默小声又读了一遍）"她胡乱地挽起头发，歪斜地系着裙子，露出一双通红的手，高声大气地说着话，用大桶的水刷洗地板"都没有问题了。

教师：你觉得没有最扎心的，好，你的承受能力蛮强的。

有女同学举手。

教师：好，你觉得哪个？

女同学1："通红"，"露出一双通红的手"。

教师：为什么？

女同学1：因为长期的辛苦劳动，手泡在水里面，就是……就是一双劳动人民的手。所以她从一个曼妙的女子变成了一个切切实实的劳动的人，这种转变就是很让人难过的。

教师："通红的手"，这位女同学找到了，看来女孩子的心理还是比较细腻的。大家回去看看妈妈的手，然后再请同学到马路上看看清洁工的手是什么样子的。大家要好好看一看这个词，这可不是一般的词，它把玛蒂尔德十年的艰辛写了出来。"通红"啊！什么样的劳作才能让那细嫩的手变成"通红"？

玛蒂尔德为了一次美好的亮相，付出十年的艰辛，十年啊！宝贵的青春，就这样过去了！"通红"浸透了一个怀揣梦想的小人物多少生命的无奈与辛酸！

相信学生在这样反复的咀嚼品味中，语言的敏感度就会磨砺出来。

四、引导学生慢慢地接近作品的精魂

一篇好的小说，决不能像一碗清水，让人一眼望穿。

对主题的探讨是这节课的又一重要内容。

教师：很多研究者对《项链》的主题进行研究，你们同意哪一种？或者你有没有更多的补充？出示 PPT：

请思考下列观点的合理与深刻程度：

● 《项链》尖锐地讽刺了虚荣心和追求享乐的思想。

（高中《语文》第二册《项链》"预习提示"，人民教育出版社 1990 年版）

● 《项链》说明了在金钱至上的社会中，追求人的尊严是要付出巨大代价的。

（李必超《金钱与人格的较量》，《名作欣赏》2002 年第 2 期）

● 《项链》表现了小人物对命运的抗争和毁灭，表达了作者对他们在命运面前无能为力的境遇的深深同情。

（王吉明《〈项链〉主题的再讨论》，《甘肃联合大学学报》2008 年第 1 期）

● 《项链》表明人的命运是由意料不到的"造化"安排的。

（钱理群《名作重读》1997 年）

● 《项链》"将刹那的幻觉当作生命现象之真，以致堕入悲剧的境地，影响一生的命运，这富有哲理的暗示，使读者读后如梦初醒。遂使它成为不朽的名篇"。

（厨川白村对《项链》的分析）

设计这个问题旨在培养学生的批判性思维，希望学生能依据文本，选择并质疑，且能合乎逻辑地提出自己的观点，并论证自己的观点。

对于一部文学作品的评价，可能是多方面的，就是从不同的角度阐释，它可能呈现不同的横截面，这正体现了主题的多义性。好的文学作品肯定是读者一眼看不懂的，需要不断地品味、鉴赏、分析。

为什么主题会出现多义呢？除了作者本身的写作思想、写作风格、时代背景等因素外，还与读者的生活阅历、思想、内心的成熟度等有关。

尽管目前在解读小说的主题时，已经能用文学的眼光来评判，但仍留有不少模式化的痕迹。我很希望能引导学生，从文学审美的层面去理解小说的主题，去贴近作品的精魂。

课堂教学如果说是艺术的话，那肯定也是遗憾的艺术。但我总希望能像作家贴着人物写一样，我的课堂能始终贴着学生走。我的阅读教学能引导学生贴

着真实的人性与文学相遇、相厮磨。虽不能至，心向往之。

（此文根据第三届全国中学语文批判性思维教学现场会暨"中学生批判性思维培养与思辨读写教学实践研究"课题年会的展示课撰写）

此文发表在《语文学习》2017年第11期

钱钟书《谈中国诗》文本解读[*]

　　寒假期间，读了王德威《抒情传统和中国现代性》一书，觉得其中有许多看法与钱钟书先生的《谈中国诗》非常一致。故而重读了钱先生的这篇文章，在过去教学思考的基础上，凑成了以下文字。

　　钱钟书先生的《谈中国诗》选入人教版高中语文必修（五）。课文有一定的难度，因此，对文本的理解存在明显的差异。浏览一下各种版本的教案或解读文章，莫衷一是。虽然有人以"作者未必然，读者未必不然"来自圆己说，但我以为，以下三个问题是绝不能"公说公有理，婆说婆有理"的，因为这是关于文本的最根本的理解。

一、文章第②自然段应归属哪一部分？

　　《谈中国诗》共有八个自然段，据文意，可将文章分为三大部分，①②｜｜③④⑤⑥⑦｜｜⑧，第二部分还可以分为两层：③④⑤｜｜⑥⑦。这是笔者的分法。

　　有人将第②自然段归结到第二部分，其余不变；还有人将第②自然段单独分为第二部分，共四部分（《语文教学与研究》2008 年 4 期）。其实这两种分法，没有本质上的区别，根本原因就是没弄懂第②自然段的含义和作用。

　　文章开篇："什么是中国诗的一般印象呢？"细读第①自然段，回答了三层意思。什么样的人会提出这样的问题？"一定是位外国读者，或者是位能欣赏外国诗的中国读者。"诗歌审美评价标准是什么？"避免泛论、概论这类高帽子，空头大话。"评价中国诗歌的立场或出发点"是比较文学的"。

　　文章虽然开门见山提出了问题，但在整个第①自然段却未作回答。现代汉语词典解释说：印象就是客观事物在人脑里留下的迹象。笔者理解含有初步或

　　* 本文作者：贾小林。

表面化的意思，那么中国诗歌给一个初阅读中国诗的外国读者留下什么迹象呢？这个问题就要在第②自然段作答。第②自然段开头写中国诗歌与西方诗歌的不同：中国诗歌在没有史诗和戏剧诗的前提下，抒情诗"一蹴而至崇高的境界"。接着以中国绘画和中国哲学作类比，说明这种现象在中国文化里数见不鲜。然后以"梵文的《百喻经》说一个印度愚人要住三层楼而不许匠人造底下两层"来说明中国诗在外国读者心中的初步印象。经过层层铺垫，最后作者才点明："中国的艺术和思想体构，往往是飘飘凌云的空中楼阁。""飘飘凌云的空中楼阁"，就是中国诗给外国读者的一般印象。

很显然，①②两段是不能分开的，是一个结构严密的整体，属于文章的引论部分，提出并回答了什么是中国诗的一般印象。第二部分是文章的本论，回答为什么中国诗歌会给人这样的印象。这是由中国诗歌的基本特征所决定的。第三部分是文章的结伦，提出了作者对中西方诗歌的根本观点，即中西诗在本质上是相同的；同时表明了作者写作本文的针对性：反对西方文化本位。这三个部分既环环相扣，又独立成章，清晰地表明了作者的观点和写作思路。

二、中国诗究竟有哪几个最基本特征？

对中国诗基本特征的理解，也是说法不一。有人认为中国诗的基本特征包含：具有抒情性，篇幅短小，富于暗示性，笔力轻淡，词气安和。（此观点见百度百科）还有人将"社交诗多，几乎没有宗教诗"也列为中国诗的基本特征之一。这样的理解确实有点牵强附会。

中国诗具有抒情性，这是作者为了回答什么是中国诗的一般印象，针对诗歌的发展、分类及中西诗歌的异同而言的，属于文章的第一部分的内容。而且作者着重论及的不是中国诗歌的抒情性，而是中国抒情诗先于史诗和戏剧诗而产生。

文章的第③自然段，确实论及中国诗篇幅简短的特点，但作者却将重点放在中国诗为什么简短上。中国诗里一字不许两次押韵的格律要求限制了中国诗的篇幅，诗歌的行数、字数及其他形式要求也限定了中国诗内容的表达和篇幅的延长，就如作者所说"假如鞋子形成了脚，脚也形成了鞋子"。精妙的比喻，透辟地论述了中国古诗形式对内容的限制作用。中国诗篇幅短小，是本段论述的第一层，但论述的重点还在后面，"中国诗人只能算是樱桃核跟二寸象牙方块的雕刻者"，因此他们要在有限，即"易尽"里追求"无垠"。这是第二层，谈中国诗人的艺术追求，它使中国诗具有"一般西洋读者所认为中国诗的特征：富于暗示"。当诗歌的外延受到禁锢时，中国诗人着力在诗歌的内涵挖掘，开拓

——在诗歌的含蓄暗示性上下功夫。所以说，文章的第③自然段是用来说明中国诗富于暗示性原因：一是中国诗篇幅简短，二是中国古诗人的艺术追求。

中国诗的第一个基本特征是富于暗示性。这是③④⑤围绕论述的中心。只要我们尽心阅读，就会找到第二个特征，第⑥自然段起首一句："西洋读者也觉得中国诗笔力轻淡，词气安和。"这里"也"字表承接，与前面中国诗的第一个特征相照应。中国诗较之西洋诗"比重"轻，就"好比蛛丝网之于钢丝网"。"西洋诗的音调像乐队合奏。而中国诗的音调比较单薄，只像吹着芦管。"为什么？作者说"这跟语言的本质有关"。这个结论还开启了第二个原因，紧接着作者又以"何况中国古诗人对于叫嚣和呐喊素来视为低品的"进行论述，其中"何况"表递进。为什么呢？因为这与中国古诗人的素质有关，此为原因之二。不仅如此，作者还对中国古诗人进行了三个层次的延伸评价：一是他们视叫嚣与呐喊为低品的，二是他们有凌风出尘的仙意，三是他们能听得见诗中所表现的良心的声音。于此可见文章论述之层次严谨。

本文所论之中国诗只有两个基本特征，绝没有第三个或其他什么特征。如果我们把这两个基本特征的论述思路做一梳理和归纳，不难发现：前一层论述特征一，先说明原因，再归纳基本特征，并加以解说，然后举例具体分析，最后明确指出中西诗都以一种惊人相似的疑问式来表现诗人"深挚于涕泪和叹息的静默"——情感。后一层论述特征二，先概括说明基本特征，再分析其中的原因，然后用列举和对比的方法分析欣赏，最后归纳中西诗"不但内容常相同，并且作风也往往暗合"。这两个特征的论述在思路上是一致的，目的只有一个，为后面所得出的结论服务，即通过这样的分析与归纳，水到渠成地得出全文的观点：无论在形式还是内容上，中西诗歌在本质上是相同的。

三、钱先生对中国诗持有怎样的态度？

在谈到"一个印度愚人要住三层楼而不许匠人造底下两层"时，有人认为："作者以此作喻，批评中国的艺术和思想体构缺乏严密的逻辑性。这个批评是相当尖锐的，比喻中透出了强烈的讽刺意味。"首先这里说比喻，不确切，应该是一种类比。我想钱先生这"强烈的讽刺意味"是针对中国诗，还是中国艺术和思想呢？如果真是这样，那么钱先生对中国诗乃至中国文化就是心存厌恶的。所以我们就要想一想作者对中国诗乃至中国文化等持有怎样的态度呢？

鲁迅先生说："批评必须坏处说坏，好处说好，才于作者有益。"（《我怎么做起小说来》）当然也于批评和批评者有益。文章第②自然段末有这样一句话："这因为中国人聪明，流毒无穷地聪明。"有人说"'聪明'一词是反语，是没有掌握艺术创作规律只凭臆断从事的思想方法。所谓的'聪明'不过是自欺欺人。"（见百度百科）这解说可以说是对中国古诗、古人唯我论的攻击和谩骂。笔者认为，这里的"聪明"不是反语，是对中国诗在没有史诗和戏剧诗的前提下，就产生了至善至美的抒情诗的褒扬和肯定。而后一句中的"流毒"确实含有贬义，是束缚、影响的意思。意味着中国诗的这种"聪明"严重影响并束缚了以后中国诗的发展，即指中国古诗所追求的格律上的要求，限制了中国诗歌的篇幅，影响了中国古诗的发展。但另一方面，也开启了中国古诗人在"易尽"里追求"无垠"的先河。作者说："简短的诗可以有悠远的意味，收缩并不妨碍延长，仿佛我们要看得远些，每把眉眼颦蹙。"在这一句话中，我们可以静静地品味钱先生对中国诗，乃至中国文化的情感态度，其中无不包含着作者对民族文化的自豪感。

首先，作者对待中西诗歌的态度是客观的、具体的。"中国诗里有所谓'西洋的'品质，西洋诗里也有所谓'中国的'成分。"这是符合文学的认知规律和评价标准的。"贵国爱伦·坡的诗法所产生的纯粹诗，我们诗里几千年前早有了。"西方现代诗歌才运用的表现手法，在中国古诗中已是千年传统了，暗含了先后流变的观点。当然作者也没有唯我独尊的盲目自大。

以上列举的是钱先生对待中国古代诗歌和文化的态度。其次，我们来看钱先生对人的态度。文章的第①和第⑥⑧自然段作者论述了对人的态度。第①自然段作者说："具有文学良心和鉴别力的人像严正的科学家一样，避免泛论、概论这类高帽子、空头大话。他会牢记诗人勃莱克的快语：'作概论就是傻瓜。'"这就使人不禁猜想：谁在作"概论"？当然是外国人。那么谁是傻瓜，也就不言而喻了。第⑥自然段，作者又说："何况中国古诗人对于叫嚣和呐喊素来视为低品的。"这又涉及关于人的素质和品质的问题。中国古诗人"斯文"，说的话是文明人的谈话，不是演讲，也不是"野蛮犬吠"；"中国诗人狂得不过有凌风出尘的仙意"；而外国诗人则"有拔木转石的兽力和惊天动地的神威"。最为经典的是"良心"使用，在第①自然段用"文学良心和鉴别力"来谈文学评价的审美标准。而在第⑥自然段结尾作者说："像良心的声音又静又细——但有良心的人全听得见，除非耳朵太听惯了麦克风和无线电或者……"这已经纯乎针对人了。我们不妨让学生学着补足省略号的内容——"没良心的人"。细细品读这些话，我们就会发现钱先生语言幽默犀利的特点。先生批评和嘲讽的对象，不是中国古诗人，而是那些作概论的没良心的"傻瓜"。

最后，我们来看作者写作这篇文章的针对性。钱先生是一位对中国文化有着深厚情感的人，也是一个心灵静默的人。他能敏锐地捕捉生活中的瞬间闪光，并把它用形象的说法表达出来。中国诗就是诗，就好比人就是人，不论其国别。
"《红楼梦》的'西洋花点子哈巴狗儿'，这只在西洋就充中国而在中国又算西洋的小畜生，该磨快牙齿，咬那些谈中西本位文化的人。"行文至此，我们可以领会作者的写作意图，即文章的针对性，就是反对西方本位文化。鲜明的立场，分明的情感，足以说明钱先生对中国古诗人、中国古诗歌乃至中国文化思想的情感态度。

当语文遇上 STEAM 教育理念[*]

——探究新课改背景下语文教学的现代性

"跨学科学习本是人类的一种古老的学习方式，然而在新的历史时期，重新被赋予新的教育价值和意义而成为新颖的学习方式。"[①] 在教育改革的背景下，随着信息时代技术的进步，各类学科趋于综合表现形态的变化，而生成跨学科学习的教育理念，由此产生相对完善的 STEAM 教育理念。

2009 年，美国政府开始提出教育改革方案，STEM 教育模式应运而生。但随着教育改革的深入，研究者们逐渐发现以科技工业为重心的 STEM 教育不能满足教育对创造力和原创力的培养，于是由 STEM 转化为 STEAM。"STEAM 即科学（science）、技术（technology）、工程（engineering）、艺术（arts）、数学（mathematics）的缩写。"[①] STEAM 教育强调跨学科和整合性，开展 STEAM 教育，有助于提高学生的创新能力，对于传统课程教学的设计具有巨大的启发意义。

一、STEAM 教育理念对语文教学的启发

传统的语文教学，在教学形式上，主要是教师充分利用课堂时间向学生讲授知识；在教授内容上也是相对独立的听说读写的训练，学习内容较为单一。随着新课标的制定、课程改革的不断深入，语文教学更加注重以学生为主体，充分利用课内、课外调动学生的学习兴趣和课堂的参与度。但由于种种原因，对于高中的语文学习，许多基础薄弱、对语文学习缺乏兴趣的同学，在语文课

* 本文作者：曹帅。

① 陈怡倩. 统整的力量：直击 STEAM 核心的课程设计［M］. 长沙：湖南美术出版社，2017：6.

① 陈怡倩. 统整的力量：直击 STEAM 核心的课程设计［M］. 长沙：湖南美术出版社，2017：244.

堂上的表现仍然不尽如人意。随着现代教育对创新人才的呼唤，基于 STEAM 教育的课程和教学成为培养创新人才的有效途径，语文教学与 STEAM 教学相融合为传统语文教学提供了有益的范式。

二、基于 STEAM 的语文教学案例和设想

"高中语文新课标要求语文课要加强与社会发展、科技进步的联系，加强与其他课程的沟通，以适应现实生活和学生自我发展的需要，使学生掌握语言交际的规范和基本能力，并通过语文应用使学生养成认真负责、实事求是的科学态度。"STEAM 所传递的跨学科领域强调教学内容的多元角度，就是要打破单一学科、单一领域的框架，不仅有助于学科学习效率的提高和效果的显现，更有助于系统性的思维的养成。因此，在具体的教学实践中，基于 STEAM 理念的语文教学有几个维度的实践和设想。

（一）语文教学与美术的融合

卡夫卡的小说《变形记》被称作表现主义文学的代表，选自北京版高中语文实验教材必修五第二单元。这个单元的教学重点是"表现与讽刺"，即通过课程的讲授让学生理解表现主义文学的特点。在讲授《变形记》时，由于学生对于西方表现主义的特点不甚了解，如果直接进入课文，学生不能充分理解小说的思想内容和艺术特色，更无法感知其表现主义特色，因此，在讲授课文前，将西方表现主义美术作品的欣赏融入语文课堂作为导入环节。

设计为学生展示蒙克的画作《呐喊》，学生描述画面并交流观看的感受，当学生体会到不安、焦虑、恐惧的时候，使学生明确了表现主义艺术的特点，即强调主观感情和自我感受，强调主观至上，否定客观现实，反对艺术的目的性。带着对表现主义直观的认识再进入小说文本，对表现主义作品《变形记》的写作特点会有更为深入的理解。

（二）语文教学与音乐的融合

在传统的语文教学中有时也需要音乐辅助教学，如配乐朗诵。但在 STEAM 理念下的学科融合则不仅止于此。先秦时期的很多诗歌作品都是诗、乐、舞的结合，汉乐府更有以唱和诗的传统，因此在讲授《诗经·秦风·蒹葭》的时候可以采用歌唱的形式代替诵读，用鲜活的音符传唱文学经典。

苏轼的《前赤壁赋》的教学重点是品味诗歌中的语言之美，体会其中的情景交融。辞赋的第一部分呈现了"清风徐来，水波不兴"，"月出于东山之上，徘徊于斗牛之间。白露横江，水光接天"的悠然美景。为了培养学生运用优美的语言描述景物意象的表达能力，授课前设计制作一段音像视频，画面为清风

明月中苏子与客泛舟赤壁江面，为了让学生更好地体会此时苏轼的情感，从几首背景音乐中截取几段旋律加以整合，作为画面的背景，为这清冷的月夜增添几分韵致，对学生的景物描述起到了极大的启发作用。

（三）语文教学与历史的结合

所谓"知人论世"，任何一篇文章的产生都无法脱离其创作背景，特别是古典和现代文学经典更离不开其特殊的历史和政治语境。为了理解作品，甚至是读懂作品，必须了解其历史背景和演变历程。

南宋词人辛弃疾素有"掉书袋"之称，词作中善于用典，读懂他的词作需要大量历史典故的积累，他的《永遇乐·京口北固亭怀古》尤甚。短短数行就包含着"孙权继位江东之主""南朝宋武帝刘裕两次北伐收复失地""宋文帝刘义隆北伐遭到重创""霍去病远征匈奴""拓跋焘南下""廉颇老矣"等多个历史典故。在进入词作之前，先要把这些历史史料提供给学生，同时结合词人创作时南宋特殊的历史背景，才能更好地理解辛词所要表达的内容。

另如，讲授陶渊明的《归去来兮辞》和《归园田居》的时候，同学们对陶渊明"性本爱丘山"的理想与多次出世为官的行为矛盾产生质疑，如果单纯介绍东晋官场黑暗，同学们并不能够信服，于是需要结合东晋特殊的历史背景以及当时社会的门阀制度进行剖析，同学们不仅印象深刻，而且对于陶渊明人生选择的理解也会更为深刻。

（四）语文教学与数学的结合

语文和数学看似南辕北辙的两个学科，在统整理念的影响下，仍然可以实现科学的结合。事实上，在日常的语文教学中，随处可见数学内容和数学思维的参与。例如，日常教学中的病句练习，在语言表达中"减少"不能与"成倍数"结合即是运用了数学知识。

记忆力的养成和学习成效存在极大的关联。与数字相关的诗歌最容易记忆，如宋代诗人邵雍的《一去二三里》："一去二三里，烟村四五家。亭台六七座，八九十枝花。"随着数字的顺序，脑海中烟雾缭绕的景致便依次呈现；又如讲授诗歌《白头吟》时，必然绕不开西汉文学家司马相如，《凤求凰》，"当垆卖酒"这些千古佳话；卓文君创作的数字诗："一别之后，两地相思，只说是三四月，却谁知五六年，七弦琴无心弹，八行书无可传，九连环从中折断，十里长亭望眼欲穿，百相思，千系念，万般无奈把郎怨……"让后世读者读到了卓文君的情深一片，更看到文君的咏絮高才。可见，在语文教学中杂糅数学知识则会事半功倍。

（五）语文教学与科学、技术的结合

在科技导向的新时代，语文课堂也在日新月异的科技新知与传统文化之间寻求和谐与平衡，在日常教学过程中，多媒体、网络、iPad、VR 等科技手段或产品已经走进语文课堂，成为激发学生学习兴趣，提高学生课堂参与度，提升语文课堂与多学科融合质量和效率的有效方式。

讲授《前赤壁赋》时，为了导入文章对清风明月之境的描写，课前利用网络技术制作 PPT 页面，为学生介绍山东泰山石崖上的刻字，以及郭沫若对其的妙解，并用 PPT 手段合成文字"风月"，取其意"风月无边"，由此导引出本课的讲授内容。在这里运用的科技手段对课堂内容的呈现，尤其是课堂效果的营造起到至关重要的作用。

在讲授老舍的话剧《茶馆》时，为了让学生更深入地理解剧中的人物形象，体会老舍所传达的历史思考，在学习讲授之余，教师会组织学生进行课本剧的表演。期间为了让学生回味与揣摩自己的表演，也为了留下同学们美好的青春回忆，在表演的过程中会用摄影机进行拍摄，不仅仅是录制的过程，包括后期的剪辑、合成和制作都包含了科技常识和手段，正是有了这些学科知识的辅助，语文课堂才会日益丰富、充实和鲜活。

此外，语文还可以与政治、物理、化学和生物等多个学科交叉融合。跨学科的教育理念引导学生进行综合性的探究、批判和创作，也让学生的知识结构更加完整。

三、任课教师的使命与责任

"问渠那得清如许？为有源头活水来。"跨学科教育理念的引入在给教育改革带来新的方向、给语文教学带来新的启示的同时，也给任课教师留下了崭新的课题。教师为了更好地承担新课程，更好地接受新理念，必须自觉地进行自我完善，不仅要对本学科的内容做好坚实而精深的探究，更要对其他学科进行广泛的涉猎，不断地提升自身学养，不断完善知识架构。

在 STEAM 理念的影响下，未来的课堂也许将会不局限于某一学科，而是多学科教师为某一个项目目标共同授课，分工协作。这不仅需要教师们加强自我素养的提升，更需要转换角色，作为一名引导者布置任务、激发兴趣、指导探究。开展 STEAM 教育是培养综合型人才的趋势，在对新教育理念的探究与应用的道路上，我们任重道远，不会停歇！

基于项目的"登高诗"单元教学设计[*]

一、教学设计要求

（一）指导思想与理论依据

2017 版《普通高中语文课程标准》中指出：要"传承文化。通过学习运用祖国语言文字，体会中华文化的博大精深、源远流长，体会中华文化的核心思想理念和人文精神，增强文化自信，理解、认同、热爱中华文化，继承、弘扬中华优秀传统文化和革命文化"。

《普通高中语文课程标准》第四部分"学习任务群"之"文学阅读与写作"的"教学提示"中指出："运用专题阅读、比较阅读等方式，创设阅读情境，激发学生阅读兴趣，引导学生阅读、鉴赏、探究与写作"；第五部分"学业质量"水平 5："在鉴赏活动中，能从不同角度、不同层面鉴赏文学作品，能具体清晰地阐释自己对作品的情感、形象、主题和思想内涵、表现形式及作品风格的理解。能比较多个不同作品的异同。"

语文学科核心素养：

1. 语言建构与运用：能将具体的语言作品置于特定的交际情境和历史文化情境中理解、分析和评价。

2. 思维发展与提升：能在阅读与鉴赏、表达与交流、梳理与探究活动中运用联想和想象，丰富自己对现实生活和文学形象的感受与理解，丰富自己的经验与语言表达；能够辨识、分析、比较、归纳和概括基本的语言现象和文学形象，并能有依据、有条理的表达自己的观点和发现。

3. 审美鉴赏与创造：能感受和体验语言文字作品所表现的形象美和情感

---

* 本文作者：孙洁。

美，能欣赏、鉴别和评价不同时代、不同风格的语言和文学作品，分析其思想情感和语言特点，具有正确的价值观、高雅的审美情趣和高尚的审美品位。

4. 文化传承与理解：能关注并积极参与当代文化传播与交流，在运用祖国语言文字的过程中，提高自己的文化自觉，初步形成对个人与国家、个人与社会、个人与自然关系的思考和认识，树立积极向上的人生理想，增强为民族振兴而努力的使命感和社会责任感。

（二）教学背景分析

1. 学习内容分析：北京版必修二《登高》是唐代伟大诗人杜甫丁大历二年（767）秋天在夔州所作的一首七言律诗。全诗通过登高所见秋江景色，倾诉了诗人长年漂泊、老病孤愁的复杂感情，慷慨激越、动人心弦。杜甫一生写了50多首登高诗，成就很高，而我国古代已经有"登高诗"这一诗歌题材，所以，有必要设计一个"登高诗"的项目式单元学习，了解杜甫的情怀与登高文化。

2. 学生情况分析

（1）对杜甫生平的了解：基本了解杜甫所生活的历史时期和在文学史上的重要地位，但对杜甫的思想和仕途受挫的经历并不很了解。

（2）对杜甫诗歌风格的了解：对总体风格有了解，但阅读量不够。

（3）对杜甫诗歌思想内容的了解：对忧国忧民情怀有一定了解，但对杜甫思想的发展了解不够。

（4）诗歌鉴赏能力：学生能从写景的角度鉴赏诗句，但缺乏从炼字的角度分析诗歌的语言及其所蕴含的思想情感的能力。

（5）对诗歌的兴趣：班上四分之一的同学语文基础较好，但也有一部分较差，但语言的感受能力较强，普遍喜欢朗读，能够入境。

综合以上情况，有必要通过项目式学习，运用专题阅读的方式，让学生全面了解杜甫生平，了解其思想情感的变化，了解"登高诗"这一诗歌题材，使学生提高古诗鉴赏能力，激发对经典的热爱，获得人格的力量及思想的成长。

3. 教学方式与教学手段说明：采用小组分工合作学习的方式，有利于学生畅所欲言；采用小组间汇报同一首诗的方式，有利于归纳诗歌相同点，辨析不同点，激活学生思维，形成挑战性。

4. 技术准备：多媒体、PPT

5. 教学资源

杜甫生平概况

冯至《杜甫传》节选（"长安十年""流亡""侍奉皇帝与走向人民""成都草堂""夔府孤城"等）

"搜韵"诗歌地图

6. 前期学习状况

学生研读杜甫诗选，通过解读标题、诗句等进行感知、理解，想象和再现诗歌的意象、意境；同时运用圈点勾画批注的方式，留下阅读、理解、思考的痕迹。诗歌有：《望岳》《春夜喜雨》《秋兴八首（其一）》《茅屋为秋风所破歌》《咏怀古迹》《春望》《月夜忆舍弟》《登岳阳楼》《登楼》。

7. 问题及对策：一节课的时间如何去让学生对登高诗有所认识，这必须是在鉴赏诗歌的前题之下，而且要注重中华优秀传统文化的传承问题。开始选了杜甫的5首诗来认识杜甫的登高诗，后来考虑到一节课的容量与学生的学习负担，又精选了其中的3首，即杜甫早期登高诗《望岳》，晚期登高诗代表作《登岳阳楼》，与本首《登高》形成一个专题。

（三）教学任务

任务一：了解登高诗的源头及登高文化。

任务二：选取杜甫有代表性的登高诗作，从景物特点与情感角度进行赏析，提高诗歌的鉴赏能力和审美能力。

任务三：体会杜甫登高诗思想变化及精神内涵，促进思维发展与提升，感受传统知识分子忧国忧民的情怀，激发对中华优秀传统文化的热爱之情。

任务四：以"杜甫，我想对你说"为题写一段抒情文字或一首诗歌（古诗、新诗皆可）。

任务五：选择古诗的一个题材进行专题研究，可以从内容、特点、诗风等多个角度进行。

（任务四与任务五持续到课后的两个星期内完成）

教学重难点：体会杜甫登高诗的思想变化及精神内涵，感受传统知识分子忧国忧民的情怀。

（四）教学过程

1. 设置真实生活情境

师：同学们都有过登高的经历吧，登高给你感触最深的是什么？

生：一览众山小。

生：凉。

生：宠辱偕忘。

师生齐背"登斯楼也，则有去国怀乡，宠辱偕忘"。

师：大家知道吗，杜甫是我国古代第一位大规模、集中书写登高之作的卓越作家，他写作了一千多首诗，登高诗不下五十首。且佳作颇多，堪称精品。

登高言志是儒家传统,孔子登东山而小鲁,登泰山而小天下。《汉书·艺文志》记载:"登高能赋可以为大夫。"学登高不可不知杜甫的登高诗,学登高不可不了解杜甫登高诗的特点。那么今天我们来选几首他不同人生阶段的代表作,青年时代的《望岳》、古今七律之冠的《登高》和晚年代表作——盛唐五律第一《登岳阳楼》做个专题研究。

2. 分配任务

我们已经让大家预习过,现在我们从景物特点、寄寓情感两个角度,赏析这三首登高诗,请组长组织组员填写在表格中。组内要各司其职:探究者、书写者、发言者、辩论者。如果意见不一样进行辩论。发言者任务稍重,先有感情地朗诵,然后对观点进行阐释,语言要简练。汇报内容如有与前一组相同之处,不再重复。

时间关系,因为我们在下面已经完成了三首诗的赏析,第一、二组负责第一首,三、四组负责第二首,五、六组负责第三首。时间5分钟。

学生分小组讨论5分钟。

3. 学生展示

师:由同学们汇报。先朗诵,后面组汇报时,相同意见不说,只说不同的。

生:朗诵《望岳》。首联"青"字写出泰山郁郁苍苍,"未了"写出山际无边,非常辽阔,诗眼在第二联的"钟"上,"阴阳"句泰山的高耸,一面像是白天,一面像在晚上。颈联和尾联写站在极高处远眺,凌驾云霄之上,体现出他的抱负,有壮志凌云的感觉。也体现他对未来充满希望,及其乐观的心态。"一切景语皆情语",虽然落第,但仍有较高的政治抱负,心态比较乐观,特别是最后一句更体现出这一点。

师:用几个词概括一下。

生:景物特点是郁郁苍苍、壮阔,寄寓情感是壮志凌云、心态乐观。

师:为什么落第还壮志凌云?

生:有不服输的心态。

师:注意到材料里提供了什么创作背景?开元年间,是什么时代?

生:开元盛世。

师:那是国运兴盛、任用贤明的时代,所以觉得自己有希望。朗诵得很好,分析得很具体。

第二组:学生朗诵。

生:我们组觉得景物还可以用视野宽广形容。站在齐鲁之外,站在山顶上,看到泰山的远景,环视各个角度,看到云、鸟等。

师：景物是雄浑开阔。情感是什么呢？

生：表现了对泰山景物的赞叹。描写得这么生动具体，说明对自然有热爱之情。最有名的句子"一览众山小"写雄壮的心态。

师：钟是钟爱之意，也说明他很爱泰山，不然不会写这首诗了。还有"决眦"怎么理解？

生：把眼睛瞪得要裂开。

师：为什么会这样呢？

生：想看清楚。

师：鸟入深山，一直在看，所以"决眦"，也说明喜爱。我的提问为你来作注了。诗除了从景物特点、寄寓情感分析，还可以从时代前景、艺术手法来分析，这是综合的。因为时间关系我们只能挑这两个角度，实际上分析诗是综合来看的。

第三组：学生朗诵。

生：我们从意象入手，风、鸟、天、落木、长江等写哀伤。再看写作背景，当时是767年，安史之乱结束四年，他离开了杜甫草堂，身体非常糟糕，非常孤单。"万里"两句写羁旅悲伤，年龄增大，亲人去世，朋友离散，疾病缠身，也侧面写出了壮志未酬和悲伤的情感。

师：景物是哀伤的，情感是壮志未酬的。

第四组：学生朗诵。

生：景色特点通过天高风急猿声体现出萧瑟，空旷寂寥。

师：怎么看呢？

生：猿声切悲凉。

师：天是高的，风是急的。

生：所以是空旷寂寥的。还有百年多病独登台，暮年多病，写他的老病孤愁。

师：好，这是你增加的，还有吗？

生：连酒都喝不了了。

师：其他组有无补充？

生："常作客"写他思乡的感情。

师：杜甫一辈子都处在颠沛流离的状态中。我们看颔联中"滚滚"给你什么感觉？有活力。那这不是矛盾了吗？

生：应该是体现了自然的壮阔，而且是亘古不变的，就反衬出自己的渺小。

师：说的有没有道理？有。那么我们怎么读这两句呢？还有无其他想法？

生：这句应该是与国家的命运有关，国家命途多舛，看到长江奔涌流淌，更难过了。

师：所以尾联"艰难苦恨"写了多重意思。自己与国运的艰难。在古诗词中，水有多重意思，比如"仍怜故乡水，万里送行"；再如"问君能有几多愁，恰似一江春水向东流"表示哀愁；还有"子在川上曰：逝者如斯夫"，这里可不可理解为时光不停流逝，自己也已老迈孤愁，可不可理解国运和自身命运的颠沛流离，壮志未酬，他的愁苦在眼前一帧帧闪过。请大家一起朗诵，体会他这种复杂的情感。

第五组：学生朗诵。

生：景物特点是：洞庭湖水势浩大，表现宏伟壮丽。背景是国运艰难，杜甫也是年老体衰，漂泊天涯，怀才不遇，来到岳阳楼，从而感慨写下这首诗。思想感情是从颈联可看出政治生活坎坷，尾联写眼睁睁看着国家离散而无可奈何，一腔热忱，但无处报国的情感。

师：再概括一下他的情感。

生：怀才不遇与报国无门的凄凉。

第六组：学生朗诵。

生：首联"昔"是虚，"今"是实，有今昔对比，现在生活很凄苦，早年有"一览众山小"的抱负而无用武之地。第二联意思是洞庭湖把吴楚分开，星月映在湖水上，有壮阔浩渺的感觉，以景言情表现情感，第三联自己老病孤独，身世坎坷，联系到国家，他有悲悯天下的情感。所以看似写水的宏大横无际涯，实际是寄寓自己胸襟博大，悲悯天下的情怀。所以景物是壮阔是宏大，浩浩荡荡，寄寓情感是悲悯天下，心系国家安危。

师：我们分析几个字再来体会一下。首联读时有何感受？觉不觉得有点平淡？《诗经》"昔我来矣，杨柳依依，今我来思，雨雪霏霏"，写一个战士春天离开家乡，冬天回到家乡，为什么回来时写这个场景？

生：因为家人都已离开了他，他一个人孤单地回来，很凄凉。

师：那时通信不发达，也许他并不知道家人离开了他，但对家的向往支持着他能够走回自己的家乡。昔今写的是时间的流逝，而且家的温暖一直支撑着他走回自己的家乡。洞庭是古代常见的意象，祖国美好的山川在他心里有美好的印象。第二联"坼"把吴国和楚国分裂开，两个国家的分裂，知人论世，想到国家的分裂。"日夜浮"有"浮动"之意，想到什么浮动呢？

生：身世。

师：牵挂的是国家的命运。

师：为什么一而再、再而三去登高？反复借登高来抒发他的情感呢？

生：登高是常见的抒情手法。天地广阔，人渺小，由景来生情。

生：站得高可以看得更远，他非常热爱自己的国家。

师：老杜一生颠沛流离，个人的境遇非常糟糕，可是一如继往的却是那颗时刻关怀国家和人民命运的心，这一点真的是十分可贵的。他总能忘却自己的不如意，而去悲悯国家命运的衰微、人民生活的艰难。一般我们如果遇到不顺心的事，可以一天都不高兴，很难再去同情别人。老杜却能超越自身的情怀，真的是难能可贵。他在当时，身边只有孤舟相伴，一生未忘怀的永远是忧国忧民的情感，这是一种优秀的民族情感，千百年来中国知识分子在精神上已经对它一脉相承。

4. 教师小结提升

杜甫的三首登高诗，展现了当时国家命运的变化，我们在诗歌中看到盛唐走向没落，看到年轻的杜甫走向衰老，但始终不变的是他忧国忧民的情怀。

而"登高诗"已经成为文人墨客常常用来抒情的一种文学题材。第一可以展示政治抱负。如曹操《观沧海》："东临碣石，以观沧海。水何澹澹，山岛竦峙。……日月之行，若出其中；星汉灿烂，若出其里。幸甚至哉，歌以咏志。"再如王安石《登飞来峰》："不畏浮云遮望眼，只缘身在最高层。"第二可以排解怀才不遇，壮志难酬的身世之悲。如李商隐《登乐游原》："向晚意不适，驱车登古原。夕阳无限好，只是近黄昏。"陈子昂《登幽州台歌》："念天地之悠悠，独怆然而涕下。"杜甫《登岳阳楼》："戎马关山北，凭轩涕泗流。"第三，它可以抒发乡思离愁。在此，登高已经成为一种登高文化。

漫漫的登高路途中，永恒的求索之路上，体现出的是杜甫这样的知识分子们强烈的社会责任感、深广的忧患意识，这些情感特质照亮了无数处在沉沉暗夜中仁人志士的心灵，已经成为中华民族几千年民族性格的重要组成部分和光辉写照。这也启示我们，只有热爱自己的祖国，具有阔大的胸襟气度，将祖国的命运与自身的命运联系起来，才会使人生的境界更加高远，才能够成就伟大的人格。

5. 继续完成的任务

（1）以"杜甫，我想对你说"为题写一段抒情文字或一首诗歌（古诗、新诗皆可）。

（2）选择古诗的一个题材进行专题研究，可以从内容、特点、诗风等多个角度进行。

板书设计：　　　　　　　　　　　登高

　　　　　　　　变　　　　　　　　　不变

　　　　　　　　国运　　　　　　　　忧国忧民的

　　　　　　　　际遇　　　　　　　　情怀

项目式学习在语文教学中的运用[*]

　　语文课程标准中提出了"综合性学习"的要求，目的是为了加强语文课程内部诸多方面的联系，加强与其他课程及与生活的联系，促进学生语文素养全面协调地发展。也就是说，语文综合性学习包含着这几个方面的联系：第一，语文学习应注重听说读写的相互联系。第二，注重语文与生活的联系。第三，注重知识与能力、过程与方法、情感态度与价值观的整体发展。综合性学习既符合语文教育的传统，又具有现代社会的学习特征，有利于学生在感兴趣的自主活动中全面提高语文素养，有利于培养学生主动探究、团结合作、勇于创新的精神，应该积极提倡。

　　语文综合性学习与项目式学习有很多共通之处，项目式学习是一种以学生为中心的教学方法，它提供一些关键素材构建一个环境，学生组建团队通过在此环境里解决一个开放式问题的经历来学习。需要注意的是，项目式学习过程并不关注学生可以通过一个既定的方法来解决这个问题。它更强调学生在试图解决问题的过程中发展出来的技巧和能力。包括如何获取知识，如何计划项目以及控制项目的实施，如何加强小组沟通和合作。所以，可以利用项目式学习的方式去进行语文综合式学习。

　　项目式学习将现在教学中较为提倡的小组合作模式发挥得淋漓尽致，小组合作学习不仅能够有效地激发每一个学生的学习兴趣，而且便于他们人人参与、相互激励和共享信息。在小组学习的过程中，教师要放手让学生自己组织、自主探索和研讨，使学生切实处在自主学习和积极交往的状态之中，培养学生自主学习、合作学习、有效学习的能力以及创新意识和创造精神。老师在其中要做的就是充分发挥师生双方在教学中的主动性和创造性，教学中努力体现语文的实践性和综合性，重视情感、态度、价值观的正确导向。

---

　　* 本文作者：江孝阳。

　　我挑选的课题为综合性学习《天下国家》，是七年级下册课本中第二单元后的一个学习活动，这是一次将语文科目与项目式学习相结合的新的尝试。针对这样的综合性课程，我将教学目标定为：第一，积极参与学习活动，理解"天下国家"的含义。第二，能按照"天下国家"的主题要求，利用图书馆和网络等资源检索、搜集资料，并能进行分类筛选和合理使用。第三，在理解作品的基础上，能用一定的提问技巧来让别人了解国家大事；能用一定的表演技巧表现人物精神世界；能用一定的朗诵技巧表达诗歌的情感；能对爱国名言说出自己的理解和体会。之所以制定这样的目标，是因为语文课程标准中提出了"综合性学习"的要求，让学生在感兴趣的自主活动中全面提高语文素养，培养学生主动探究、团结合作、勇于创新的精神。从学生的角度来看，七年级的学生在学习上有一定的独立自主能力，有小组合作的经验，能够将自己作为主体发挥力量。在教材中，这一课属于第二单元后的活动，前两个单元的课文都围绕着爱国主题，由此因势利导，进行了这一活动的设计。此外，结合项目式学习方式将教学目标加以完善。由于项目式学习是一种以学生为中心的教学方法，它更强调学生在试图解决问题的过程中发展出来的技巧和能力，因此，在教学目标中一直强调的都是学生和其技能。

　　教学过程包括以下四个方面：过程准备、课堂展示、答辩阐述以及活动评价。这次综合性学习的时间不仅限于 45 分钟的课堂，还包括前期的所有准备。将"天下国家"这一主题拆分为四个小单元，分别为：开蒙心窍——爱国知识分享会；激发心志——爱国剧本表演会；陶冶心灵——爱国诗词朗诵会；启发心智——爱国名言展示会。全班同学根据自己的特长和兴趣选择相应的主题，根据已经确定选择的同学，权衡他们的能力、水平、态度，再将不确定的同学均衡分配到各个小组中去。任务下发的那个下午，每个小组就自发地及时地建立了自己的微信群，推选了组长，组长在群内分发了任务，小组成员各自认领自己擅长的部分。

　　每一小组的主题阐述可分为过程准备与结果展示两个部分，其重点在于前期的准备过程。

　　第一小组，爱国知识分享会的准备过程包括：做事认真细致的同学负责搜集国家发展过程中的重大事件和相关图片；擅长计算机的同学负责搜集、剪辑音频和视频；思维比较活跃的同学根据搜集到的相关资料筛选出典型的事件，据此设计问题；文笔较好的同学写一首小诗或者一篇小短文作总结。最后将这些文字、音频及视频制作成PPT，加上主题。课堂展示那天第一小组以"一步一个脚印"的主题向同学们展示了新中国成立后祖国的飞速发展。用到图片、音频、视频等多种形式向同学发起提问，最后，他们还一起朗诵了一首自己创作的小诗作为总结。

第二小组，爱国剧本表演会的准备过程包括：利用报刊书籍或网络，搜集著名的爱国事迹，建立文档；从搜集来的事迹中选取一个有代表性的故事进行加工改编成小剧本，并拟一个恰切的小标题；根据剧本分配角色，确定演员，进行剧本排练；准备好相关道具和背景。课堂展示那天，第二小组的同学选取了钱学森的归国故事，创作了《钱学森的归国之路》这一剧本，在课堂上用短短的几分钟向大家表演了出来。

第三小组，爱国诗词朗诵会的准备过程包括：分类搜集爱国诗词，有的负责搜集中国古代诗歌，有的负责搜集中国现代诗歌，有的负责搜集外国诗歌；将搜集到的诗词加上自己的设计制作成一本爱国小诗集；讨论诗词的含义，从中选择几首最喜欢的诗词进行朗诵，配上合适的背景音乐；将要朗诵的诗歌和音乐制作成PPT。课堂展示那天，第三小组的同学选择了两首令他们最感动的诗进行朗诵，一首是岳飞的《满江红》，一首是闻一多的《一句话》。

第四小组，爱国名言展示会的准备过程包括：分类搜集爱国名言，按国别和历史时间分类，整理成文档；一起阅读、讨论名言的含义，说出自己的看法，将每个人的解读汇总在一起；每个成员选择其中的一两条名言以书法的形式呈现出来。课堂展示那天，该小组同学上台对自己的书法作品进行了展示。

从准备到展示整个过程中，学生不仅分工明确，而且每一个阶段都有成果。

四个小组展示完毕后，进入答辩环节。一共设计了两个问题：第一个问题为爱国如何从我做起，第二个问题为怎样理解天下国家的含义。其中，知识分享组与剧本表演组分别合作讨论问题一，诗词朗诵组与名言组分别合作讨论问题二。因为前两个小组在搜集资料的过程中接触的是直接的事件，看看他们从这些知识和事迹中得到什么。后两个小组接触的是别人的创作，是间接的情感，看看他们从这样的字里行间中悟到了什么。

最后是活动评价，课前给每个同学发了活动评价表，其中纵向是标准，横向是评分。

对整节课我进行了以下反思：总体来说，这是语文学科结合项目式学习的一次比较成功的尝试。首先，此次活动，从前期的准备到后期的展示完全以学生为主体，学生每一个人都参与其中。他们能够通过小组合作的方式自己计划、自己分工、自己实施，在这个过程中，我看到了他们的沟通与合作能力。他们能够利用自己擅长的才能去解决问题，同时又从自己动手的过程中收获知识、增长能力。而且在老师完全没有参与的情况下，学生所做出的结果出人意料，说明老师要信任学生，给学生机会。

另外，我能看到在这样的学习模式中，他们的主动性与兴趣。从布置任务当天起，他们的兴致就非常高昂，而且一直持续到上课当天都没有松懈，说明他们喜欢自己动手、自己做课堂主人的学习模式。并且每个人都参与其中，就连平时最懒惰最不积极的同学都主动承担了自己的任务。他们想为自己的小组，为这个项目贡献自己的一份力量，这让我既意外又感动。所以我发现，在项目式学习中，能让他们持续到最后的不仅是新鲜的、有兴趣的学习模式，还有责任感，而在完成项目的过程中，又加强了他们的责任感。

此外，项目式学习提倡打破学科的壁垒，进行跨学科融合。这次语文课也极力冲破学科的界限，在学生思维的互动中，这堂课涵盖了信息、历史、书法以及思想品德等各个学科的知识，同时因为学生的才气，又让这节课语文味儿十足。

但不足之处在所难免，它可以引发对以后教学的思考。语文学科的综合性学习活动以及项目式学习的延展性都很强，在课堂上其实还可以往外扩充延展。在以后的综合性学习应该达到这样的目标：老师只给学生主题，学生自己将大主题拆分为几个小的话题，自己分组分工，老师真正从课堂的引导者变成引领者。

尊重个性阅读感受，成就鸢飞鱼跃的审美境界*

——"审美鉴赏与创造"教学实践与反思

新《课标》明确指出：审美鉴赏与创造是指学生在语文学习中形成自觉的审美意识、高雅的审美情趣、高尚的审美品位、正确的审美观念和体验、欣赏、评价、表现和创造美的能力。在新的历史时期、新的教育背景下，语文课堂越来越向尊重每一个学生的独特体验、培养学生感受美、鉴赏美、表达美、创造美的方向发展。

因此，在教学中如何开展专题语文实践活动（项目式学习），引导学生与文本、作者、自我、同伴进行多重对话，在多层面、多维度的对话中提升学生的审美鉴赏与创造能力，显得尤为重要。

一、含英咀华，品词炼意，感受音韵美、意蕴美

《课标》指出：语言文字作品是人类重要的审美对象，语文学习也是学生审美能力和审美品质发展的重要途径。

《课标》突出强调对中国优秀传统文化的继承和发扬，在附录部分有具体体现：在旧版的基础之上把古诗文背诵推荐篇目增加至72篇，在课内外读物的建议中，也强调文化经典著作的阅读；在高中教材中诗歌教学占有较大比重，在教学中如何引导学生读出诗歌字里行间的美？如何让学生在充分诵读后理解文章内涵，品出文章"味道"？如何感受优秀的文学作品都具有的独特的意境？这都是教学中面临的实际问题。

在诗歌教学中我尝试"含英咀华，品词炼意"的方法，开展"吟诵""诗词配画""诗词冷拼会""诗歌鉴赏研究性小论文撰写"等语文实践活动，培养学生的审美鉴赏与创造能力。

---

* 本文作者：王学东。

（一）吟诵感知音韵美

吟诵顾名思义包括两方面：吟指吟咏，即有节奏地浅吟低唱，适合于自我品味诗作；诵指朗诵，即大声诵读，适合于表演，可以加入动作、神态，对诗作进行再创作。学生在出声吟诵，初步感知诗作的基础上，走进文本，将诗歌中的艺术美在脑海中呈现，在声音中传达。正如叶嘉莹先生所说："把作者的感情在读的时候传达出来，设身处地，激昂处还他个激昂，委婉处还他个委婉，诸如此类。"

1. 浅吟低唱感知音韵美，与文本对话

上古时代，人们劳动之余，往往用诗歌来表达思想感情，诗、乐、舞是三位一体的，即诗是边跳舞边唱出来的，正所谓"劳者歌其事，饥者歌其食"。因此，古典诗词音少韵多，并注重平仄押韵。在教学中，我引进古诗词吟唱法，让学生在浅吟低唱中体会诗作的音韵美。

如程颐的《春日偶成》用快读书调吟唱：

2 3　　6 1　|　2 3　　1 ___ |

云淡　风轻　近午　天　，

6 1　　2 3　|　2 6　　1 ___ |

傍花　随柳　过前　川。

6 1　　2 3　|　1 2　　3 ___ |

时人　不识　余心　乐，

2 3　　6 1　|　2 3　　1 ___ |

将谓　偷闲　学少　年。

古诗中叠字和叠词的使用，既能强调内容，又能增强韵律美。如唐代诗僧寒山有诗："杳杳寒山道，落落冷涧滨。啾啾常有鸟，寂寂更无人。淅淅风吹面，纷纷雪积身。朝朝不见日，岁岁不知春。"首联写山水，用"杳杳"，言山路深暗幽远，"落落"，言涧边寂寥冷落；颔联写山中幽静，用"啾啾"鸟鸣反衬"寂寂无人"；颈联写山中气候，"淅淅"微风吹，"纷纷"大雪飘，突出环境的冷峻；尾联写感受，"朝朝""岁岁"显得时间无限延长，不关心春去秋来，加重了感情色彩。这首诗描摹对象，各有侧重；词性不同，繁而不乱；使用叠字，使诗歌感情色彩更浓烈，更富有形式美和音乐美。

2. 诗词配画展现图画美，与自我对话

在经过第一阶段的学生与文本对话后，引导学生将诗作中的画面诉诸线条和色彩，举行"诗词配画"竞赛：一幅"江乡雪景图"：山山是雪，路路皆白，飞鸟绝迹，人踪湮没，远景苍茫，近景孤冷，这是柳宗元《江雪》的画面；一幅"雪中送别图"：一夜雪飘遍地碎玉，满树银装如梨花竞放，塞外风光，开阔辽远，这是岑参的《白雪歌送武判官归京》的景象。我们还举行过"诗歌冷拼会"：几丝黄瓜，半个蛋黄，几缕冰淇淋，再加上几块牛油果皮将"明月夜，短松冈"的意境淋漓尽致地呈现在眼前……

也正因为有了这样的训练，学生每读到写景诗句，就能将文字转换成一幅幅画面，真正体会诗歌的画面美，入境悟情，潜移默化地感受审美教育。这一步就完成了"文本（文字）——学生（感受）——想象——再现"的阅读过程，一方面培养学生品词炼意感受诗词的能力，另一方面有意识地培养学生将抽象思维转化成形象思维，然后再将形象化的画面呈现出来，这一过程是读者对原文本的再创造，体现了个性化的阅读，使学生与文本真正交融在一起。

孔子曰："不读诗，无以言。"读诗可以拓展心灵空间和人文视野，培养健康情趣和人格魅力。高中的诗歌教学，就是要培养学生的人文素养，使学生成为一个真正意义的文化人，或者说具有文化品格的人。因此，吟诵诗作是关键的一步。

（二）精读发现意蕴美

歌德在谈到鉴赏能力培养问题时说过："鉴赏力不是靠鉴赏中等作品而是要靠鉴赏最好的作品才能培养成的……等你在最好的作品中打下牢固的基础，你就有了用来衡量其他作品的标准。"因此，诗歌教学要选读那些意境优美、饱含哲理的诗作才能提高人文素养。因此，教师要通过形式多样的语文实践活动带领学生走进文质兼美的作品，精读经典，品味诗作蕴含的情韵。

1. 撰写意象研究性论文，发现诗歌意境美，提升审美鉴赏力

意象是一个古老的美学概念，也是鉴赏诗歌最基本而又最重要的审美单元。意象是融入了作者主观情感的客观事物，它渗透了作者的审美意识和人格情趣。

为了让学生了解诗歌意象的含义，我们组织了"诗词中的——（具体意象）"研究性学习小论文撰写活动，全班35名同学，一个同学选择一个经典的诗歌意象，探究其具体含义，体会其在不同时代、不同作家诗歌中的含义的演变，从中归纳总结该意象承载的文化、审美含义。

意境是诗人借助于多种艺术手法而创作出来的情景交融、虚实相生、无我同感的艺术境界。简单地说意境是意象的灵魂，可以说把握了意象也就抓住了诗歌的意境、风格及作者蕴含其中的思想感情。在撰写有关意象的研究性论文基础上，对诗歌进行分类精读，在精读中感受意境美。如：学生在精读中体会

到陶渊明的"采菊东篱下，悠然见南山"的平和自然美；张若虚"江畔何人初见月，江月何年初照人？人生代代无穷已，江月年年只相似。不知江月待何人，但见长江送流水"的人生探问和深沉的宇宙意识。都是写友情，李白说"我寄愁心与明月，随风直到夜郎西"，杜甫则是"故凭锦水将双泪，好过瞿塘滟滪堆"。

2. 精选诗作体会理趣美，提升审美辨别力

我国古代有浩如烟海的诗词，其中有不少诗词蕴含了丰富的哲学思想，剖析其中的哲理，有利于激发学生的学习兴趣，增强学习效果。教学过程中，依据认识论、依据学生认识事物、鉴赏古诗的思维规律，注意把握循序渐进和循循善诱两个原则，引导学生真正地精读、体味和深刻领悟。如：宋代的苏轼的"横看成岭侧成峰，远近高低各不同。不识庐山真面目，只缘身在此山中"，此诗告诉我们看问题应多选取角度，因为角度不同，结果也就不同；山中看山，永无全景，非于外观之不可；遇问题不可拘泥、钻牛角尖，也许"旁观者清"。再如，人们熟知的《观书有感》（宋·朱熹）："半亩方塘一鉴开，天光云影共徘徊。问渠哪得清如许，为有源头活水来"；《登飞来峰》（宋·王安石）："飞来峰上千寻塔，闻说鸡鸣见日出。不畏浮云遮望眼，只缘身在最高层"；等等，都以思想的光辉影响后人，千古流传。这些诗词精品，无异于一道道营养丰富的佳肴，可以健体、益智、养优雅之气，育浩然之骨。

【反思】

语文教材是审美的园地，文本中抑扬顿挫的音韵美，或刚或柔、或悲或喜的意蕴美，时刻熏陶感染学生。在教学中创设多种多样的语文实践活动，在活动中调动各种感官，培养学生深入文本感受和品味语言文字所蕴含的音韵美、意蕴美的能力，让学生尽情地体验、欣赏、领悟文字蕴含的美，使学生在真挚高尚的审美情感中得到陶冶，引领他们对人生有更多思考。

《课标》中明确指出：要培养学生"美的表达与创造"，即运用祖国语言文字表达自己的审美体验，表达自己的情感、态度和观念，表现和创造自己心中的美好形象；讲究语言文字表达的效果及美感，具有创新意识，因此不断实践、不断反思，在实践和反思中不断提升审美鉴赏与创造能力。

二、阅读激发问题，问题引领思考，思考凝结体验

审美体验是主体对美的感知和理解的审美直觉，而阅读审美体验则是读者在阅读活动中获得的美的享受和觉察。伴随着阅读活动的深入，阅读审美体验

也会相应地丰富和提升。

阅读审美体验过程是一个循序渐进的动态过程。在阅读活动中个体面对审美对象的审美体验和审美获得会随着文本理解、个人阅历、审美能力的不同而变化。王一川在《审美体验论》中将审美体验分为三个层次："一是过去的历次经验的层次，二是现在的临景感受的层次，三是预构的未来感受的层次。"由此观之，审美体验是具有延展性的认识，是自我确证和发现，是个体与文本的有效对话，更是个体以体验参与的方式进入文本的意义世界，阅读教学课堂实践则通过促进学习者的意义建构来彰显个体的主观能动性和创造性。

整本书阅读，凝结情志，形成独特的鉴赏体验。

《2017 年普通高中语文课程标准》把整本书阅读与研讨作为 15 个学习任务群中的第一个任务群，同时 2017 年高考语文北京卷《考试说明》也对青年学生的经典阅读提出明确要求，将《红楼梦》《呐喊》《边城》《平凡的世界》等 12 部文学作品纳入考试范畴。因此，作为语文教师，采取有效措施进行整本书和群文的阅读推广，营造满溢书香的校园环境，更好地培养学生的阅读兴趣、提高学生阅读能力，激发学生独特审美体验势在必行。

【案例】

在带领学生学习《平凡的世界》时，我设计了题为"一粒沙里看世界 半瓣花上说人情 ——《平凡的世界》精彩瞬间品读"阅读赏析课。教学分为三个环节：第一个环节：个性化阅读生成问题。问题引发思考与再阅读，在不断地阅读与思考中形成个性化的阅读体验，最终形成文字。第二个环节：课堂呈现阅读反思，反思引发争鸣，教师点拨深化反思，引发延伸阅读。第三个环节：以点带面，进行专题阅读，完善个性化阅读体验。

学生关注到的瞬间有：少平第一次揽工搬石头；少平在睡梦中感受到父亲抚摸他的头；向前与金波喝醉酒在风中哭泣；少安给兰香送钱，兰香坚决不接受，少安流下了眼泪；徐国强埋葬老黑猫；兰香收工之后在厕所换衣服；晓霞看到山湾里的坟墓；王师傅为救安锁子献出生命……这些令人感动的瞬间有共同的特征：是困难中相濡以沫的扶助，是对残酷命运的抗争，更是平凡中美好人性的彰显。学生在读文字、读人物中读自己、读人生。

学生的作品汩汩而出：

（一）关于爱情

1. 经历现实的打磨，时事的变迁，留下的往往是人与人之间最真挚的感情，持久的爱情应该是建立在现实基础之上的，在遭遇灾难时，润叶对向前的照顾，向前对润叶的体贴，都促使他们之间爱情的产生。虽然他们经历了许多坎坷，但让他们走到一起的是最真实的生活。

2017 级 6 班吴苏舒

2. 对于向前和润叶，如果说润叶的痛苦是婚礼时众人脸上的笑容，那么向前的幸福就是失去双腿后，与润叶送到嘴边的桔子水一起咽下的泪水。

2017 级 6 班连沛婷

（二）关于磨难

1. 这才是人的一生，幸与不幸相互交织——这才是一个平凡的世界。对于幸，我们要感谢上天并珍惜；对于不幸，我们要不退缩，勇往直前。我想，这就是生在平凡世界中每一个人唯一要做的事。

2017 级 6 班李耘帆（对郝红梅自杀的感受）

2. 生活不能等待别人来安排，要自己去争取和奋斗，不论结果是喜是悲，但可以慰藉的是你总不枉在这个世界活了一场，有了这样的认识，你就会珍惜生活，而不会玩世不恭。同时也会给人一种强大的内在力量。学习也是一样，要靠自己的争取和奋斗，即使没有考好，若我们尽力了，也无所谓。

2017 级 6 班蔡京星

（三）关于真情

1. 只要有真诚存在，美好就不会离开大牙湾。

2017 级 6 班杨慕涵

2. 在一个陌生的地方，受到别人的热情款待，那是再温暖不过的了。作者说得对，我们活在人世间，最为珍视的应该是什么？莫过于温暖的人情。

2017 级 6 班张亦名

3. 少平寄钱的时候是庄严的。庄严代表着为家人着想……庄严代表着成长。

2017 级 6 班吴凯峰

【反思】审美教育是以艺术和各种美的形态作为具体的媒介手段，通过审美活动展示审美对象丰富的价值意味，直接作用于受教育者的情感世界，从而潜移默化地塑造和优化人的心理结构，铸造完美人性的一种有组织、有目的的定向教育方式。语言文字关乎人的价值、情感，是表情达意的媒介，因此，语文教育应责无旁贷地肩负起审美教育的重任。

阅读应该尊重每一个学生的独特感受，无论是文字的意蕴、手法的巧妙、构思的独特、思想的深邃……都能引发学生的共鸣，因此，尊重学生的阅读体验，创设共享平台，设置共鸣的情境，激励学生将思考转化成文字，在阅读、思考、呈现、共鸣、再阅读、再思考、再动笔的螺旋式阅读体验中不断培养、提升、完善核心素养。

综上所述，激发青少年审美情趣，培养其鉴赏美、创造美的能力，是语文课标的要求。而阅读教学为学生的鉴赏美、创造美提供了机会。尊重学生的阅读体验、生活感受，引导学生多角度多侧面感知大自然的美，感受生活的丰富多彩，感悟自然与生活中蕴含的哲思，从而丰富审美积淀，引领学生在文字与生活的海洋中遨游，采撷点点浪花，让"主观的生命情调与客观的自然景象交融互渗，成就一个鸢飞鱼跃，活泼玲珑，渊然而深的灵境"（宗白华），这就是"审美与鉴赏"教学追求的境界。

参考文献：

［1］杨进红．审美体验视域下语文阅读教学研究［M］．桂林：广西师范大学出版社，2015：35.

［2］曹明海．感应与塑造：语文审美教育论［M］．青岛：青岛大学出版社，2000.

［3］朱慕菊．走进新课堂——与课程实施者对话［M］．长春：东北师范大学出版，2002.

创设以学为主体小组合作为辅的语文教学[*]

　　现在的老师不好当，语文老师尤其不好当，谁都可以对语文教学发表看法，谁都可以听语文课后发表一下感言。究其原因，我认为在大家都会说汉语的前提下，语文成绩的提升不像别的学科一样，它需要一个长期的过程。在这个过程中，众多语文教师在课堂上讲得过多，生怕有的知识点没有讲到，遗漏教学要点；语文课堂上学生听得多，教师对学生思维的培养不足。归根结底，语文课堂讲得过多，学生参与过少，学生的思维品质没有得到有效提升！

　　于是，我开始针对所教学生特点，逐渐摸索并设计出提升学生思维品质的问题。每篇课文的教参我是必看的，看的目的是尽量避开这些教学设计，因为学生手里都有教参，有些学生早就看过了。叶圣陶先生说："语文教材无非是例子，凭这个例子要学生能够举一反三，练成阅读和作文的熟练技能。"作为教师就要利用好这个例子，是传授给学生知识，还是讲给学生规律，还是教给学生阅读和写作的方法，还是提升学生的思维品质。这一切都要靠以学生为主体，充分调动学生的课堂积极性。

一、课堂教学注重激发学生思维训练

　　如在讲《殽之战》时，我就设计了这样一个环节："小组长先组织讨论'弦高犒师''皇武子辞客''孟明脱身'三段外交辞令，明确各自鉴赏角度与思路，然后指定每段赏析人，把鉴赏文字写出来，字数300字左右。5个小组间进行PK，进行小组加减分。"鉴赏是思维层面最难的，需要学生之间互相启发、相互交流。从哪些角度加以鉴赏，300字的结构应该是怎样的，语言的呈现应该注意些什么……一系列的问题都要在小组讨论的基础上得以落实，这比教师先指导再鉴赏来得有难度，但是这样的设计锻炼了学生思维的广度和深度，不会

---

　　* 本文作者：伊立君。

让学生陷入思维定式。另外，加入小组间 PK，有助于激发学生的参与热情。现摘选两篇，都是学生课堂所写，质量是非常高的。

"弦高犒师"原文：及滑，郑商人弦高将市于周，遇之，以乘韦先，牛十二，犒师，曰："寡君闻吾子将步师出于敝邑，敢犒从者。不腆敝邑为从者之淹，居则具一日之积；行则备一夕之卫。"且使遽告于郑。（《殽之战》）

学生鉴赏一：论弦高犒师之外交辞令，其言态度谦恭，情理兼备，对秦师礼遇非常；其人见机行事，假意热情周到待客，实则话里有话。"不腆"之词使用得体，不失身份，充分体现其进退有度，对秦师的友好态度。"具积备卫"之言柔中有刚，表面与秦师客套，实则暗示郑国早有绸缪，迷惑性强，使秦军不敢轻举妄动、左右为难。弦高是时市于周，偶遇秦军却丝毫不慌乱，能够以寡君之名，明中犒劳秦军暗地里警示，在含蓄委婉之言中"无意"透露郑国早有准备，虚中有实，实中有虚，营造出不惧强敌的态度。总体而言，弦高犒师之外交辞令处处体现其谦虚的态度及其岿然不动的立场，也表现其作为商人爱国的情怀。

"孟明脱身"原文：公使阳处父追之，及诸河，则在舟中矣。释左骖，以公命赠孟明。孟明稽首曰："君之惠，不以累臣衅鼓，使归就戮于秦。寡君之以为戮，死且不朽。若从君惠而免之，三年，将拜君赐。"（《殽之战》）

学生鉴赏二："孟明脱身"一段外交辞令，语言把控有度，拿捏到位，表现了孟明高超的语言技巧。且看"君之惠……使归就戮于秦"一段，一个"惠"字，既能谢其脱身之恩，不失大国外交之礼数，彰显秦国威仪庄严，又恨其"使归就戮于秦"的奸计，同时笑其放归敌将之愚蠢，言至此，无一"笑"一"恨"仅以"惠"字，力有度而意无穷。且看"寡君之以为戮，死且不朽"，述其归国实况，可为一"死"尔，令阳处父难度"脱身"之正误。而一句"死且不朽"则暗抒胸臆，明复仇之心，却无一复仇之言，语言深厚无穷！且看"若以……拜君赐"得之将走，二提"君惠"，可谓刀刀见血。一个"拜"字，拜恩否？非也！实讽晋君之愚计。却也暗下战书，必将归而灭晋，一人一船走后，余音绕梁，难得其意，若得之，空余一片汪洋而已。人已去，亦已成舟！

课堂小组讨论后，随机指定每个小组的发言人。这样设计的目的就是要让所有学生真正地加入小组讨论中，在小组讨论中，你可以畅谈你的看法，你可以聆听小组成员的想法，无论你是哪一种，都必须把小组成员的意见进行整合，因为你非常有可能代本小组出战，与其他小组抗衡。这样，小组的每一成员，都会非常积极主动，群策群力，达成共识。一般来说，我都采取小组围圈站立进行讨论，随机指定小组长右手边第几位同学回答问题，随机安排出场顺序，只留第一位学生在教室讲桌前回答，其他学生在教室外等候。当然有的时候，也采用都同时站在讲桌前，依次回答，看谁答得又快又好！答得好的同学加分，答得不理想的同学减分。这样学生在参与讨论时，就会倍加认真。下课铃声响后，很多同学都围在语文课代表（语文课代表负责课堂加减分统计）身边，查看自己小组的得分情况。这就充分说明，学生是非常在意语文小组积分的。从中可以看出只要方法对路，学生课堂上积极参与，不会因是高中生就不爱举手回答，而是要想方设法调动学生积极性。

二、课堂教学培养学生质疑精神

培养学生勇于质疑的精神。高中语文选修一《殽之战》中栾枝曰："未报秦施而伐其师，其为死君乎？"先轸曰："秦不哀吾丧而伐吾同姓，秦则无礼，何施之为？"课本第6页注释31："何施，宾语，前置以加强语气。之，助词。为，表示疑问语气。"让学生结合上下文讨论，这个注释对吗？教材这样注释是错误的。对学生而言，他们一般不会认为教材上有错误。其实不然，教材上的错误有时还很多。我会抓住教材上的每一个错误，设计好环节，让学生去发现、去纠正。其实"何施之为"在这里理解为"报答什么恩惠呢！""何"译为什么，"施"译为恩惠，"之"是提宾，不翻译，"为"是动词，译为报答。这种理解和语境更贴合！

这样的设计能够激发学生的参与，能够调动起学生的思维，最重要的是训练学生不迷信教材，要敢于质疑、大胆想象，但不能胡思乱想，要结合上下文合情合理地提出看法。在我的语文课堂上，我所设计的问题都是有一定难度的，这就要求以小组合作为前提，没有充分的研讨，仅凭个人思考回答，困难是比较大的。

三、图书馆阅读课培养学生独到见解

每周一节的图书馆阅读课，学生坐在图书馆里，安安静静地读着《平凡的世界》《红楼梦》《四世同堂》《论语》，等等，光读是不行的，在完成一节课50页量的同时，每位学生要思考自己从哪个小角度切入，谈谈自己本节课最深的感受。第二天上交作业，第三天课上进行优秀作业交流。学生如果没有读进去，没有自己的深入思考，怎能写出独到的文章？吴可在读《四世同堂》71—75章时写过一篇《这四只一共有一百五十多年的手》的文章，非常出色。

这四只一共有一百五十多年的手

吴可

若说本五章（71—75）中最令我难忘的一句，必是那句"四只一共有一百五十多年的手接触到一块儿，两个人了解，原谅了彼此，不由得都落下泪来"。此句中最生动而深刻的，便是"这四只一共有一百五十多年的手"了。

"这四只手"，是祁老爷子与李四爷的手，也是他们情感的最佳载体。面对日本人的到访，祁老太爷握着手迎面对峙。这双手前面，是一位不惧风雨的老人，后面是老人一手扶持的"四世同堂"。老人的手中，攥着的是未曾衰退的力量，正在燃烧的希望与一成不变的责任。这双手已过半百，经历过初创业时的风风雨雨，也感受过儿孙满堂的幸福。面对日本人的要挟，李四爷不得不做了里长这个"伪职"，替日本人来剥削平民百姓。他的手，敲打过每一扇没了门环的大门，收走过每一户家庭中所剩无几的口粮，……十指相合不知道表达了多少次歉意。这双手曾抬过棺材，搬过家具，体验了身体的劳苦，又开始受到心灵的诘责。两双手，各自造就了主人的一生，各自承载着主人的一切。

"一百五十多年"，是小说中少见的清晰数字。他与"很老的""已布满褶皱的"不同，他仿佛在强调时间的意义——瞬息间的永恒。正如书中别处描写祁老人一样——"如同城墙般"——他们都已经老了，很多喜怒哀乐已经在实践中消磨得失了锋丢了芒。老人们再有多大不平，也难保像当年"五四运动"那样喷涌而出了。他们已经变成了只能兀自在麦田里守护着的稻草人了。故此，这四只一百五十年的手接触到一块儿，了解的是同样坎坷的人生，原谅的是彼此无奈的现状，落下的只有苦涩的泪水。

"这四只手"是无名无姓的，他不仅属于祁老人与李四爷，他更像是一尊群像。

回首看此五章，便不知有多少双手，多少颗无奈而无力的心。有程太太与马老太婆最终的对视相泣，有瑞宣拉着小顺儿做最后的反抗，有程长顺自己叹自己老了，有天佑太太将口中的烙饼送给妞子……这四只手，是所有渴望改变却又无力回天的人，他们都已从老英雄变为"老狗"。一百五十年，只是一个时间，只有变长的可能。他们最终的和解，是对命运的妥协，在兀自的守护中更添了一份肃杀的寂静。

这五章中，写了无法改变现状的人，也写了不愿或不敢改变现状的人。不由得反观自己往往易于安于现状，使得忘却了突破自我，难道我们能够在如今的"安乐窝"中"颐养天年"吗？我们不能！时代滚动的车轮给予了我们太多挑战与机遇，我们抓住它，也带动了自己，而非停滞于过去的记忆，活在自己的"老城墙"里。城墙外的"炮火"已经停息，我们又何苦作茧自缚呢?

这，便是"饥荒"中的"食粮"!

吴可这篇读后感可贵之处在于：一是切入点小而具体，仅仅是作品中一句看似微不足道的话——这四只一共有一百五十多年的手，实际上意蕴丰富。二是结合文本，写出自己独到的看法，何谓"这四只手"，何谓"一百五十多年"，由点及面，层层深入。三是结合自身实际，非常可贵。四是结尾非常巧妙，既扣合《四世同堂》第三部分"饥荒"，又写出了这五章的核心"食粮"。最最可贵的地方，就是吴可真的走进了文本，走进了老舍，用自己的眼力、心力、笔力和才力，解读作品。希望所有的学生都能像他一样，读后感虽有瑕疵，但是自我解读，是学生读书之后的所思所感所悟，这就是最好的。

四、寒假作业提升学生综合性思维

寒假作业让学生拟写四副原创对联。1月30日21：00之前在班级群提交一副关于"小年"的对联，要求：内容是小年习俗，每联不少于20字，要有喜庆之意。1月31日21：00之前在班级群每人提交8位你认为写得最好的同学姓名。不按时提交，每人次扣5分。2月8日21：00之前在班级群提交一副关于"春节"的对联，要求：内容是春节习俗，每联不少于20字，要有喜庆之意。2月9日21：00之前在班级群每人提交8位你认为写得最好的同学姓名。不按时提交，每人次扣5分。2月15日21：00之前在班级群提交一副关于"北京民俗文化"的对联，要求：内容是北京民俗文化，每联不少于20字，要含有传承之意。2月16日21：00之前在班级群每人提交8位你认为写得最好的同学姓名。不按时提交，每人次扣5分。2月21日21：00之前在班级群提交一副关于"元宵节"的对联，要求：内容是元宵节习俗，每联不少于20字，要有喜庆之意。2月22日21：00之前在班级群每人提交8位你认为写得最好的同学姓名。不按时提交，每人次扣5分。

让学生分四次上交作业，并评价作业，目的就是要让学生养成良好的时间观念和积极主动参与精神。从提醒上交作业到作业收集，再到作业评价以及评价结果，每次都由专人负责，结果公布在班级群里。学生的参与率为100%，对联质量也是相当不错的。这个作业完成起来难度较大，首先要了解有关习俗，其次是用什么方式表达出来，再次是如何写出新意、写出庆贺或传承，最后也最重要的，这次没有采用小组研讨方式，要独立完成对联，但是每位学生会看到所有同学上交的作业，从中可以借鉴但不能抄袭，思维训练的力度大大增强。两个班的学生充分发挥了聪明才智，提交了高质量的作业。现选择几副对联如下：

1. 腊八才携旧岁去，千家糖瓜果豆桌上摆，祭灶盼望来年岁岁如意；

除夕将领新春来，万户福禄寿喜门边挂，拜祖祈求明朝日日顺心。（姚苏元）

2. 除尘土，绘年画，美酒祭灶神，同避灾祸，人人欢畅辞旧岁；

扫房屋，贴春联，妙手剪窗花，共盼吉祥，家家欣喜迎新春。（龚睿欣）

3. 左手春联右手福，热炉微熏，薄雾处处，怎辨别谁是人来谁是仙。良宵情切切，连延到次年。灯火燃，燃净了旧岁苦楚；

西望红日东望月，彩灯初上，明光点点，难分得那边为昼那为夜。暖日意绵绵，未淡至夜半。酒宴散，散不尽此时欢颜。（曲铭昊）

4. 东南西北，四合院中小家享美满，京剧腔中吟喜悲，锣钹声起拨开盛世景，燕京人情悠悠扬四海；

生旦净丑，二簧戏里大众得欢欣，评书话里道苦乐，醒木音落惊醒太平梦，蓟城民俗源源传九州。（徐亦扬）

5. 元月日吉辰良，笑语盈盈，赏花灯千盏夜如白昼，千乘香车宝盖，千人同游芳景，古人道千家歌千家舞千家悲欢离合，神州千里千家圆，却不必蕴千愁藏千结泪湿春衫袖；

宵时月圆花好，欢声阵阵，猜灯谜万字心似玲珑，万颗汤丸名点，万家共许佳愿，今时言万里萧万里鼓万里喜乐嬉游，华夏万方万里明，乃正应迎万福纳万喜笑答腊梅香。（杨坤雨）

学生是学习的主体，无论是课堂还是课下，都要贯穿学为主体。我们很多教师总是担心，不讲行吗，讲少行吗，我认为只有把课堂的绝大部分时间交还给学生，少讲以及不讲，注重指导，才能大幅度提高学生成绩，才能真正提升学生的思维品质，才能真正提高学生的语文核心素养。

落实整本书阅读，加大传统文化渗透*

——以近三年高考语文北京卷为例

2017 年高考语文学科以《国务院关于深化考试招生制度改革的实施意见》为基础，合理搭配科学能力架构与试题，体现语文学科的基础性、综合性和应用性，注重考查阅读和表达能力。在考查学生独立思考能力的同时，也凸显了对于名著阅读和中国优秀传统文化的考查。笔者以近三年高考语文北京卷为例，进行简要分析。

一、突出重点，加强整本书阅读的考查

《普通高中语文课程标准（2003 版）》（以下简称课标）在必修课程的课程目标里明确指出：在阅读与鉴赏教学中，让学生具有广泛的阅读兴趣，努力扩大阅读视野。学会正确、自主地选择阅读材料，读好书，读整本书，丰富自己的精神世界，提高文化品位。课外自读文学名著（五部以上）及其他读物，总量不少于 150 万字。在 2016 年的高考语文北京卷《考试说明》中，首次增加"经典阅读"要求，并增加《红楼梦》等 12 部经典阅读篇目。2017 年，对于中学生的阅读要求再次提升，高考语文北京卷《考试说明》将《红楼梦》《呐喊》《边城》《红岩》《平凡的世界》《老人与海》6 部名著纳入必考范围。《考试说明》要求考生把握作品基本内容、主旨，结合作品相关内容，对人物形象、思想内涵、艺术特色、表现手法等进行理解、分析，还要感悟并评价作品价值、意义。

可见，对于整本书阅读的考查力度正在逐渐加大，笔者以 2015—2017 年三年间的高考语文北京卷"名著阅读"考查为例，进行简要分析。

---

* 本文作者：涂洁。

（一）测试材料分析

2015 年高考语文北京卷中，有两处涉及了经典名著的考查，第一处以《论语·侍坐》为测试材料，考试题型为填空题与简答题，赋分 6 分，考查学生对经典名著的识记能力和分析能力。第二处考查出现在微写作，赋分 10 分，为三选一的题目，其中一题为以《三国演义》《巴黎圣母院》《四世同堂》和《平凡的世界》为选择对象，考查学生结合书籍某一个章节或者片段的内容，写书籍推荐的能力。结合这两类题目可以发现，对经典名著的考查还处于片段化的阶段，学生可以在不完成对整本书进行阅读的情况下完成。2016 年高考语文北京卷中，虽然没有直接涉及名著阅读，但在现代文阅读《白鹿原上奏响一支老腔》中已经涉及陈忠实的《白鹿原》，体现了将学生的现实阅读经验与先前阅读经验相融合的意识。[1] 2017 年高考语文北京卷中，基于《考试说明》的要求，对名著阅读的考查呈现出多样化的特征。这套试卷中依然有两处涉及对名著阅读的考查，第一处出现在现代文阅读《根河之恋》中，从"鄂温克人与根河的密切联系"出发，考查学生对《红楼梦》《边城》《红岩》《阿 Q 正传》四部经典名著中环境与人物联系的理解，赋分 3 分。第二处出现在微写作中，值得注意的是微写作三个备选题目均涉及经典名著，分别从情节、人物、环境三个角度考查学生对经典名著的掌握情况，赋分 10 分。2017 年的名著阅读考查，不仅强调学生在通读整本书的前提下，对作品基本内容、情节、人物形象、主旨等的把握，同时体现了读写结合，突出理解与感悟，鼓励个性化的思考与表达。

（二）启示

文学名著、文化经典是人类的文化瑰宝，在高考语文中考查阅读文学名著和文化经典，对学生而言，既是提高道德修养、丰富情感体验的需要，也是加深文化理解、强化民族认同的需要。《中国学生发展核心素养》提出"文化基础"，在语文课程中主要表现为"人文底蕴"，指向对人文积淀、人文情怀的关注。2017 年的高考语文北京卷中，考查了 6 部名著，2018 年将要增加至 12 部，由此可见，名著阅读、文化经典的考查程度将逐渐加深。初高中《语文》课本设置有"名著阅读"的教学内容，促使广大一线语文教师开始探索整本书阅读教学的途径与方法。近三年考查的经典名著大多是中篇甚至长篇，使得整本书阅读教学开始成为中学语文的新内容，也决定了对于这一类文本的教学将要有别于单篇课文的教学。

---

① 郑国民，任明满，尹芳 . 2016 年全国高考语文试题研究报告［M］. 北京：北京师范大学出版集团，2016.

"读整本书"这一概念，古已有之。在《论语》中，孔子对儿子孔鲤说："不学《诗》，无以言。"（《论语·季氏》），自孔子以降，"四书""五经"是历代士人必读的整本书，朱熹还专门写过《读〈论语〉〈孟子〉法》《朱子读书法》这种指导读整本书的文章，并且有精到的论述。到了1941年，著名教育家叶圣陶先生就明确提出"读整本的书"的观点。叶圣陶曾说："把整本书作主体，把单篇短章做辅佐。①"阅读单篇课文时可以"一次性"完成信息的提取、整合，而整本书的信息量大，覆盖的篇幅多，需要学生在阅读的过程中边阅读边记录，学生用自己熟悉且方便的方式逐步对文本情节、人物等进行梳理、分类，进而完成对整本书内容、主旨的整合、概括。在整本书阅读的过程中，学生梳理文章脉络、撰写章节摘要，选择适当的阅读策略循序渐进地深入文本，理解主题，追问人性……不断调动各个能力要素，理解感悟经典作品的内容情节、人物形象，把握作品的基本内容、主旨。逐渐发展个人的综合能力，并以读促写，完成个性化的思考与表达。②

对于整本书阅读教学的设计，首先要有明确的课程目标定位，即：具有广阔的阅读视野，养成良好的阅读习惯，多角度探究文本意义，建构合理的阅读策略。其次选择教学内容，以《考试说明》的规定的12本名著为教学内容。再次是实施过程设计，以"整"为出发点，合理组合阅读与鉴赏活动、表达与交流活动、梳理与探究活动，帮助学生梳理整本书内容特点、语言风格和情感倾向，并与其他阅读内容建立联系，与自己生活的世界建立联系，进而完成文化的传承与理解。通过整体规划、整合内容、整套任务四个步骤，突出"整体性"，强调"综合性"，完成对整本书阅读的教学。同时，读书的过程也是一个情动的过程、思考的过程、见识形成的过程，情、思、识是写作的关键内因，整本书的阅读不仅要致力于阅读能力的提升，还要致力于学生写作内因的培养，促进学生通过阅读打通写作关口，通过写作加深阅读体悟。③

二、讲求传承，加强中国优秀传统文化的考查

《课标》明确指出，学习中国古代优秀作品，体会其中蕴含的中华民族精神，为形成一定的传统文化底蕴奠定基础。学习从历史发展的角度理解古代文学的内容价值，从中汲取民族智慧；用现代观念审视作品，评价其积极意义与

---

① 程翔. 从"整本书阅读"的学科定位谈［J］. 中学语文教学，2017（1）.
② 吴欣歆. 语文课程视野下的整本书阅读［J］. 课程 教材 教法，2017（5）.
③ 李煜晖. 略谈整本书阅读课程方案的设计［J］. 中学语文教学，2017（2）.

历史局限。传统文化是文化的重要组成部分，在我国文化体系中占有举足轻重的地位。语文教育是我国教育教学体系中的关键内容，传统文化在高中语文教育中的价值渗透，对于学生的素养提升与文化传承都有着重要的作用。高考语文考查中国传统文化的目的在于使学生了解中国优秀传统文化的历史渊源、发展脉络、基本走向，把握中华文化的独特创造、价值理念、鲜明特色，增强文化自信和价值观自信。①

2016 年年初，教育部召开有关高考命题工作会议，明确要求各学科要全面贯彻"一点四面"的命题精神，其中之一便是加强中国优秀传统文化的考查，引导学生提高人文素养、传承民族精神，树立民族自信心和自豪感。考试评价是教学的指挥棒，笔者以 2015—2017 年三年的高考语文北京卷为例，分析试题里体现出的传统文化要素，以及传统文化时代价值的体现，在传承中发展，在发展中创新，实现传统文化的创造性转化和创新性发展。

（一）测试材料分析

近三年来的高考语文北京卷长文本阅读均提供了三个材料，其中 2015 年主题为"印刷技术"，介绍中国汉字信息技术发展与汉字文化；2017 年主题为"文物和博物馆"，体现出对于历史文化、大众文化、消费文化的深度思考，既有阅读深度，又贴近学生生活现实，消弭了学生阅读的隔离感。同时，材料选择了兼顾人文与科技的角度——文物保护技术，题目呈现形式上将成语、诗歌与文章内容结合起来考查学生的理解能力和分析综合能力，更加灵活。就文言文阅读材料来讲，2015 年测试材料选自《吕氏春秋·去私》，是由秦国丞相吕不韦主编的一部古代类似百科全书似的传世巨著；2016 年测试材料选自《管子·轻重》，是一篇说理散文，是先秦经济思想的瑰宝；2017 年测试材料为《秦废封建》，对秦汉时期的分封制度进行论述。就古诗词测试材料来讲，2015 年测试材料为苏轼词《醉翁操》；2016 年测试材料为陆游诗《西村》，描写山阴西村清新优美的自然景象，以过去的游历衬托现在的游历，情味深长，抒发无限喜悦之情。考查学生鉴赏诗歌语言、表达技巧和思想内容的能力。2017 年测试材料为王维诗《晓行巴峡》，体现的是传统中国文人的山水情怀和思乡意识。就大阅读材料来讲，2015 年测试材料为《说起梅花》，赞美中国人心里千回百转的梅魂，肯定其在与世界相遇的过程中焕发出的独异魅力，并成为民族精神的写照；2016 年测试材料为《白鹿原奏响一支老腔》，介绍关中地区的老腔艺

---

① 鄢文龙.2016 年高考古代诗歌阅读考情分析、命题透视暨备考指导［J］.试题与研究，2016（11）.

术文化；2017 年测试材料为《根河之恋》，以鄂温克族的寻根意识和鲜明的民族文化底蕴为写作主题，考查学生对文本的理解能力与概括能力。微写作部分，则主要结合名著的阅读，体现对传统文化思想、传统人伦、传统的生活方式的深层解读和评价。

（二）启示

分析以上测试材料，可以看出，首先命题者为彰显时代特色，突出命题重点，着力于对唐诗、宋词进行考查。其次，结合具体测试内容，发现命题者在考查中国优秀传统文化时，重视中国优秀传统文化的现实意义，如 2016 年文言文最后一题："本文讲述了管子运用谋略的故事，你从中获得了哪些启示？请结合文章内容具体回答。"最后，材料不仅反映了以爱国主义为核心的民族精神，还利用高考影响力来提升学生的审美感知力和文化素养，在选择测试材料时优中选优，营造审美氛围，既让学生在审美体验的基础上展示对语句的甄别和对表达技巧的把握，又从整体上检验考生对文学作品形象和思想情感的理解，以期唤醒考生对中国传统文化的热爱。①

传统文化是我国宝贵的历史遗产，随着时代发展，其举足轻重的意义也日渐凸显。在日常的高中语文教育教学中，广大一线教师应充分利用教材中的古诗文、常规课堂教学、课外诵读实践活动等方式，丰富传统文化内涵，带领学生感悟与弘扬传统文化精神。

参考文献：

［1］教育部．普通高中语文课程标准（实验）［S］．北京：人民教育出版社，2003．

［2］鄢文龙．2016 年高考古代诗歌阅读考情分析、命题透视暨备考指导［J］．试题与研究，2016（11）．

［3］温儒敏．倡导名著阅读，还须讲究方法［J］．创新人才教育，2015（3）．

［4］程翔．从"整本书阅读"的学科定位谈［J］．中学语文教学，2017（1）．

［5］明一．聚焦立德树人 引领语文改革［J］．中国考试，2015（11）．

［6］胡凌．论高中语文教学中传统文化的渗透［J］．语文教学通讯，2015（1）．

---

① 胡凌．论高中语文教学中传统文化的渗透［J］．语文教学通讯，2015（1）．

［7］李煜晖.略谈整本书阅读课程方案的设计［J］.中学语文教学，2017（2）.

［8］吴欣歆.语文课程视野下的整本书阅读［J］.课程 教材 教法，2017（5）.

［9］郑国民，任明满，尹芳.2016年全国高考语文试题研究报告［M］.北京师范大学出版集团，2016.

发展批判性思维，引导学生主动
建构积极价值观*

——以《红岩》专题教学为例

　　红色经典小说《红岩》中，革命先烈崇高的理想和坚定的意志曾打动了无数人，这些精神应作为中国优秀文化得以传承。《红岩》是北京中、高考必考篇目。但有的学生对《红岩》的理解缺乏理性思考：表现为基于情绪的否定，不能有根有据地表明自己的观点；评价角度单一、偏颇。表面看来是学生不能正确理解革命文化，实际上揭示出学生批判性思维和主动建构积极价值观能力的欠缺。我尝试以专题教学和疏导认知情绪的方法，着重培养高中生批判性思维能力，改善学生情绪化状态，引导学生主动建构积极价值观。

一、学生批判性思维、主动建构积极价值观能力的欠缺

　　近年来我国政府多次强调把"立德树人"作为教育的中心环节。康德说："一个人在身体上可能受到了很好的培养，在智力上也得到了出色的训练，但假如在道德上得到的培养却是糟糕的话，那他仍是一个劣质造物。"所以"道德的目的是各科教学共同的和首要的目的"。然而以前的道德教育由于过多地关注行为而忽视了学习者的情绪，造成道德言行不一致的严重后果，表现在语文方面就是学生对崇高精神的不理解，甚至拒绝。这也是学生主动建构积极价值观能力和批判性思维能力欠缺的典型表现。

　　杜威说："知识没有和寻常的行为动机和人生观融为一体，而道德就变成道德说教，成为各自独立的德行的组合。"所以与学科知识有机融合，提升学生批判性思维能力，改善情绪化状况，把善"从他们内心中引发出来"，是进行道德教育的有效途径。

---

　　* 本文作者：庞秀卿。

二、《红岩》专题教学背景

作为红色经典小说，《红岩》中革命先烈崇高的理想和坚定的意志曾打动了无数人，但高中学生对《红岩》的感受差异很大：有的深受感动；有的没有什么感觉；有的在众人面前说很受感动，私下说小说表达很虚假；有的还甚至有点反感。我所教的 78 名学生中有 27 人对叛徒甫志高表现出不同程度的同情，但不能用证据说明自己为什么会有此感受。这些现象说明学生有一定自主判断能力，但缺乏理性思考，表现为基于情绪的否定，不能有根有据地表达自己的观点；评价角度单一、偏颇。

造成这些现象原因有多方面：一是受学生的知识水平、生活经验的限制；二是以前语文教学偏重文学熏陶，忽视理性培养，造成学生批判性思维的缺失；三是在日常价值观的教育中偏重灌输，忽视学生思想和情感真实状况。要解决这些问题就要为学生补充相关知识、提供可借鉴的生活经验；拓宽学生思考问题的角度并提供相应的方法；疏导学生情绪化状况等。

三、《红岩》专题教学实施策略

（一）补充学习资料和可借鉴的生活经验

1. 除《红岩》外，补充北京版高中语文必修三红色经典单元和波兰反抗纳粹的电影《堡垒坚石》。

学生不能全面地评价作品是囿于知识和生活经验。我改变以前单篇教学形式，进行专题教学，提供红色经典主题的多部作品，以拓宽视野，丰富知识，为学生进一步判断和推理提供必要的证据支持。

2. 补充有关《红岩》作者罗广斌的材料，《堡垒坚石》原著作者 Aleksander Kamiński 的材料和电影《堡垒坚石》导演 Robert Glinski 的材料。有关《红岩》作者罗广斌、《堡垒坚石》原著小说作者 Aleksander Kamiński 和电影《堡垒坚石》导演 Robert Glinski 相关材料，可以间接丰富学生的生活经验，帮助学生了解作者的人生经历、职业及写作目的对作品的影响。

（二）运用比较法进行教学

在《红岩》专题教学中我设计了一系列比较：第一，《红岩》、《堡垒坚石》和北京版必修三红色经典单元作品的主题比较。第二，《红岩》中叛徒甫志高与《堡垒坚石》中叛徒赫尼的性格比较。第三，《红岩》作者罗广斌、《堡垒坚石》原著小说作者 Aleksander Kamiński 和电影《堡垒坚石》导演 Robert Glinski 的人生经历比较。

设计这一系列比较的目的是为学生理解、分析人物性格、艺术手法和主题提供材料和方法支撑。运用比较方法，学生容易总结出《红岩》和《堡垒坚石》所表达的共同争取自由、反抗压迫的可贵精神；比较叛徒甫志高和赫尼的行为，学生就能拨开迷雾辨别出叛徒甫志高的可憎之处；运用比较，学生就能辨识《红岩》主题的单一和艺术手法的单调。

比较方法的运用还为学生进一步判断和推理提供可依循的证据和方法，促进多角度和全面分析问题能力的发展。以"《红岩》专题"为例：《红岩》与《堡垒坚石》的比较，是不同文化背景相似主题的类比；《红岩》与北京版必修三红色经典单元作品的比较，是相同文化背景相似主题的比较；《红岩》中叛徒甫志高与《堡垒坚石》中叛徒赫尼的比较，是相似人物不同性格的比较等；《红岩》作者罗广斌、《堡垒坚石》原著小说作者 Aleksander Kamiński 和电影《堡垒坚石》导演 Robert Glinski 的比较，是人生经历相似但职业不同、创作目的不同对作品影响力不同的比较等。有了这些角度的分析，学生对《红岩》的认识就会由初读时情绪化、片面化，逐渐转变为理性化、全面性。这样既能使学生认识到中国革命文化的可贵，也能提升他们的批判性思维能力。

（三）创设情境进行课堂讨论

初读《红岩》，有些学生对叛徒甫志高有不同程度的同情。为了让学生对叛徒甫志高有一个全面而正确的认识，我设计了两个情境，让同学们在课堂上讨论：第一，《红岩》中甫志高一定会被捕吗？甫志高被捕后除了出卖那么多的同志，还能有别的选择吗？第二，你愿意做叛徒甫志高的同事吗？请结合《红岩》《堡垒坚石》或你的其他阅读体验谈一谈。

《红岩》中叛徒甫志高对妻子的温情，扰乱了学生的判断力，模糊了学生的道德感。设计"甫志高被捕后除了出卖那么多的同志，还能有别的做法吗"这个推理环节，是引导学生设想各种可能性，让学生认识到甫志高的叛变行为造成的破坏性之大，从而认清其品行之恶劣。设计"你愿意做叛徒甫志高的同事吗"这个环节，是为了让所讨论的内容与学生的实际生活进行关联，这样他们就能设身处地地理解当时的环境和人物的行为，深刻体会到革命志士牺牲精神之伟大，从而从内心萌发出对崇高精神的敬仰。

我国著名教育家、心理学家林崇德认为由于我们的教学评价体系更注重外在结果，"这一目标对教师的要求只是了解科目的内容，而不是了解学生""不注重获取成果的心理过程"，这就深深影响了学生正确价值观的建立。我转变以前只关注学生外在行为的做法，在教学过程中注重分析学生情绪状况，并设计相应的讨论环节来疏导对抗化情绪，引导学生在内心发生转变，逐渐形成积极价值观等。

课堂讨论可以释放学生被压抑的情感。结合作品有根有据地表达观点，然后再理解、吸收其他同学的观点，就可以重新建构自己的观点。重新建构的观点不再是盲目反抗或盲从，而是在理性基础上的主动建构，这样形成的人格和价值观也将更积极主动。其积极意义是多方面的，正如分析心理学大师荣格所说："对心理现象进行认真的思考不仅对恢复个体平衡非常重要，对恢复社会的平衡也很重要，否则破坏倾向就会占上风。"

四、《红岩》专题教学效果

通过专题教学，采用一定的教学策略，以心理分析和疏导为途径，学生转变了以前言行不一致的情况，从内心崇尚革命先烈的崇高精神，批判性思维能力得到提升。具体表现如下：

（一）78名学生均改变了初读时情绪化的态度，转化为有证据地理性地质疑，只是论据和推理的水平有差异。下面的例子，通过与《堡垒坚石》进行比较，学生指出《红岩》中人物塑造的扁平化和单一性的缺点。

从《堡垒坚石》中，我看到了性格鲜明的一群童子军，左思科的沉着冷静，鲁迪对组织的忠贞不渝，也看到了赫尼的不坚定。作者在写这本书时，赋予了每个角色应有的、符合剧情的性格特征。但这一点，我在《红岩》中是没有读到的。《红岩》中，大大小小、不同地位的地下党员都被描写为忠诚、坚定、大义凛然，如江姐、许云峰；而国民党这一方，则都是残忍、无情，只懂得用暴力解决问题的另外一种人，如徐鹏飞、毛人凤。这种写作手法，虽然突出了两个不同党派之间性格的鲜明不同，但淡化了组成这个群体的每个人的不同性格。在我看来，好的故事一定是具有复杂性以及多样性的特点。（张桐宇）

（二）78名学生中有56人改变了以前激烈的否定态度，转化为客观地评论。下面是学生态度转变的示例。

在老师的帮助下我们结合《红岩》的写作背景，发现这本书是在新中国成立初期受重庆团市委委派所写成的，所以教育意义就应当比较明显。另一方面，《红岩》作者罗广斌并不是一位职业的作家，而《堡垒坚石》的作者却是一位资深的小说家，所以写出的作品缺少艺术性也在情理之中。这样《红岩》人物性格、主题单一的问题就得到了很好的解释。（马凯睿）

（三）主动建构积极价值观

写初读感受时，有的学生被《红岩》革命志士忍受种种迫害，坚持崇高理想的精神所感动，但是当问及这种精神于现实社会中的人或他们自己有什么意义时，则哑口无言。为什么问这个问题？著名教育家杜威倡导："一个人的思维活动要做到完整，就应当在作出联想以后进一步推想它对于自己所面临的问题意义何在，要至少想到它如何适用于当前的具体资讯，如何说明这些资讯。"这个问题是体现知行合一，将知识与个人行动有机融合，把道德感从内心引导出来的有效途径。通过《红岩》专题教学活动，学生开始深入思考作品与其现实生活的意义，主动建构积极价值观。作品示例如下：

即使在如今，《红岩》依旧有着积极的作用。当下，没有国民党肉体乃至精神上的极力摧残，没有"中美合作所"特务的威逼利诱，我们的一切是自由的。然而，每个时代都有每个时代必须克服的东西。一个共产党员，假如意志力不够坚定，在当今时代就会被腐败击垮，而且，这种影响尽管在肉体上并不会造成太大的戕害，但是，若是没有高度的警惕，便会像温水煮青蛙一样。生于忧患而死于安乐。这些都是红岩给予我们的警示。（陶宇骐）

每一个国家都应该有自己独有的经典作品，如同波兰的《古城墙上的石头》、中国的《红岩》……我们能时刻回忆起自己国家的历史，感受到对祖国的深情，并使那些现在或将来受到压迫的人获得反抗的力量，是这些书对于我们最珍贵的启示。（吴悠）

综上所述，通过语文专题性教学提升高中学生批判性思维能力行之有效，与此同时，遵循认知心理路径，可以引导学生从自己内心主动建构积极的人生观，而且思维提升与价值观建构成正相关关系。但是在培养学生思维的同时要注意家庭和社会对学生的负面影响，这是需要进一步深入探讨的问题。（本文涉及内容属北京市科学规划委立项课题"中学生批判性思维培养与语文校本课程结合的实践研究"的阶段性研究成果。批准号 CDDB16150）

参考文献：

[1] 康德. 康德论教育 [M]. 李其龙，彭正梅，译. 北京：人民教育出版社，2017：33.

[2] 杜威. 民主主义与教育 [M]. 王承绪，译. 北京：人民教育出版社，1990：374.

[3] 杜威. 民主主义与教育 [M]. 王承绪，译. 北京：人民教育出版社，1990：378.

[4] 杜威. 民主主义与教育 [M]. 王承绪，译. 北京：人民教育出版社，1990：42.

[5] 林崇德. 中学生心理学 [M]. 北京：中国轻工业出版社，2013：195.

［6］荣格.心理结构与心理动力学［M］.关群德，译.北京：国际文化出版公司，2018：154.

［7］杜威.我们如何思维［M］.伍中友，译.北京：新华出版社，2010：44.

教学反思之思维能力培养在语文学科中的体现[*]

近几年来语文高考试卷凸显对学生学科素养的考查，重点考查学生12年的学业发展情况，注重学生的知识积累，细节阅读，文化积淀，尤其注重对学生思维发展能力的考量。

"注重思维发展"这一观点的提出是符合学生成长规律的。心理学表明，中学阶段，尤其是高中阶段，学生的思维发展迅速。一方面，他们的思维已经由再现性形象思维向着创造性形象思维的方向发展；另一方面，他们的思维形式已日益扬弃了具体形象的成分，逐步学会了概念思维，并在此基础上，向着更高形态的辩证思维发展。这一规律决定了高中学生的思维心理已由初中阶段的被动接受、以识记具体形象为主要内容的特点向高中阶段的主动感知、以理解抽象概念为主要内容的特点转化，这一阶段，高中学生的辩证思维日趋成熟。

既然学生成长规律如此，在语文课堂教学中，教师不妨顺水推舟，尝试遵从学生思维发展规律传道授业解惑。语文学科的独特之处在于语言是重要的思维工具。语言建构与运用是语文学科核心素养的基础，在语文课程中，学生的思维发展与提升、审美鉴赏与创造、文化传承与理解，都是以语言的建构与运用为基础，并在学生个体言语经验发展过程中得以实现的。

如在鉴赏诗歌的过程中，因诗歌语言的高度精炼性，加之年代久远，学生往往理解起来颇有难度，有时即使学生理解了诗句的意思，也不能较深入体会诗人所要表达的情感，教师不妨让学生在阅读诗句的过程中，充分发挥想象力，在此基础上感悟诗歌的意境美。以李白《登金陵凤凰台》为例——

凤凰台上凤凰游，凤去台空江自流。吴宫花草埋幽径，晋代衣冠成古丘。

三山半落青天外，二水中分白鹭洲。总为浮云能蔽日，长安不见使人愁。

对于诗歌的首联、颔联学生比较容易理解，而对于颈联的自然景物描写学

---

* 本文作者：吴丹。

生往往不知何意,更不明白表达作者何种思想?为什么会有"半落青天外的三山"?为什么会突然由对历史的转述变到写眼前的自然景物?教师可以调动学生的感官,让学生想象"三山""半落""青天外","二水中分"会是一番何种自然图景?随后启发学生结合额联再做思考,引导学生领悟李白实际通过描写"三山半落"之混茫与"二水中分"之辽阔,写出了繁华与骄奢淫逸的易逝,大自然的永恒,体会李白见解的高妙之处,感悟诗歌中充溢的浑厚博大之气和他博大的胸襟。

教师帮助学生张开想象的翅膀,通过大胆的想象再现诗中描绘的情景,进而使学生咀嚼古诗中不尽的韵味,提升学生认知水平和鉴赏能力,感悟作品的意境美,体会诗人所要表达的情感,从而获得审美感受。

而在对诸子散文等传统文化名篇的阅读讲解中,教师也可以通过"故事引入——理性分析——辩论提升"的方式训练学生思维。

首先教师让学生自己阅读庄子寓言,然后从大量的阅读文章中给学生挑选三则寓言,如《惠子相梁》《庄子钓于濮水》《曹商舐痔》,因为这三个小故事反映了同一主题,即庄子对待功名利禄的"无视",之后通过故事进一步引发学生思考——庄子为什么会这样看待"功名利禄"?

与此同时教师补充庄子名言和生活境遇,进一步帮助学生来理解庄子思想。如"求名失己,非士也"(《庄子·大宗师》);"弃隶者若弃泥涂,知身贵于隶也"(《庄子·田子方》);"不为轩冕肆志,不为穷约趋俗"(《庄子·缮性》);"往贷粟于监河侯"的故事(《外物》)。当然,还要进一步引导学生敞开思路,让学生结合时代背景分析庄子名利观的成因,探讨"庄子的确不想为官"的深层原因。

通过形象分析和理性思索,学生多可以领悟到:生活的困窘并没有让庄子屈服于名与利,他不受名的约束,利的诱惑,要做追求自由、志向高洁之士。在那个礼崩乐坏的时代,相对于建功立业的宏愿来说,人们更需要的是最基本的生存之道。而庄子的一生追求清静无为,清心寡欲,旷达超俗,可以说这种精神境界是非常高尚的。所以说正是庄子生活的时代和他个人的心性决定了他无意于功名,不慕名利的思想境界。

学生能够理解到这个程度说明其理解和思维已经达到一定能力水平,但思考的过程仍不可戛然而止,教师可以让学生进一步围绕"名利与人的发展的关系"这一话题进行辩论,拓宽其视野,提高其认知水平。

因为辩论这种思维方式是用一定的事实理由来阐述自己的见解,揭露对方思维矛盾,以便达成共识,真理是越辩越明,从辩论中学生可以掌握辩证思维方法，提高辩证思维能力。

　　《语文课程标准》也指出：阅读教学是学生、教师、文本之间对话的过程。阅读说到底是从语言符号中提取意义的心理过程，而阅读教学则是教师参与和指导学生阅读的过程。"庄子寓言故事"中采用的这些教学方式既贴近学生实际，训练了学生的语言思维能力，又能让学生学习辩论技巧，学会一分为二地辩证分析问题，最终达到培养学生辩证思维能力的目的。

　　其实语文学习有别于理科学习，它的思维过程是隐性的，不能像做理科试题那样一步步在试卷上呈现出来，因此，学生的思维很容易出现漏洞，甚至跑偏。针对这个特点，教师在课堂教学中要注重学生思维过程的引导。语文课始终是学生精神成长的一方重要天地，在日常的课堂上教师和学生很多时候都在无意识地进行着思维的训练，将这种"无意"变成"有意"，让学生体验到个体思考、独立思考的独特魅力，这将对语文学科的"教"与"学"都会更有意义。

人是一根能思想的苇草：
追求教学创新　培养高阶思维[*]

　　1658 年，法国的帕斯卡尔在其著作《思想录》里有这样的阐述："人只不过是一根苇草，是自然界最脆弱的东西；但他是一根能思想的苇草……我们全部的尊严就在于思想。"

　　2017 年 1 月，以色列历史学家尤瓦尔·赫拉利的最新巨作《未来简史》在中国出版发行，作为全球畅销书《人类简史》的续作再一次获得如潮好评。书中写到我们的共同祖先智人，10 万年前偏居地球一隅，只是地球上毫不起眼的一个种群而已。没有猛犸象勇猛，没有骆驼坚毅，对地球生态的影响和萤火虫相差无几。智人一路进化而来，最后却登上了生物链顶端，靠的是不断发现自己的无知、不断思考、不断进化。

　　思考是思维的一种探索活动，思考力是在思维过程中产生的一种具有积极性和创造性的作用力。思维过程包含哪些思维能力？在思维的层面上哪些又是属于高阶思维能力？我们又该如何追求教学创新，培养学生的高阶思维能力？根据新修订的布鲁姆学习目标分类，记忆、理解属于低阶认知能力，分析、评价、创造属于高阶思维能力。"中国学生发展核心素养"中也明确将理性思维、批判质疑、勇于探究等科学精神置于重要地位，其中包含具备问题意识、独立思考和辩证分析、寻求解决问题的方法等主要内容。这些内容反映在语文学科上，主要表现为联想与想象、实证与推理、批判与发现、反思与评价等多方面的高阶思维能力。

　　如何提升思维品质，培养高阶思维能力，提升语文素养，答案永远是：语文教学实践。只有在语文实践过程中，真实思考、思辨读写和多元融合，才能消化并吸收相关的语文知识，形成理性思维、质疑能力和批判精神，从而内化、

---

　　* 本文作者：叶地凤。

升华为语文素养。

首先，"真实"学习，做语文学习活动的主体——我就是我，不一样的烟火。

赫拉利写道："人文主义认为生命就是一种内在的渐进的变化过程，靠着经验，让人从无知走向启蒙。"他在《未来简史》中还引用了构建现代教育系统的重要人物威廉·冯·洪堡的话："生命只有一座要征服的高峰——设法体验一切身为人的感觉。"他还说，获取知识的方式就是体验乘以敏感性。当然，在未来可能一切还会改变。

既然人类获取知识的方式就是一路体验而来，我们为什么要用别的方式呢？比如：我们认为阅读就是一种唤醒，要理解文中的人物情感，就得唤醒自己的体验（虽然这是一种间接的体验，因为你不可能适时适地随时在实践中）。

进行林海音《窃读记》的阅读教学时，我问学生："你下午放学时最想干什么？是最想去书店看书吗？"然后带着学生朗读文章的第一段：转过街角，看见三阳春的冲天招牌，闻见炒菜的香味，听见锅勺敲打的声音，我松了一口气，放慢了脚步。下课从学校急急赶到这里……一家书店。学生如果想起了自己放学时最想去的地方是小卖部超市路边摊，就一定特别佩服主人公忍受饥饿，抵御美味的诱惑，毅然决然奔向书店的不一般的爱读书的情致。

用这样的方式阅读，帮助学生消除文字造成的隔膜感，文章内容在学生那里也变得有了温度。唤醒生活体验的阅读方式，是最好的阅读方法之一，因为人类就是用文字记录自己的生活的。

《威尼斯商人》的导入环节，我让学生从他们这个年龄段最熟悉的莎士比亚经典人物形象罗密欧和朱丽叶说起，直面爱情话题。在此基础上，教师顺势讲解莎士比亚的成就和贡献，使学生产生对莎士比亚《威尼斯商人》及其他作品的好感。并通过询问"大家读过或接触过哪些戏剧作品"，投影当月大麦网话剧表演台历，让学生演讲自己看过的戏剧作品的台词，激发学生的学习兴趣，让学生感受戏剧的独特魅力，未成曲调先有情，从而过渡到教学主体环节：通过鉴赏戏剧台词、把握戏剧冲突，感悟夏洛克的人物形象做一个"这期精彩节目预告"。

其次，思辨读写——我思故我在。

打通阅读和写作之间的通道，通过写作把文章的精髓内化为学生自己的东西，成为学生自己的"智慧思想"。思辨读写要求有独立的阅读姿态，表达自己独立的见解。提倡"站立的读写"而不是"跪着的读写"。因为"跪着的读写"意味着被动接受，阅读的主导方是"作品"；"站立的读写"反映学生主动参与的过程，阅读的主导方是自身。

在进行《骆驼祥子》整本书阅读时，我要求学生以祥子的名义写一份控告书。目的是使学生沉浸到作品中，触发学生展开思考，不断深入并自然过渡到深度的思辨阅读。引导学生通过质疑、反思、创造性地阅读，推动对整部作品的深度理解和思考。

胡适先生说："写是吸收智慧和思想的绝妙方法。吸收进来的智慧思想，无论是看书来的，或是听讲来的都只是模糊零碎，都算不得我们自己的东西。自己必须作一番手脚，或作提要、或作说明、或作讨论，自己重新组织过、申叙过、用自己的语言记述过——那种智慧思想方可算是你自己的。"进行《三国演义》整本书阅读时，布置专题写作任务：我最喜欢的三国人物；我印象最深的一场三国战争；谈谈刘备的"哭"；说说曹操的"笑"；评价一个三国的武将；评价一个三国的文才；评评三国中的奇女子；试比较刘备、曹操与孙权；卧龙和凤雏之比较；浅说《三国演义》中的忠义智。还可以尝试改写活动：任选《三国演义》中的一个人物，以第一人称口吻写一段自传，将"诸葛骂死王朗"改写成一个小剧本，扩写单刀赴会的情节……让学生在阅读与写作之间架起桥梁，让阅读的输进和写作的输出对接，在阅读中独立思考，培养辩证分析的高阶思维能力。

最后，多元融合——我家大门常打开。"我家大门常打开，迎接另一个晨曦，带来全新空气，开怀容纳天地。"

"中国学生发展核心素养"以"全面发展的人"为培养目标，由此，语文课程教学应该加强多元融合，包括内容上课内外融通、能力上多方面融合、领域间多学科整合等，以形成学生的综合性素养，成为能适应未来复杂社会、具备解决实际问题等有实践能力的人。

我们一起来看看统编版七上《朝花夕拾》名著导读"专题探究"的问题设置：

专题一：鲁迅的童年

《狗·猫·鼠》《阿长与〈山海经〉》《五猖会》《从百草园到三味书屋》等文章，鲁迅都对童年生活有所叙述或提及，不妨把这些内容联系起来考察，可以更全面地认识鲁迅的成长经历，有助于破除我们对鲁迅先生的隔膜感。

专题二：鲁迅的儿童教育观念

书中有几篇作品涉及儿童教育问题，试将这些相关的内容放在一起来研读，思考鲁迅对于儿童教育有些什么体验和看法，并联系实际，看看鲁迅的哪些观点在今天仍有借鉴价值。

探究专题要求学生将书中相关作品联系起来考察"鲁迅的童年",以全面地认识鲁迅的成长经历;另外要求研读书中几篇涉及儿童教育问题的文章,思考鲁迅对于儿童教育有些什么体验和看法,并联系实际,看看鲁迅的哪些观点在今天仍有借鉴价值。这些专题探究任务都具有综合研究的特性,开放研究的空间。学生可以通过多种方式、利用多种资源来推进研究的深入,并且由名著阅读专题研究走向生活阅读探究,培养学生实证与推理、批判与发现、反思与评价等多方面高阶思维能力。

窦桂梅老师在《圆明园的毁灭》的教学中,课前先读课文和另一篇文章《雨果致巴特勒的信》——带领学生走近圆明园。接着默读第二、三、四自然段优美的语言文字,引领学生走进圆明园,感受圆明园的价值。然后通过引读、朗读、重点读,带着学生思考体会圆明园的毁灭是"不可估量的损失"。接着进行角色换位体验,让学生假设自己是当时的皇帝、大臣、士兵,会怎么做?最后补充阅读资料,带着学生走出圆明园,体会圆明园毁灭的真正原因。窦桂梅老师把"阅读"当作教学的方法,把"毁灭"当作教学的主题,把"走近圆明园,看毁灭;走进圆明园,痛毁灭;走出圆明园,思毁灭"当作教学的步骤,把学生"不陷入无用的愤怒中,而是进入富国强民的思考中"当作教学目的。阅读教学实践中将阅读和文本结合,和学生精神发展结合,更好地践行了语文育人的理念,给我们的语文阅读教学如何培养学生的高阶思维能力,提供了一个发展的思路,一个值得分析借鉴的模式。

我在教学《威尼斯商人》中探究夏洛克这一人物形象时,第一次看视频是了解人物,为分析性格做铺垫,第二次给视频配音是学生输出自己对人物的理解,检测学生对人物性格的把握。两个环节相连,给学生创造平台,利于学生模仿、体验和阅读输出。在学生理解的基础上,补充2017年国家大剧院版话剧《威尼斯商人》导演陈薪伊的理解:任何时候,无论面临怎样的遭遇,我们都不能泯灭人性,任何所谓的苦难都不能作为我们为自己的罪恶辩护的借口,把学生的思维引向更深处漫溯。

综上所述,基于核心素养培养的语文学科教学,追求高阶思维的教学创新维度下如何提升思维品质,语文教师应该在学生自主学习过程中,努力开展有效的学习指导,促进学生学习能力的提升;从学习策略的角度,应该倡导"思辨读写"的语文教学方式,引导学生从接受式学习走向主动参与式的深度学习,以更好地培养学生的高阶思维能力;从课程建设的角度,应该整合其他知识,兼顾多方面能力,结合真实情境,构建开放性、研究性、实践性的语文课堂。

1662年,帕斯卡尔39岁,正值人生最美好的时光,上帝却领走了他。那一刻，他刚刚做完一个梦。他梦见自己置身于一片芦苇地，神秘的霞光将芦苇映照成玫瑰色……他举着双臂，向着玫瑰的深处翱翔。"思想，人的全部尊严就在于思想。"这是他留给这个世界永恒的嘱咐。

你收到了吗？

我们正在努力！

我们的未来之路[*]

　　前两天观看电影《流浪地球》，一下子唤起了少时阅读《神秘岛》《海底两万里》等书以及前些年阅读《三体》的诸多记忆。文学作品多为关注内心、反思历史，而科幻作品则是将读者的视野引向了遥远的未知。这一点在《人类简史》与《未来简史》中体现得就很直接，一本追溯历史，一本预测未来。

　　《未来简史》是《人类简史》的姊妹篇，也算是延伸篇。记得以前初读《人类简史》，似懂非懂但感觉脑洞大开，大概当年人们初读达尔文的《物种起源》，也是这样具有冲击感吧。年近知天命，一直是接触文学作品较多一些，却有些担心自己的思考缺少地气，所以阅读其他领域的经典不失为丰富认知的一种途径。而阅读科幻作品也是促使自己关注现实、提升科技素养的一种方式，因为高中语文教学要与时俱进，文化的传承要密切关注社会发展。我们的教育目标是立德树人，关于历史、现实、未来，学生都应具有符合其年龄阶段的思想认识，才能打好基础，使身心健康发展，成长为时代发展所需要的各类人才。一篇读罢头飞雪，但记得斑斑点点，几行陈迹。下面就谈谈最近阅读《未来简史》时的一些想法，其中有关于《人类简史》的一些新思考。

　　尤瓦尔的这两本书风格一致，哲思深邃。作者学识渊博，探讨人类的发展轨迹，信手拈来，大量事实使内容异常丰富。如同庖丁解牛，最后一刻：如土委地，骨架毕现。两本书属于一个系列，都在思考那个古老的哲学命题：我们是谁，我们从哪里来，我们到哪里去？

　　《人类简史》侧重探讨我们是谁，我们从哪里来？即为什么人类能在短短七万年里飞升到食物链顶端，成为万物之灵长，还在科研领域一路高歌猛进。诸如宇宙探测、解码人体基因排序，等等。

　　此前，人类学作为一个严肃的科学已经把人类的来处研究得相当透彻。据

说我们现在所有的人种都是当年东非草原上一个智人种群的后代，因为环境变化，这个智人种群曾经在某个时期变得非常少，几乎将近灭绝。因此，现在所有人类，不管什么种族，来自哪块大陆，区别主要是肤色，只是表象而已。

在十万年前，这个智人种群也曾经力图越过撒哈拉沙漠，走向世界，但是并未成功。据推测，当时地球上还有很多种的人类，比如尼安德特人，身材就更粗大，脑容量也更大，更适应欧洲严酷的冬日。但是，非洲的智人持续进化三万年后，在接下来的几万年中飞速变强。在短短的三万年里，最后一个尼安德特人成了博物馆的展品。

《人类简史》就是探讨人类飞速变强的原因究竟是什么。作者认为是认知能力，即我们人类区别于其他一切已知生物的特质，也是我们能进行科研的最根本能力。

这种能力要靠想象力。想象力使得我们能够交流，使得双方、多方的思想得以互相传递。每个人都在跟两个世界打交道，一个是现实的世界，一个是想象中的世界。能把自己想象中的世界传递给其他人的能力可以理解为交流，一个能够持续给别人传递想象世界的人可以称为思想家、科学家或者作家等。爱因斯坦就说过："想象力比知识更重要。"教育更应该关注学生的思维发展，教导他们学会学习，才可以完成终身学习的人生使命。这种能力非常重要，它使得人类的大规模协作变为现实。所以诸如画饼充饥、望梅止渴等故事，我们必须要辩证分析，看到其积极的一面。

想象力还使得我们能够创造，即使是现实中不存在的东西。人类最早的一件艺术品是出土于德国的一个四万年前的狮头人身像，这种混合基因生物在自然界中是不存在的，它最早只存在于四万年前某个智人的想象世界里。而即使现在世界四大博物馆里的艺术品，就足以令人叹为观止，惊讶于人类的非凡想象力。更何况漫长的历史长河中，各类艺术作品，恒河沙数。浩瀚书海中，博大精深的人类智慧更是绵绵无尽。

作者没有回答为什么智人会出现这种认知能力，而是用了大量篇幅描绘因为这种认知能力的出现，在纵向历史中，人类社会和整个世界是怎么被改变的。即我们知识积累的速度在变快，我们用人类的有意识选择替代了自然界的无目的选择，因此人类文明的脚步似乎开始以加速度前行。

《未来简史》就是在这个基础上，继续探讨人类持续飞速变强的未来命运是什么样的，即我们要向哪里去？人类如同一种不断加速的列车，中间经历了认知革命、农业革命、文字的出现、工业革命、科学的出现，等等诸多阶段。弹指一挥间，世事已千年。从智人到智神，每一次革命都完全改变了代际更迭速度，每一次革命都是给人类的发展前行换一种更加快速的列车。

尤瓦尔认为上帝是农业革命的产物。在采集时代，人对自然界存在敬畏之心，森林、湖泊甚至鸟兽都被赋予了人性，在那个时代人和自然界直接沟通，不需要通过神。而农业革命以后，智人的世界就被划分成被驯服的物种和大自然的原生生物两个世界。智人驯服的物种是没有思想的，因为被智人任意操纵。而其他生灵，则拥有了一个共同的代理人——上帝，我们需要通过上帝跟这些原生生灵打交道。但在工业时代，特别是科学出现后，人们对于世界有了更准确的认识，对世界的操控能力也更强，也更不需要上帝这个代理人了。

在《未来简史》中，作者提到了两个"苹果"的故事。一个是《旧约·创世纪》里的伊甸园，亚当、夏娃、蛇、上帝和一个苹果的故事。另外一个是牛顿的果园，是一个人和一个苹果的故事，没有上帝的角色。因为人已经有了更大的能力，所以智人代替了神。可见，人类的主观能动性正在不断变强，从"想"到"做"再到"要做"，主观世界与客观世界的联系趋于越来越紧密。

上帝是宗教的产物，而宗教起源于苦难。长久以来，伴随人类的苦难主要有三个，战争、饥饿与疾病。随着历史车轮的前行，这三个苦难居然已经渐渐淡化。而且因为医学、基因技术、人工智能，以及精神麻醉剂的发展，似乎电影中的超人也将真正出现。在若干年后，这些超人的后代看一般人类，是否会像现在的人类看当年的尼安德特人？

尤瓦尔的这两本书给我们提供了一个看待"变化"的万年级的尺度。人类自诞生以来就从来没有停止过改变，改变才是常态，而且近几十年的发展，速度则是越来越快。在《未来简史》中，作者提到了两个会改变人类进程的革命性的因素：生物科技和人工智能。生物科技会从根本上改变人种，这将不仅仅是对生物进化进行选择，而是有选择性地在进化。人工智能是两部分，智能和自我意识。人工智能在当下主要还是在扩张智能部分，是在用没有自我意识的智能来取代或者补充人类有意识的智能。这两个领域的革命都会对人类社会带来前所未有的冲击。

《未来简史》这本书收官于一个简单的逻辑框架。人类过去几万年的发展史是一个如何处理数据的过程。人类走出非洲后，一开始是没有数据交换的。大航海时代之后，人类有了像蜘蛛丝一样的微弱数据交换，现在是钢筋混凝土似的纵横交错的数据交换。在独裁者时代，社会是一个中央处理器，在民主时代，社会是无数个分布处理器。未来，人类将面临三大问题：生物本身其实就是算法，生命是不断处理数据的过程；意识与智能的分离；拥有大数据积累的外部环境将比我们自己更了解自己。如何看待这三大问题，以及如何采取应对措施，将直接影响着人类未来的发展。

　　未来已来，已经有不少人开始为它写史了。阅读《人类简史》和《未来简史》，让我得以从不同角度观察我自以为自己已知的东西。开卷有益，使得我看待世界的方式又多了一些角度。由于基因技术、人工智能和机器人技术正在不断改变人与人之间的关系以及人与其他物种之间的关系，所以我们所有物种都面临着巨大挑战。《流浪地球》中给我印象最深的一句台词是："没有'人'的文明毫无意义！"那么我们就应该更加坚定，真正的救世主，就在每个人的心中。所以，未来还未来，需要我们每一个人用行动为它谱写历史，继续回答：我们是谁？我们从哪里来？我们到哪里去？

一道定义型综合题的诠释*

多年来全国高考北京卷已形成北京特色，试题高质量、高水平、平实大气具有首都风范。题目的特点是背景大气，从高端和大处着眼，具有人文精神，体现时代特点和一定的开放性；题目的立意、选材、背景的设问上出新求变，每年试卷题目都能做到推陈出新，"亮点"层出不穷。如每年在第8、14、20题的位置上都有"亮点"题，给人耳目一新的感觉。该试题内涵丰富，具有较高的综合性，是落实新课标理念、检测学生的创新精神和实践能力的优秀题目，该类试题能很好地区分较高数学素养的学生，同时这些题目也给中学数学教学提供了研究性学习很好的素材。下面以2010年全国高考北京卷理科第20题为例，分析和说明其特点，解释其不同的证明方法和策略。

例题： 已知集合 $S_n = \{X \mid X = (x_1, x_2, \cdots, x_n), x_i \in \{0,1\}, i = 1, 2, \cdots, n\}$（$n \geq 2$），对于 $A = (a_1, a_2, \cdots, a_n)$，$B = (b_1, b_2, \cdots, b_n) \in S_n$，定义 A 与 B 的差为

$$A - B = (\mid a_1 - b_1 \mid, \mid a_2 - b_2 \mid, \cdots, \mid a_n - b_n \mid)；$$

A 与 B 之间的距离为 $d(A, B) = \sum\limits_{i=1}^{n} \mid a_i - b_i \mid$。

（Ⅰ）证明：$\forall A, B, C \in S_n$，有 $A - B \in S_n$，且 $d(A - C, B - C) = d(A, B)$；

（Ⅱ）证明：$\forall A, B, C \in S_n$，$d(A, B)$，$d(A, C)$，$d(B, C)$ 三个数中至少有一个是偶数；

（Ⅲ）设 $P \subseteq S_n$，P 中有 m（$m \geq 2$）个元素，记 P 中所有两元素间距离的平均值为 $\bar{d}(P)$。

证明：$\bar{d}(P) \leq \dfrac{mn}{2(m-1)}$

说明： 本试题背景来源于信息安全密码学。例如：为研究某种事物 S_n，该事物中每个对象 A 可用 n 项指标（或 n 个特征）进行编码，其中每项指标只可

———————————
* 本文作者：王贵军。

能有两个对立的结果（可用 0 或 1 来表示），其距离 $d(A,B)$ 可表示 A、B 两个对象中对应项的指标不相同的个数，并且可以利用 $\bar{d}(P)$ 的范围将事物 S_n 中的对象分为若干类。

本试题是一道定义型综合题，主要考查学生的灵气、阅读能力、数学素养、继续学习的潜能、推理论证能力和抽象概括能力，以及综合应用所学数学知识，选择有效的方法和手段对新颖的信息、情境和设问进行独立思考与探究，创造性地解决问题的能力，同时考查数学语言的识别和正确表述的能力。

一、运算的封闭性：$\forall A,B,C \in S_n$，有 $A - B \in S_n$

（Ⅰ）设 $A = (a_1,a_2,\cdots,a_n)$，$B = (b_1,b_2,\cdots,b_n)$，$C = (c_1,c_2,\cdots,c_n) \in S_n$

因为 $a_i,b_i \in \{0,1\}$，所以 $|a_i - b_i| \in \{0,1\}$（$i = 1,2,\cdots,n$）。

又因为 $S_n = \{X \mid X = (x_1,x_2,\cdots,x_n),x_i \in \{0,1\},i = 1,2,\cdots,n\}$（$n \geq 2$）。

所以 $A - B = (|a_1 - b_1|,|a_2 - b_2|,\cdots,|a_n - b_n|) \in S_n$。

定义一种运算，运算的封闭性是十分重要的，证明此类试题策略是要认真阅读试题条件和结论，很好地理解题意，抓住定义和条件的"本质"，理解其内涵，必要时可用具体的特殊的实例来分析，在特殊实例中寻找本质的特征，即由具体实例中通过观察、比较、分析、综合、抽象、概括出一般结论的证明方法。如若取 $A = (1,1,0,\cdots,0)$，$B = (1,0,1,\cdots,1)$，计算 $A - B$ 观察其特点寻求一般证明方法，用同样的方法可以证明：运算" $-$ "满足交换律 $A - B = B - A$；运算" $-$ "满足结合律 $(A - B) - C = A - (B - C)$，留给读者完成。

二、平移距离的不变性：$d(A - C,B - C) = d(A,B)$

证法一：因为 $d(A - C,B - C) = \sum_{i=1}^{n} ||a_i - c_i| - |b_i - c_i||$，

由题意知 $a_i,b_i,c_i \in \{0,1\}$（$i = 1,2,\cdots,n$）。

当 $c_i = 0$ 时，$||a_i - c_i| - |b_i - c_i|| = |a_i - b_i|$。

当 $c_i = 1$ 时，$||a_i - c_i| - |b_i - c_i|| = |(1 - a_i) - (1 - b_i)| = |a_i - b_i|$。

所以 $d(A - C,B - C) = \sum_{i=1}^{n} |a_i - b_i| = d(A,B)$。

定义型试题特点是考查学生在深刻理解义题的含义的前提下，能否迅速运用新定义及已有的知识进行正确的推理、论证，这需要准确把握条件、定义的本质，关注每一个条件的细节在解题中的作用。如本题中条件 $a_i,b_i,c_i \in \{0,1\}$（$i = 1,2,\cdots,n$），本题的解题策略是利用分类讨论思想方法，即对 c_i 的取

值进行分类讨论来证明其结论的成立。由于 $a_i, b_i, c_i \in \{0,1\}$，所以 a_i, b_i, c_i 的取值共有 2^3 种可能，因此本题还可以用列举法分析 $||a_i - c_i| - |b_i - c_i||$ 与 $|a_i - b_i|$ 的关系，这也体现由特殊到一般的思想方法。

证法二：因为 $a_i, b_i, c_i \in \{0,1\}$，所以 $|a_i - c_i|, |b_i - c_i| \in \{0,1\}$（$i = 1, 2, \cdots, n$）。

所以 $a_i^2 = a_i$，$b_i^2 = b_i$，$|a_i - c_i| = (a_i - c_i)^2$，$|b_i - c_i| = (b_i - c_i)^2$。

所以
$$d(A - C, B - C) = \sum_{i=1}^{n} ||a_i - c_i| - |b_i - c_i||$$
$$= \sum_{i=1}^{n} |(a_i - c_i)^2 - (b_i - c_i)^2|$$
$$= \sum_{i=1}^{n} |a_i^2 - b_i^2 - 2a_ic_i + 2b_ic_i|$$
$$= \sum_{i=1}^{n} |a_i - b_i - 2c_i(a_i - b_i)|$$
$$= \sum_{i=1}^{n} |a_i - b_i||1 - 2c_i|$$
$$= \sum_{i=1}^{n} |a_i - b_i| = d(A, B)$$

此证明方法的策略是去绝对值、消去 c_i，不用分类讨论，直接进行推理论证。在证明过程中为达到要证明的目标，巧妙地利用了 $1^2 = 1$，$0^2 = 0$，$1 = (\pm 1)^2$，$0 = 0^2$，进行等价变形，这对学生的数学素养有着较高的要求。

三、距离的奇偶性：$\forall A, B, C \in S_n$，$d(A,B)$，$d(A,C)$，$d(B,C)$ 三个数中至少有一个是偶数

（Ⅱ）证法一：设 $A = (a_1, a_2, \cdots, a_n)$，$B = (b_1, b_2, \cdots, b_n)$，$C = (c_1, c_2, \cdots, c_n) \in S_n$，

$d(A,B) = k$，$d(A,C) = l$，$d(B,C) = h$，

记 $O = (0,0,\cdots,0) \in S_n$，由（Ⅰ）可知

$d(A,B) = d(A - A, B - A) = d(O, B - A) = k$，

$d(A,C) = d(A - A, C - A) = d(O, C - A) = l$，

$d(B,C) = d(B - A, C - A) = h$，

所以 $|b_i - a_i|$（$i = 1, 2, \cdots, n$）中 1 的个数为 k，$|c_i - a_i|$（$i = 1, 2, \cdots, n$）中 1 的个数为 l。

设 t 是使 $|b_i - a_i| = |c_i - a_i| = 1$ 成立的 i 的个数，则 $h = l + k - 2t$

由此可知，k, l, h 三个数不可能都是奇数，

即 $d(A, B)$，$d(A, C)$，$d(B, C)$ 三个数中至少有一个是偶数。

此证法的策略是利用前一问中平移距离的不变性的结论，将集合 S_n 中任意两个元素 M, N 的距离转化 $M - N$ 与零元 O 的距离，即转化为 $M - N$ 中 1 的个数。要求学生能深入理解试题中的符号的内涵，掌握其本质，并能利用所学的知识准确运用数学符号语言表述和论证。

证法二：因为 $a_i, b_i, c_i \in \{0, 1\}$，所以 $|a_i - b_i|$，$|a_i - c_i|$，$|b_i - c_i| \in \{0, 1\}, (i = 1, 2, \cdots, n)$，

所以 $|a_i - b_i| = (a_i - b_i)^2$，$|a_i - c_i| = (a_i - c_i)^2$，$|b_i - c_i| = (b_i - c_i)^2$，

所以 $d(A, B) + d(A, C) + d(B, C)$

$$= \sum_{i=1}^{n} |a_i - b_i| + \sum_{i=1}^{n} |a_i - c_i| + \sum_{i=1}^{n} |b_i - c_i|$$

$$= \sum_{i=1}^{n} (|a_i - b_i| + |a_i - c_i| + |b_i - c_i|)$$

$$= \sum_{i=1}^{n} \left[(a_i - b_i)^2 + (a_i - c_i)^2 + (b_i - c_i)^2 \right]$$

$$= 2 \sum_{i=1}^{n} (a_i^2 + b_i^2 + c_i^2 - a_i b_i - a_i c_i - b_i c_i)$$

即 $d(A, B) + d(A, C) + d(B, C)$ 为偶数，

所以 $d(A, B)$，$d(A, C)$，$d(B, C)$ 不可能均为奇数，

故 $d(A, B)$，$d(A, C)$，$d(B, C)$ 三个数中至少有一个是偶数。

此证明方法的策略是证明 $d(A, B)$，$d(A, C)$，$d(B, C)$ 不可能均为奇数，即证 $d(A, B) + d(A, C) + d(B, C)$ 为偶数，通过是去绝对值，直接进行推理论证。在证明过程中为达到要证明的目标，利用了 $1 = (\pm 1)^2$，$0 = 0^2$，进行等价变形，这对学生的推理论证能力和抽象概括能力有着较高的要求。

证法三：因为 $d(A, B) + d(A, C) + d(B, C)$

$$= \sum_{i=1}^{n} |a_i - b_i| + \sum_{i=1}^{n} |a_i - c_i| + \sum_{i=1}^{n} |b_i - c_i|$$

$$= \sum_{i=1}^{n} (|a_i - b_i| + |a_i - c_i| + |b_i - c_i|)$$

(a_i, b_i, c_i) 可能为 $(0,0,0)$、$(1,0,0)$、$(0,1,0)$、$(0,0,1)$、$(0,1,1)$、$(1,0,1)$、$(1,1,0)$、$(1,1,1)$ 共 8 种情况，

所以 $|a_i - b_i| + |a_i - c_i| + |b_i - c_i| = 0$ 或 2，

$d(A, B) + d(A, C) + d(B, C)$ 为偶数，

$d(A,B)$，$d(A,C)$，$d(B,C)$ 不可能均为奇数，

故 $d(A,B)$，$d(A,C)$，$d(B,C)$ 三个数中至少有一个是偶数。

此方法的证明策略是利用完全归纳法，证明 $d(A,B)+d(A,C)+d(B,C)$ 为偶数，由此可见，当一个命题的证明所需分类或取值较少时，可以采取一一枚举的方法，说明其结论的正确性。

证法四：（反证法）假设 $d(A,B)$，$d(A,C)$，$d(B,C)$ 均为奇数，即 $\sum\limits_{i=1}^{n}|a_i-b_i|$，$\sum\limits_{i=1}^{n}|a_i-c_i|$，$\sum\limits_{i=1}^{n}|b_i-c_i|$ 均为奇数。

因为当 $p,q\in\mathbf{Z}$ 时，$p+q$ 与 $p-q$ 的奇偶性相同，

所以 $\sum\limits_{i=1}^{n}(a_i-b_i)$，$\sum\limits_{i=1}^{n}(a_i-c_i)$，$\sum\limits_{i=1}^{n}(b_i-c_i)$ 均为奇数。

于是 $\sum\limits_{i=1}^{n}(a_i-b_i)+\sum\limits_{i=1}^{n}(b_i-c_i)=\sum\limits_{i=1}^{n}(a_i-c_i)$ 应为偶数，与 $\sum\limits_{i=1}^{n}(a_i-c_i)$ 为奇数矛盾，故 $d(A,B)$，$d(A,C)$，$d(B,C)$ 三个数中至少有一个是偶数。

有些命题"若 A，则 B"在论证的当时，还没有直接证明的正面根据，在这种情况下可采用反证法，即证明与命题"若 A，则 B"相矛盾的命题"若 A，则不 B"的谬误。反证法的关键是从"若 A，则不 B"归引到谬误，通常归谬有三种方式：

（1）归引到同公理或以前已经证明的定理相矛盾，

（2）归引到同暂设的假定自相矛盾，

（3）归引到同命题的已知条件相矛盾。

此证法中的归谬方式是同暂设的假定自相矛盾。

证法五：因为 $a_i,b_i,c_i\in\{0,1\}$，所以 $|a_i-b_i|,|a_i-c_i|,|b_i-c_i|\in\{0,1\}$ $(i=1,2,\cdots,n)$。

所以 $|a_i-b_i|=(a_i-b_i)^2$，$|a_i-c_i|=(a_i-c_i)^2$，$|b_i-c_i|=(b_i-c_i)^2$，

于是 $\sqrt{d(A,B)}=\sqrt{\sum\limits_{i=1}^{n}|a_i-b_i|}=\sqrt{\sum\limits_{i=1}^{n}(a_i-b_i)^2}=|\overrightarrow{AB}|$，

同理 $\sqrt{d(A,C)}=|\overrightarrow{AC}|$，$\sqrt{d(B,C)}=|\overrightarrow{BC}|$，

当 $\overrightarrow{AB}$、$\overrightarrow{AC}$、$\overrightarrow{BC}$ 共线时，$d(A,B)$，$d(A,C)$，$d(B,C)$ 三个数中至少有一个为 0。

当 $\overrightarrow{AB}$、$\overrightarrow{AC}$、$\overrightarrow{BC}$ 不共线时，

由余弦定理得 $|\overrightarrow{BC}|^2=|\overrightarrow{AB}|^2+|\overrightarrow{AC}|^2-2|\overrightarrow{AB}||\overrightarrow{AC}|\cos A$，

即 $d(B,C)=d(A,B)+d(A,C)-2\overrightarrow{AB}\cdot\overrightarrow{AC}$，

因为 $2\overrightarrow{AB} \cdot \overrightarrow{AC} = 2\sum_{i=1}^{n}(b_i - a_i)(c_i - a_i)$ 为偶数,

所以 $d(A,B)$,$d(A,C)$,$d(B,C)$ 三个数中至少有一个是偶数。

此证法的策略是运用数形结合的思想方法,通过联想将本题定义的距离转化为向量的模,利用余弦定理、向量的内积建立 $d(A,B)$、$d(A,C)$、$d(B,C)$ 的关系,在证明一个命题时应注意寻找或建立"数"与"图形"的对应关系,把对"数"的研究转化为对"形"的研究,通过图形的特征建立几何关系,即几何中的不变量,再将几何关系数量化,进而使问题得到证明。

四、距离平均值的上界估计:$\bar{d}(P) \leqslant \dfrac{mn}{2(m-1)}$

(III) 证法一:$\bar{d}(P) = \dfrac{1}{C_m^2}\sum_{A,B\in P} d(A,B)$,其中 $\sum_{A,B\in P} d(A,B)$ 表示 P 中所有两个元素间距离的总和。

设 P 中所有元素的第 i 个位置的数字中共有 t_i 个 1,$m - t_i$ 个 0,

则 $\sum_{A,B\in P} d(A,B) = \sum_{i=1}^{n} t_i(m - t_i)$。

由于 $t_i(m - t_i) \leqslant \dfrac{m^2}{4}(i = 1,2,\cdots,n)$,

所以 $\sum_{A,B\in P} d(A,B) \leqslant \dfrac{nm^2}{4}$。

从而 $\bar{d}(P) = \dfrac{1}{C_m^2}\sum_{A,B\in P} d(A,B) \leqslant \dfrac{nm^2}{4C_m^2} = \dfrac{mn}{2(m-1)}$。

证法二:$\bar{d}(P) = \dfrac{1}{C_m^2}\sum_{A,B\in P} d(A,B)$,其中 $\sum_{A,B\in P} d(A,B)$ 表示 P 中所有两个元素间距离的总和。

设 P 中所有元素的第 i 个位置的数字中共有 t_i 个 1,$m - t_i$ 个 0,

所以 $\bar{d}(P) = \dfrac{1}{C_m^2}\sum_{A,B\in P} d(A,B) = \dfrac{1}{C_m^2}\sum_{1\leqslant k,l\leqslant m,k\neq l}\sum_{i=1}^{n}|a_{ki} - b_{li}|$

$= \dfrac{1}{C_m^2}\sum_{i=1}^{n}\sum_{1\leqslant k,l\leqslant m,k\neq l}|a_{ki} - b_{li}|$

$= \dfrac{1}{C_m^2}\sum_{i=1}^{n} t_i(m - t_i) \leqslant \dfrac{1}{C_m^2}\sum_{i=1}^{n}\left(\dfrac{t_i + m - t_i}{2}\right)^2$

$= \dfrac{2}{m(m-1)}\sum_{i=1}^{n}\dfrac{m^2}{4} = \dfrac{mn}{2(m-1)}$

以上两种方法的共同特点是都能利用均值不等式证明不等式成立。证法一

是先整体考虑集合 P 的所有元素中的第 i 项（或第 i 列）对总和的贡献值为 $t_i(m - t_i)$，再利用均值不等式证明其结论成立；证法二是先从任意两个元素的距离入手，再利用换序求和的方法及均值不等式证明其结论成立。

五、教学建议

（一）解答此类问题需要学生具有扎实的数学基本功，因此，在教学中要不断地加深对基础知识和基本技能的理解，强调学科内容的本质，注重培养学生良好的学习习惯，提高学生的数学素养，培养学生善于将所学的知识进行横向、纵向联系，要适度综合，不浮躁、不搞速成；注重学生实践、体验，不搞模式化训练，要给学生思考的空间和发展的平台，鼓励学生敢于标新立异，发展学生的个性特长。

（二）注重对"新符号""新定义"的阅读能力和观察能力的培养，要引导学生仔细阅读试题中的每个条件，反复理解"新符号""新定义"的内涵，抓住其知识本质；注重培养学生识别新符号的能力，鼓励学生大胆地用自己的语言正确表述，用所学的知识去解决没见过的问题，培养学生用数学语言表述的能力。

（三）教学中要突出体现数学是自然的，思维是流畅的。在分析题和解答问题时，要做到思路清晰，论述理由充分，推理严密，表述规范，要符合自然认识规律，善于从特殊具体实例去理解题意，通过特例观察其本质特征，寻找一般规律，培养学生通过观察、比较、分析、综合、抽象、概括和归纳类比等逻辑思维方法分析问题和解决问题的能力。

如本文例题分析时，若取 $A = (1,1,0,\cdots,0)$，

$B = (1,0,1,\cdots,1)$，

$\cdots\cdots\cdots$

$C = (0,1,1,\cdots,0)$.

计算 $A - B$；$d(A,B)$，$d(A,C)$，$d(B,C)$；$d(P)$ 分析其每一个的本质特征，再推广到一般，进而证明其结论。

（四）教学中揭示本质要突出直观理解。注重数学思想方法的运用，要突出"数形结合思想方法"在解题中的作用，要注重建立"数"与"形"的对应关系，将数的问题研究转化为形的问题研究，再通过形来解释数，如距离与向量长度、函数与图象、点与坐标、方程与曲线、比值与斜率、导数与切线等几何意义，在解题过程中注意引导学生正确运用。总之能用图形直观理解应先画图寻找其规律，几何意义不明显的要创造条件画图理解，比如本题（Ⅱ）的证法五。

挖掘数学文化价值 引领学生思维前行[*]

——读《九章算术》有感

作为一门基础学科，数学对于人的全面发展有很重要的作用，如果把握住了数学的本质，思维会更加深刻，学习起来往往乐在其中。但现在很多学生，一提到数学，就会觉得枯燥无味，至于数学思维更是感到"深不可测""高不可攀"。这当然有主客观方面的很多原因。假期中，通过结合自己的教学实践，我认真研读《九章算术》，感到一些老师在教学中不注重挖掘数学的文化价值。

作为经几代人整理、删补和修订而成的中国第一部数学专著，《九章算术》约成书于东汉初年（公元前一世纪），是《算经十书》中最重要的一种。全书采用问题集的形式编写，共收集了246个问题及其解法，每题都由问、答、术三部分组成。内容涉及算术、代数、几何等诸多领域，并与实际生活紧密相连，充分体现了中国人的数学观。《九章算术》很强调辩证思维，它注重应用，注重理论联系实际，形成了以筹算为中心的数学体系，对中国古算影响深远。它的一些成就如十进制值制、今有术、盈不足术等还传播到印度和阿拉伯，并通过这些国家传播到欧洲，促进了世界数学的发展。它是当时世界上最简练有效的应用数学，标志着中国古代数学形成了完整的体系。从某种意义上说，《九章算术》对数学的贡献可以与《几何原本》比肩。

悠久灿烂的中华文明为数学的发展做出过重要的贡献。如果能够在数学教学中恰到好处地加入数学史的教学内容，不但可以使学生产生兴趣、增强学生的民族自豪感、激发学习数学的热情，更能准确把握知识的本质。下面根据笔者的教学实践来具体说明。

《实际问题与二元一次方程组》是人教版七年级下册第八章第三节的内容，通过这节教学内容学生应该达到的目标是：

---

[*] 本书作者：李建书。

一、知识与技能

1. 体会方程组是刻画现实世界中含有多个未知数问题的有效数学模型；

2. 会用二元一次方程组解决实际问题。

二、过程与方法

1. 培养学生应用方程组解决实际问题的意识和应用数学的能力；

2. 将解方程组的技能训练与解决实际问题融为一体，进一步提高解方程组的技能。

三、情感态度与价值观

1. 在用方程组解决实际问题的过程中，体验数学的实用性，提高学习数学的兴趣；

2. 将数学史融入教学中，培养学生的民族自豪感。

【教学重点】

（1）探索用方程组解决实际问题的过程；

（2）进一步体会实际问题的建模方法，培养学生的数学应用能力。

【教学难点】

分析、理解题意，把实际问题转化为数学问题。

为了达到教学目标，我先引入了一个有趣的问题———明代数学家程大位的"隔墙分银问题"。

隔墙听得客分银　　不知人数不知银

七两分之多四两　　九两分之少半斤

请教各位善算者　　多少人分多少银

（注：题中斤两是旧制，1 斤 = 16 两）

———程大位《算法统宗》

这是一个以诗歌形式引入的数学问题，题目以简洁的四句话（后两句是我加的），给我们展示了一幅非常嘈杂而且又非常有趣的场景，这个问题学生用了两种方法来解决。

方法一：

解：设有 x 个人，则有（$7x + 4$）两银，由题意得

$7x + 4 = 9x - 8$

解得 $x = 6$

$7x + 4 = 7 \times 6 + 4 = 46$（两）

答：有 6 人分 46 两银子。

方法二：

解：设有 x 个人，有 y 两银，由题意得

$$\begin{cases} 7x+4=y \\ 9x-8=y \end{cases}$$

解得 $\begin{cases} x=6 \\ y=46 \end{cases}$

答：有 6 人分 46 两银子。

在此我们就可以向学生介绍一下《九章算术》中的盈不足术：

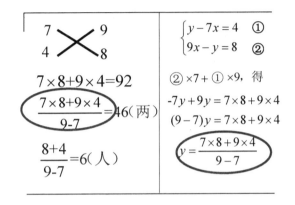

在九章算术中有大量的盈不足术的记载。虽然现在解决这个问题已经很容易了，但先辈们解决这一问题的思维方法恰恰是一个智慧的体现。在 16、17 世纪，欧洲人的代数学还没有发展到充分利用符号的阶段，这种万能算法就长期统治了他们的数学王国，可见我们古人对数学发展确实做出过巨大贡献。

这个引入，还可以直接选用《九章算术》卷第七中的盈不足术的问题引入，如：今有共买金，人出 400，赢 3400，人出 300，赢 100，问人数、今价各几何？这是一个很好的例子，既可以引出二元一次方程组，还可以跟学生讲述古人的成就，激发学生的学习兴趣。这个问题设计完后，紧接着我给学生抛出另一个问题：既然用一元一次方程模型就可以解决"两个未知数的问题"，我们是否还有必要研究用二元一次方程组模型解决实际问题？学生分组讨论，经过讨论学生不但提炼出了二元一次方程组模型的优劣势，而且还总结出了解决"两个未知数问题"的一般思路。

上面这个引入，学生很感兴趣，学生反响效果远超预期。

再比如学习《一元一次方程》时，部分老师对于"次"的解释都很清楚，但对于"元"的解释就"各显神通"了。翻看数学史，数学上用"元"表示未知数，源于我国宋元时期的天元术。所谓天元术，就是在解代数问题时，先立

天元一为某某，再根据题设条件建立等式，最后通过移项、合并同类项得到一个方程的解。后来一个未知数不够用了，朱世杰在《四元玉鉴》中，将天元术拓广到四元术，即用"天元、地元、人元、物元"来表示未知数。我们现在用字母表示未知数是沿用西方的方法。在西方，最早是由笛卡尔提出用字母"x"表示未知数的。

　　数学拥有悠久的历史和丰富的文化价值。在伦敦数学会主席就职演说中，德·摩根指出，任何一门艺术或科学，都算不上博雅艺术或博雅科学，除非人们将其与人类过去的思想联系起来学习。他还说，人类数学思想的早期历史引导我们发现自己的错误。数学课程标准也指出了数学活动经验的积累，特别强调了思维的经验，即在数学活动中思考的经验。实践证明，通过挖掘数学的文化价值，在数学课中"润物无声"地展示前人的探索和成就，有利于激发学生的学习兴趣，帮助学生积累思维的经验，提升学生的数学素养，值得我们大家在数学教学活动中关注和探索。

从《九章算术》看中国数学文化*

——反思数学教学

　　数学是人类的一种文化活动,与人类其他文化活动既密切联系,又相互区别。正是这种联系和区别,决定了数学在人类文明中的地位及其特殊的教育功能。但在学校教育中,数学往往被人们认为是训练思维、增长智力的学科。通过精讲多练、变式训练来传授"双基",掌握解题技巧。这样的方式一方面使学生获得较扎实的数学基础知识和数学应考能力;另一方面也造成数学教育目标上的一些失衡,如缺乏对数学本质及思想真正有意义的感悟等。

　　从根本上来说,数学的发展与人类的生产实践和社会需求密切相关。对自然和社会的探索是数学研究最丰富的的源泉。所以只有深入地了解数学发展的历史才能更清楚地定位数学教育的意义,那么《九章算术》是一个不错的选择。

　　《九章算术》在中国古代数学发展过程中占有非常重要的地位。它经过许多人整理而成,大约成书于东汉时期。全书共收集了246个数学问题并且提供其解法,主要内容包括分数四则和比例算法、各种面积和体积的计算、关于勾股测量的计算等。在代数方面,《九章算术》在世界数学史上最早提出负数概念及正负数加减法法则;现在中学讲授的线性方程组的解法和《九章算术》介绍的方法大体相同。注重实际应用是《九章算术》的一个显著特点。该书的一些知识还传播至印度和阿拉伯,甚至经过这些地区远至欧洲。《九章算术》标志着以筹算为基础的中国古代数学体系的正式形成。中国古代数学在三国及两晋时期侧重于理论研究,其中以赵爽与刘徽为主要代表人物。赵爽是三国时期吴人,在中国历史上他是最早对数学定理和公式进行证明的数学家之一,其学术成就体现于对《周髀算经》的阐释。在《勾股圆方图注》中,他还用几何方法证明了勾股定理,其实这已经体现"割补原理"的方法。用几何方法求解二次方程

---

　　* 本文作者:韦丽玲。

也是他对中国古代数学的一大贡献。三国时期魏人刘徽则注释了《九章算术》，其著作《九章算术注》不仅对《九章算术》的方法、公式和定理进行一般的解释和推导，而且系统地阐述了中国传统数学的理论体系与数学原理，并且有诸多创造。其发明的"割圆术"（圆内接正多边形面积无限逼近圆面积），为圆周率的计算奠定了基础，同时刘徽还算出圆周率的近似值——"3927/1250（3.1416）"。他设计的"牟合方盖"的几何模型为后人寻求球体积公式打下了重要基础。在研究多面体体积过程中，刘徽运用极限方法证明了"阳马术"。另外，《海岛算经》也是刘徽编撰的一部数学论著。南北朝是中国古代数学的蓬勃发展时期，计有《孙子算经》《夏侯阳算经》《张丘建算经》等算学著作问世。祖冲之、祖暅父子的工作在这一时期最具代表性。他们着重进行数学思维和数学推理，在前人刘徽《九章算术注》的基础上前进了一步。根据史料记载，其著作《缀术》（已失传）取得了如下成就：第一，圆周率精确到小数点后第六位，得到 3.1415926 < π < 3.1415927，并求得 π 的约率为 22/7，密率为 355/113，其中密率是分子分母在 1000 以内的最佳值；欧洲直到 16 世纪德国人鄂图（Otto）和荷兰人安托尼兹（Anthonisz）才得出同样结果。第二，祖暅在刘徽工作的基础上推导出球体体积公式，并提出二立体等高处截面积相等则二体体积相等（"幂势既同则积不容异"）定理；欧洲直到 17 世纪意大利数学家卡瓦列利（Cavalieri）才提出同一定理……祖氏父子同时在天文学上也有一定贡献。隋唐时期的主要成就在于建立中国数学教育制度，这大概主要与国子监设立算学馆及科举制度有关。在当时的算学馆《算经十书》成为专用教材对学生讲授。《算经十书》收集了《周髀算经》《九章算术》《海岛算经》等 10 部数学著作的内容。所以当时的数学教育制度对继承古代数学经典是有积极意义的。公元 600 年，隋代刘焯在制订《皇极历》时，在世界上最早提出了等间距二次内插公式；唐代僧一行在其《大衍历》中将其发展为不等间距二次内插公式。从公元 11 世纪到 14 世纪的宋、元时期，是以筹算为主要内容的中国古代数学的鼎盛时期，其表现是这一时期涌现许多杰出的数学家和数学著作。中国古代数学以宋、元数学为最高境界。在世界范围内宋、元数学也几乎是与阿拉伯数学一道居于世界领先集团的。贾宪在《黄帝九章算法细草》中提出开任意高次幂的"增乘开方法"，同样的方法至 1819 年才由英国人霍纳发现；贾宪的二项式定理系数表与 17 世纪欧洲出现的"巴斯加三角"是类似的。遗憾的是贾宪的《黄帝九章算法细草》书稿已佚。秦九韶是南宋时期杰出的数学家。1247 年，他在《数书九章》中将"增乘开方法"加以推广，论述了高次方程的数值解法，并且列举 20 多个取材于实践的高次方程的解法（最高为十次方程）。16 世纪意大利人菲尔

洛才提出三次方程的解法。另外，秦九韶还对一次同余式理论进行过研究。李冶于1248年发表《测圆海镜》，该书是首部系统论述"天元术"（一元高次方程）的著作，在数学史上具有里程碑意义。尤其难得的是，在此书的序言中，李冶公开批判轻视科学实践活动，将数学贬为"贱技""玩物"等的做法。公元1261年，南宋杨辉（生卒年代不详）在《详解九章算法》中用"垛积术"求出几类高阶等差级数之和。公元1274年他在《乘除通变本末》中还叙述了"九归捷法"，介绍了筹算乘除的各种运算法。公元1280年，元代王恂、郭守敬等制订《授时历》时，列出了三次差的内插公式。郭守敬还运用几何方法求出相当于现在球面三角的两个公式。公元1303年，元代朱世杰（生卒年代不详）著《四元玉鉴》，他把"天元术"推广为"四元术"（四元高次联立方程），并提出消元的解法，欧洲到公元1775年法国人别朱（Bezout）才提出同样的解法。朱世杰还对各有限项级数求和问题进行了研究，在此基础上得出了高次差的内插公式。到公元1670年英国人格里高利（Gregory）和公元1676—1678年间牛顿（Newton）才提出内插法的一般公式。14世纪明王朝建立以后，统治者奉行以八股文为特征的科举制度，在国家科举考试中大幅度消减数学内容，于是中国古代数学便开始呈现全面衰退之势。明代珠算开始普及于中国。1592年程大位编撰的《直指算法统宗》是一部集珠算理论之大成的著作。但是有人认为，珠算的普及是抑制建立在筹算基础之上的中国古代数学进一步发展的主要原因之一。由于演算天文历法的需要，自16世纪末开始，来华的西方传教士便将西方一些数学知识传入中国。数学家徐光启向意大利传教士利马窦学习西方数学知识，而且他们还合译了《几何原本》的前6卷（1607年完成）。徐光启应用西方的逻辑推理方法论证了中国的勾股测望术，因此而撰写了《测量异同》和《勾股义》两篇著作。邓玉函编译的《大测》（2卷）、《割圆八线表》（6卷）和罗雅谷的《测量全义》（10卷），都是介绍西方三角学的著作。

读完九章算术，我们对数学的认识会有一个提升。数学本身是一个历史概念，数学的内涵随着时代的变化而变化。然而纵观中国数学的历史我们可以达成这样的认识，数学始终是围绕着"数"和"形"这两个基本概念的抽象、提炼而发展的。今后的数学教学要让学生始终明确我们在学什么、为什么而学，让老师明确我们在教什么、培养目标是什么以及怎样教才能达到目标。

参考文献：

数学课程标准解读（2011版）[M]．北京：北京师范大学出版社，2012.

《统整的力量》之感悟*

　　这个暑假，学校推荐了陈怡倩《统整的力量》，陈怡倩2004年获得佛罗里达州立大学艺术教育学博士、博物馆学结业证书。2008年起任教于华盛顿州立大学三镇分校教育系。

　　读完这本书，首先问自己统整课程是什么？科学、技术、工程、艺术、数学，它们英文的首个字母组合是STEAM。2009年，奥巴马政府认为科学、技术、工程、数学这四个领域是高薪、高回报的学科领域，因此提出以提供科学、技术、工程、数学融合的教育来训练相关的技能，即STEM融合教育。可是，这个以科技工业为重的STEM教育风潮，在艺术文教界却激发反弹。于是，STEM融合教育加了一个"A"，变成了STEAM融合教育，这个"A"指代的是Arts，艺术不仅意味着创造力、原创力，还把情商的可能性带入了。基于此，作者把"统整学科"定义为：把两个以上的学科知识有效地联结、利用、融合成一个整体的教学架构，来帮助学生跨越学科，获得对知识的全面理解。

　　在这个定义里有两个重点：首先，强调的是架构重整学习，教师对架构必须具有联结与融合，把各个学科（局部）的知识有意义地组合成一个整体；其次，明确地点出学习的目的性，力求对知识全面理解。

　　统整课程的优势在于语文、数学、英语、物理、化学、生物……今天，我们习惯了这样的分科教育方式，并以为自古如此。实际上，并非如此。最初的教育乃于生活之中以综合之形态存在，随着知识的分化，学科的出现，教育也逐渐分化。分化是解决人生有涯而知识无涯的困窘的良方，而且推进了学科向精深发展。其缺陷是将原先完整的知识图景碎片化，破坏了知识的完整性。在本书中，作者举了一个例子：一次，她给大学师范本科生设计了一个小活动，在桌上放置了平日在家里收集的已经清洗干净的废弃回收物、小物品、基本文

---

　　* 本文作者：李晓云。

具、热熔胶、水彩笔和彩色铅笔。每一组学生有 50 分钟的时间来制作"会画画的机器人",这个机器人并必须符合三个条件:机器人不需要辅助就可以直立;会动;会画画。学生们一窝蜂地涌向材料桌,他们马上面对第一个难题:怎么让马达运转?学生们积极解决,把玩电池、连接电线和小马达,想办法发现让马达运行的必要条件。有的学生逐渐显示挫败感,因为他们忘记学过的负极与正极的基础电子学,开始向我抱怨材料坏掉了。此外,在制作的过程中,有些学生急于让马达运转,却忘记考虑马达的重量与水彩笔的质量必须达到一定的平衡,才能确保水彩笔能在震动或移动中稳定地画出线条或圆圈。

作者分析认为,其实他们最大的阻碍是用分科的思考方式来解决问题,如在数学课解决数学问题、在自然科学课解决自然科学问题、在基础电流学课解决基础电流学的问题,等等。

这种状况中西皆然。然而,当我们走向社会,任何一个岗位面临的挑战都不可能是一个纯粹的数学题或者纯粹的物理题,可能同时需要科学、技术、工程、数学、艺术、沟通合作等多方面的知识和技能。21 世纪是一个思考的世纪。当信息随手可得时,能够脱颖而出的,将是懂得思考、善于思辨、有综合能力和善于哲学性思维的人。

关注学生的心灵状态。学生心灵状态的稳定度与学生的学习成效密切相关,学习的情绪可以左右孩子的学习态度与专注度。因此,"以学习者为中心"的课程必须关注学生的心灵状态,倾听学生的声音。

重视课程的价值观。教师如果能够洞悉蕴含于课纲、教科书、教学理论中的价值体系的意义话,不仅能够帮助教学者深刻理解"为何而教",更能够明确地引领未来教学。运用思维导图进行课程规划,思维导图是有效展现课程计划的工具,它扮演着蓝图的角色,引领设计者厘清思维,凸显中心意志,并强化各个步骤环节的关联性,对于统整课程规划有绝对的帮助。

统整不仅是一种课程的形态,更是一种思维的模式。在设计统整课程时,三种思维模式对教学计划和教学成效影响最为深刻。纵向思维,是一种注重线性思维的逻辑思维模式,认为认知的形成有一定的次序,强调获取知识的步骤,这种思维方式一直受到教育界的肯定;横向思维,摒弃以单一性的纵向逻辑的思考模式来解决问题,强调在解决问题的过程中的可能性,鼓励积极思考,用不同方式来解决问题;系统性思维,强调组成知识的各个环节之间的关系和互联性。和横向思维相比,系统性思维重视知识的整体架构,可以是网状的整体呈现。

综上所述,我认为统整学科的教学目的是打破单一学科单一领域的框架。

统整学科的教学，强调的就是一个系统性思维的养成，它融合纵向思维的深度，横向思维的广度，系统性思维的连接性，一体多面地介绍、诠释、反思与应用已获取的知识与想获取的知识。在学习的过程中，知识已不再是独立的、个体的，运用它的复杂性、互联性，能有效地把知识的获取推向极致。

关于《九章算术》在数学发展史中
的地位和作用*

　　我国古代数学有它自己的体系与形式。《九章算术》与《几何原本》东西
辉映，无疑是数学史上两大传世巨著，也是现代数学的两大源泉。《九章算术》
是一部问题集形式的算术书，共有 246 个问题，按不同算法类型分为九章，每
章中问题数目不等，大致由简到繁排列，就问题而言，它包括了当时的社会生
产、分配、交换、行政管理等方面；就数学知识和方法而言，它不仅包括了现
代算术的大部分内容，而且还包括了初等几何中的体积、面积计算方法以及代
数中一些理论、方法和公式。

一、《九章算术》的基本内容

　　《九章算术》中有九部分内容，具体如下：

　　"方田"章：来自于田亩丈量与分配的需要。它提出了完整的分数运算法
则，以及多边形、圆、弓形等的面积公式。

　　"粟米"章：来自以易物与交换的需要。以谷物交换为例，提供了各类比例
的算法。

　　"衰分"章：来自于不同等级的分配需要。它提供了比例分配的法则和等差
数列问题的处理方法。

　　"少广"章：来自于田、地的计算需要。它提出了分数以完整地开平方、开
立方的程序。

　　"商功"章：来自于土木工程与水利建设的需要。它讨论了多种立体体积公
式与工程分配问题。

　　"均输"章：来自于官方摊派劳役和税收的需要。它提供了解决赋役中的合

---

　　* 本文作者：高璇。

理分担和加权比例等问题，以及西汉当时社会实际的算术问题。

"盈不足"章：来自于两预设答案求解二元问题的特殊需要。它给出的是解决盈亏问题。

"方程"章：讲的是线性方程组的解法，以及给出了正负数的加减法则。

"勾股"章：提出了勾股定理，解勾股形及若干侧高望远等问题。

二、《九章算术》的贡献

《九章算术》可以看作中国古代数学思想的集中表现，它承前启后，奠定了中国古代数学思想的基础。又是中国古代数学文献的典范，从中反映的数学思想，在1000多年间支配着中国数学领域，也是世界数学思想的重要源泉之一。它的贡献有很多方面，主要有以下三个：

（一）算术方面

1. 分数

《九章算术》中有比较完整的分数计算方法，包括四则运算、通分、约分、化带分数为假分数（我国古代称为通分内子，"内"读为纳）等，其中"约分术"给出了求分子、分母最大公约数（中国古代数学家称最大公约数为"等数"）的"更相减损"法，与欧几里得的《原本》中给出的方法是一致的。

2. 比例算法

在《九章算术》的第二、三、六等章内，广泛地使用了各种比例解应用问题。我国古代数学家刘徽就用"今有术"作为这类比例问题解法的专用名词。

《九章算术》中另一个常用的比率算法是"衰分术"。所谓"衰分"就是差分，比例分配的意思，是古代处理分配问题的一种方法，另外还有"均输"章，运用比例分配解决粮食运输负担的平均分配。

3. 盈不足术

"盈不足"术是以盈亏类问题为原型，通过再次假设来求繁难算术问题的解的方法。"七人，物价五十三"问题，《九章算术》给出了求解公式。

一些其他的算术问题也可以通过两次假设未知量的值转换为盈不足问题。《九章算术》就用这种方法解决了许多不属于盈不足的问题。因此，盈不足是一种创造，在中国古代算法中占有重要的地位。盈不足问题后来传到阿拉伯国家，称为"契丹算法"，受到特别重视，中世纪传到欧洲，称为"双设法"。

（二）代数方面

《九章算术》在代数方面的成就具有世界先进水平。主要包括以下三个方面：

1. 正负术

《九章算术》在代数上的第一个贡献是引进负数，这是数系扩充的一个重大进展，并给出了对正、负数进行加减运算的正确法则，《九章算术》之后，魏晋时期的数学家刘徽对负数的出现就做了很自然的解释："两算得失相反，要令正负以名之"，并主张在筹算中用红筹代表正数，黑筹代表负数。

2. 开方术

《九章算术》中讲到开平方、开立方的方法，计算步骤和现在的基本一样。本质上是一种减根变换法，开创了后来开更高次方和求高次方程数值解之先河。《九章算术》开方术实际上包含了二次方程的数值求解程序。特别令人惊异的是指出了存在有开不尽的情形。"若开之不尽者，为不可工"，并给这种不尽根数起了一个专门的名字——"面"。

3. 方程术

《九章算术》"方程"一章主要讲多元一次联立方程组及其解法，其解法实质上就是"高斯消元法"，欧洲到 17 世纪才出现。在《九章算术》中有一题是"五家共井"问题，把它化为联立方程问题，则得到一个含五个方程，六个未知数的方程组，这是世界上最早的不定方程组。《九章算术》方程术，是世界数学史上的一颗明珠。

（三）几何方面

《九章算术》中包含大量的几何知识，分布在"方田"、"商功"和"勾股"各章，"方田"章讲面积计算，"商功"章讲体积计算，"勾股"章讲勾股定理的应用。

《九章算术》中的几何问题具有很明显的实际背景，如面积问题多与农田测量有关，何种问题则主要涉及工程土方计算。各种几何图形的名称就反映着它们的现实来源。如平面图形有"方田（正方形）""直田（矩形）"等。《九章算术》中给出的所有直线形的面积、体积公式都是准确的。与欧几里得《原本》中将代数问题几何化的做法相反，《九章算术》将几何问题算术化和代数化。

三、《九章算术》的特点

《九章算术》共分九章，每一章都包括若干道问题，共计有 246 道题。每道问题后给以答案，一些问题后给出"术"，即解题的方法。通过这种形式，对我国古代数学做了总结和发展，代表了中国古代数学的基本思想方法。它具有如下的特点：

（一）开放的归纳体系

《九章算术》是按照当时社会实践所需要解决的问题来分类的，每一类（一章）中设置若干个实际问题，每个问题都给出答案，并提供有关的算法。由于实际问题是从具体的东西开始研究，所以是一个归纳的体系——从个别的问题到一般的算法。又由于是按当时社会实践所需要解决的问题来分类的，那么社会实践的发展必然向数学提出新的问题来，也就必然会直接促进数学的发展，数学的发展直接来自社会实践中的问题，所以是一个开放的体系。整个中国古代数学思想都具有这个特点，《九章算术》就是一个典型代表。

《九章算术》是一个按应用问题性质归纳分类的开放性的理论体系。《九章算术》的开放性、应用性的数学思想也是近代数学思想发展的一大源泉。考察现代应用数学体系，也正是按应用方向或主要采用的数学模型分类的。

（二）算法化的内容

《九章算术》的结构特点：按应用方向或主要应用的数学模型把全书划分为若干章，在每一章内举出若干个实际问题，对每个问题都给出答案，然后给出这一类问题的算法。《九章算术》中称这种算法为"术"，按"术"给出的程序去做就一定能求出问题的答案来。历来数学家对《九章算术》的注、校基本上都是在"术"上做文章，即不断改进算法。算法化的内容是完全适合于开放性的归纳体系的。这种体系首先就是要解决实际问题，要迅速地解决问题，最好的方法莫过于给出一个算法。

（三）模型化的方法

从方法论的角度来看，《九章算术》广泛地采用了模型化方法。它在每一章中所设置的问题，都是在大量的实际问题中选择具有典型性的现实原型，然后再通过"术"（即算法）转化成数学模型。其中有些章就是探讨某种数学模型的应用的——其章的标题也是如此。这种数学模型的名称，如"勾股""方程"等章。"衰分""少广"等章也是由数学模型开始的。

模型化的方法与开放性的归纳体系及算法化的内容是相适应的。模型化法中的各个模型之间当然也有一定的联系，但它们有较大的独立性，一个模型的建立并不太严格地依赖于其他模型，因此，随时都可以由实践中提炼出新的模型。在这种体系里，算法是适合一定的模型的，因此，算法化的内容与模型化的方法是分不开的，只有采用了数学模型方法才能得到有关的一类问题的算法，这在现代计算理论中也是一个确定不移的原则。

沉静读书，恒学善研[*]

——例谈高中数学课堂中的"四基四能"的落实

  教育是一门艺术，更是一门科学。做好用心灵教书、为深刻而教，需要教育理论的指导。而读书是教师最好的修行，读书可使我们涵养心灵、提升境界，更为我们的工作指引了方向。

  STEM教学模式是从实际问题出发，利用所涉及的跨学科的知识进行解决，在解决过程中，理解和掌握涉及的学科知识，是"广度"，不是国内讲的"深度"；问题式学习（PBL）也是如此。但是在国内的数学课堂中，也是问题式学习（或教学），一般有两种模式：一种是以问题为引入式，后面的教学环节都是常规的数学知识环节（如概念、性质、应用等）；另一种还是在数学知识框架中，设置数学问题，以问题引导学生去阅读、思考等，以加深学习的深刻度（对内容的理解）。但是两种方法都还是局限在数学学科内，没有实现跨学科的整合，在整个学生知识的生成中，还只是坚守了自己的阵地。

  现在的数学课堂，应该以深刻性破解跨学科知识之间的壁垒，如何落实数学课堂的深刻性，就要从落实新的课程标准入手。高三课堂的"为深刻而教"，还是应该侧重在数学学科本身的深刻度上？在假期我认真学习了新的《普通高中数学课程标准（2017年版）》，一边学习了解高中课程改革的目的、具体要求，同时也在寻找新课程所要求的数学教学的"深刻"应体现在哪里？本文主要就其中的"四基四能"，结合自己的教学反思，谈些想法，进一步指导自己下阶段的高三数学教学。

  在《普通高中数学课程标准（2017年版）》中，对高中数学课程目标提出了"四基四能"，即：通过高中数学课程的学习，学生能获得进一步学习以及未来发展所必需的数学基础知识、基本技能、基本思想、基本活动经验（简称

---

  [*] 本文作者：陈国栋。

183

"四基");提高从数学角度发现和提出问题的能力,分析和解决问题的能力(简称"四能")。

在高中数学课堂中为什么要落实"四基四能"?怎么落实?下面将通过两个例子谈一下。

一、数学课堂中的"四基"

例1:求 $(x^2 + x + 1)^{10}$ 展开式中 x^5 的系数。

(1) 学生表现

这是《二项式定理》一节的一道题,题目不简单,不少教师会选择回避这种题目,事实上,如果按照课程标准落实好数学教学的"四基",这个例题对于学生来说是不难解决的。

一般的,学生面对这道题,常出现的结果有以下几种:

第一类学生:完全不会做;

第二类学生:没有任何技巧的直接乘开,短时间内没有结果;由于过程复杂,容易出错;

第三类学生:根据题目特征联想到二项式定理,变形使用二项式定理展开,寻找其中的目标项。具体过程就是下面的方法1:

$$(x^2 + x + 1)^{10} = \left[(x^2 + x) + 1 \right]^{10}$$
$$= (x^2 + x)^{10} + C_{10}^1 (x^2 + x)^9 + \cdots + C_{10}^4 (x^2 + x)^6$$
$$+ C_{10}^5 (x^2 + x)^5 + C_{10}^6 (x^2 + x)^4 + C_{10}^7 (x^2 + x)^3$$
$$+ C_{10}^8 (x^2 + x)^2 + C_{10}^9 (x^2 + x)1 + 1$$

不难看出,展开式中含有 x^5 的项只有这三项:

$C_{10}^5 (x^2 + x)^5$、$C_{10}^6 (x^2 + x)^4$、$C_{10}^7 (x^2 + x)^3$;

下面再分别利用二项式定理求出上面三项中的 x^5 的项:

$C_{10}^5 (x^2 + x)^5$: $\qquad$ $C_{10}^5 x^5 = 252x^5$;

$C_{10}^6 (x^2 + x)^4$: $\qquad$ $C_{10}^6 \cdot C_4^3 \cdot x^2 \cdot x^3 = 840x^5$;

$C_{10}^7 (x^2 + x)^3$: $\qquad$ $C_{10}^7 \cdot C_3^1 \cdot (x^2)^2 \cdot x = 360x^5$;

最终合并同类项,可得 x^5 的系数是 $252 + 840 + 360 = 1452$。

(2) 学生表现分析

我们分析一下,上面3种结果出现的原因:

第一类学生,是否掌握了基础知识、思想、方法无从可知,但是至少在学习中没有养成探索的习惯;

第二类学生，因为没有任何技巧的乘开，这是延续了初中多项式乘法的学习经验，但实际就因为这是最原始的展开方法，所以学生才记忆深刻，而高中二项式定理的学习，就是继续解决这种低效的展开过程，初中的完全平方式 $[(a \pm b)^2 = a^2 \pm 2ab + b^2]$ 也是作为基本模型，要求熟记并且直接使用的，但二项式定理，并没有在此题中提供任何新的基本解题经验，而新知识背后的思想、方法就跟更没有渗透。这类学生可能掌握了基础知识，即二项式定理中的公式，能够解决简单的形似二项式定理的问题，例如：求 $(1 + 2x)^7$ 展开式的第4项系数，可以直接套用公式。但是当遇到变形较大（如例1）就不能联想到二项式定理，有的学生想到了，但不会变形使用。

对于能够使用二项式定理解题的第三类同学，他们是优秀的、有思想的。能够将二项式定理作为基本工具，从形式上变形使用了二项式定理，避免了展开的复杂运算，虽然使用两次二项式定理，但还是能够寻找最终的展开项，落实了掌握基本知识，但是可惜没有看出掌握了基本方法、基本思想。

（3）题目新解与课堂教学

对于第三类同学，不知道有没有思考一个问题，就是能否直接找出目标项？仔细分析二项式定理，它的证明过程不正是如何找出展开式中的每一项吗？例1既然直接使用二项式定理不能直接达到目的，那定理的证明方法呢？

作为数学教师，应该不难意识到这个方法不仅能证明二项式定理，还能证明三项式定理及更一般的结论，这一类结论的证明过程，就是使用分步乘法计数原理：一个使用2步，一个使用3步，或者更多步，方法虽有不同，但是背后的指导操作方法的基本思想是相同的，就是计数原理思想。

最终形成下面更有效的方法2：

不难看到 $x^5 = x \cdot x \cdot x \cdot x \cdot x = x^2 \cdot x \cdot x \cdot x = x^2 \cdot x^2 \cdot x$，所以根据计数原理和二项式定理的推导方法，不难得出下面三类对应的 x^5 系数：

① $x^5 = x \cdot x \cdot x \cdot x \cdot x$：$C_{10}^5 = 252$；

② $x^5 = x^2 \cdot x \cdot x \cdot x$：$C_{10}^1 C_9^3 = 840$；

③ $x^5 = x^2 \cdot x^2 \cdot x$：$C_{10}^7 \cdot C_3^1 = 360$；

最终 x^5 的系数是 $252 + 840 + 360 = 1452$。

（4）教学反思

事实上，根据上面的思想和方法，还能快速得到二项式定理的推广形式：

$$(a + b + c)^n = \sum_{i=0}^{n} \sum_{j=0}^{i} C_n^i C_{n-i}^j a^{n-i} b^{i-j} c^j = \sum_{i+j+k=n} C_n^i C_{n-i}^j a^i b^j c^k$$

由此可以看出，相对于二项式定理来说，其证明方法及思路，更具有深刻性、广泛性及发展性。或许在课堂上我们不用重点讲三项式定理，但是其与二项式定理沟通起来的那条线（证明方法）我们不应该忽略，这就是将知识互相联系起来的、隐藏在知识背后的基本思想、基本方法。

从章节知识体系上看，《二项式定理》一节是延续两个计数原理、排列与组合的学习及应用，同时也为概率中的《二项分布》做好知识准备，从代数知识体系看，其作用意义更大：是对初中的完全平方式的延伸学习，还可应用数学归纳法进行一般性证明，同时还可解决一类整数除法求余数的问题。

在《普通高中数学课程标准（2017 年版)》的附录第 139 页，案例 17《二项式定理》中，提出【目的】【情景】"探索二项式定理的结构性证明"，【分析】中也就二项式定理证明过程分为了三个阶段：求出每一项、合并同类项、得到展开式，详细地剖析了定理证明过程的思想、方法。由此可见课堂上不仅要落实基本知识，更要做好基本方法及基本思想的渗透，正是前三个基本的落实，才让二项式定理与之前的数学知识形成了联系和逻辑关系。这样在面对二项式定理中的难题时，如果基本公式不能解决，那么可以根据二项式定理的知识脉络，回归到更一般的相关的知识上，即二项式定理的证明方法及证明的指导思想，不仅给予了学生更多的思考空间，更形成了这类难题的基本解题经验。

纵观方法 1、方法 2，例 1 对学生是否为简单题，关键在于数学课堂教学是否落实了"四基"，学生作为一个学习者，还不是数学专业的研究者，如果我们不在课堂上多渗透、启发数学知识背后的数学思想方法，让学生感受体验数学活动，数学学习就太浮于表面，学生只能见识到数学发展的成果，而没有经历数学发生发展的过程，那样就展现不出"数学是思维的体操"了。

二、数学课堂中的"四能"

例 2：已知函数 $f(x)$ 定义域为 R，导函数为 $f'(x) = (x+1)(e^x-2)$，求 $f(x)$ 的单调区间。

（1）常规解法

在学习导数时，我们都会教授学生利用导数正负，判定原函数的单调性。本例题只需要在函数定义域 R 内分析导函数 $f'(x)$ 的正负，这种题难不住学生，一般会选取下面前三种思路解决：

思路 1：先求零点 $x_1=-1, x_2=\ln2$，两个零点把定义域分为了 $(-\infty,-1)$、$(-1,\ln2)$、$(\ln2,+\infty)$ 三部分，在各个区间内寻找特殊值，代入 $f'(x)$ 计算正负；因为函数在每个开区间内的连续性及无零点，所以每个区间上函数的正负是恒定的，所以特殊值的正负是可以分析出每个区间上函数的正负。

思路2：整个函数的单调性及图象是不清楚的，但是不难看出每一部分都是初等函数的简单变形，所以可以直接分析两个函数 $y_1 = x + 1, y_2 = e^x - 2$ 在区间 $(-\infty, -1)$、$(-1, \ln2)$、$(\ln2, +\infty)$ 上的正负，最简单的操作方法就是将两个图象作在同一坐标系中，进而判断出函数 $f(x)$ 的正负如下表：

x	$(-\infty, -1)$	$(-1, \ln2)$	$(\ln2, +\infty)$
$y_1 = x + 1$	−	+	+
$y_2 = e^x - 2$	−	−	+
$f'(x) = y_1 y_2$	+	−	+

思路3：直接令 $f'(x) > 0$，将其转为不等式组 $\begin{cases} x + 1 > 0 \\ e^x - 2 > 0 \end{cases}$ 或 $\begin{cases} x + 1 < 0 \\ e^x - 2 < 0 \end{cases}$，分别求出就可以了（思路2、3相似，一个从函数图象分析，一个从解不等式分析）。

（2）学生的问题与思维的碰撞

一般教学到这里就可以了，但是有一次课，一个学生举起手支支吾吾地说，老师我有个问题，如果能解决，就有一个更简单的方法。为了鼓励学生多思考、多探究，我让这个学生说出了自己的问题，进而就有了下面的师生对话和解法4：

生1：老师，我有个问题，导函数 $f'(x) = (x + 1)(e^x - 2)$，我觉得很像二次函数，但是又不是，能否转化为二次函数？

师：你怎么想到了使用二次函数？

生1：上面因式分解后有两项，很像二次函数，之前做过不少求三次函数单调性的问题，它们的导函数都是二次函数，而此时导函数的正负借助二次函数图象就能快速分析出正负。

师：不错的想法，下面我们一起分析一下能否转化为二次函数，哪位同学有好的思路？

生2：只需要把 $y = e^x - 2$，化成一次函数就可以了。

生3：$y = e^x - 2$ 不是一次函数，怎么用一次函数替代呢？

（接下来陷入了短暂的沉默）

师：大家带着这个问题，看看前面的3个思路，能否得出一些启示？

（学生翻看前面的三个解法，教师继续提示。）

师：将 $y = e^x - 2$ 换为一次函数时，这个一次函数与 $y = e^x - 2$ 究竟应该有什么地方要相同?

生 4:我好像看到点东西:从思路 3 的不等式来看,只要 $y = e^x - 2$ 的正负与一次函数相同就可以了。

生 5:函数的哪些性质会涉及函数的正负分布相同?

生 6:从思路 2 的图象来看,函数的零点和单调性决定了函数正负分布。

生 7:我知道答案了,用一次函数 $y = x - \ln2$ 就可以替代 $y = e^x - 2$ 了。

师:你们做得太棒了!谁来总结一下刚才的思考过程及解题方法?

生 8:我们想把 $y = e^x - 2$ 换为一次函数,使 $f'(x) = (x + 1)(e^x - 2)$ 换为一个二次函数,利用二次函数的正负分布解决 $f'(x) = (x + 1)(e^x - 2)$ 的正负分布,一次函数只需要与 $y = e^x - 2$ 的正负相同,根据 $y = e^x - 2$ 的单调递增性和零点为 $x = \ln2$,构造 $y = x - \ln2$,它们的正负分布相同,由思路 2、3 都可以可以看出,$f'(x) = (x + 1)(e^x - 2)$ 与 $y = (x + 1)(x - \ln2)$ 的正负分布是相同的。

师:谁能再出一个类似的题目,巩固一下刚才的方法?

生 9:$f'(x) = (\ln x + 1)(e^x - 2)$ 的正负等价于二次函数 $y = (x - e^{-1})(x - \ln2)$ 在 $(0, +\infty)$ 上的正负。

生 10:那 $f'(x) = x\sin x [x \in (0, 2\pi)]$ 的正负等价于二次函数 $y = -x(x - \pi)$ 在 $(0, 2\pi)$ 上的正负。

生 11:不对,上面的 $y = \sin x [x \in (0, 2\pi)]$ 与 $y = -(x - \pi)$ 的正负分布相同,但是只有零点相同,单调性不同。

生 12:"零点相同,单调性相同"是正负等价的充分不必要条件,"零点相同"是正负等价的必要不充分条件。那充要条件是什么呢?

生 13:我知道,"零点相同,但是零点附件的单调性相同"是正负相同的充要条件,这不就是前面思路 1 的取特殊点定区间正负的基本思想(以局部代替整体)吗?

师:大家真棒,我们又多了一种快速分析函数正负分布的方法。大家回去翻一下前面的其他的题目,看还有哪些可以使用这个方法。

师:我觉得生 1 最棒,虽然他没有解决自己提出的问题,但是他的问题启发了我们的思考,得到了这么好的方法,没有他的问题的提出,我们可能就错失了这个构造的方法。

(3)教学反思

这是一个教学片段,成功地解决了学生的疑惑,并有所收获。这种情境相信很多教师都遇见过,当然我也遇到过学生提出但是没有当堂解决的问题,但是我们不应忽略这些问题。

在高中数学教学中，应以发展学生数学学科核心素养为导向，创设合适的教学情境，启发学生思考，引导学生把握数学内容的本质。前面学生提出的问题，是从数学思维活动中发现，具有非常合适的教学情境，学生收获的不仅是一个方法，更是收获敢于思考、提出问题的勇气。对于分析问题、解决问题能力的培养，我们肯定都会在课堂上下不少功夫，但是学生是否爱提问题、敢提问题，这要看教师是否保护了学生这方面的兴趣，如果为了片面追求解题训练，肯定就会牺牲学生思考的空间，只落实了后"两能"，忽略了前"两能"。

正如爱因斯坦所说："提出一个问题往往比解决一个问题更为重要，因为解决一个问题也许只是一个数学上或实验上的技巧问题。而提出新的问题、新的可能性、从新的角度看旧问题，却需要创造性的想象力，而且标志着科学的真正进步。"当然爱因斯坦所说的"提出问题"包括了"四能"中的"发现问题和提出问题的能力"，这也说明我们要保护、鼓励学生提出问题的初心和勇气。

高中数学学习评价关注学生知识技能的掌握，更关注数学学科核心素养的形成和发展。评价既要关注学生学习的结果，更要重视学生学习的过程，通过评价，提高学生学习兴趣，帮助学生认识自我，增强自信。

上好一节高中数学课，必须要落实好"四基四能"，这样才能更好地体现出一节数学好课的思维性和深刻性，这很能考验教师的智慧，这个任务不简单，任重道远，但我们一直在路上。

跨学段同课异构"鸡兔同笼"
看符号意识的培养[*]

　　问题背景：2018 年 12 月，北京市朝阳区幸福村学区开展跨学段教学整合研究活动，来自幸福村学区两所小学和一所中学同课异构"鸡兔同笼"问题，笔者有幸参与了学习听课、评课。"鸡兔同笼"问题收入我国古代数学名著《孙子算经》中，曾经多次在与学生一起学习这个问题，而且自豪地告诉学生不但可以列一元一次方程，还可以列二元一次方程组，并且强调，算术方法没有方程（组）的方法好。参加了此次跨学段教学整合研究活动，我对"鸡兔同笼"有了一些新的认识。

一、"鸡兔同笼"各个学段收获不同

　　四年级的同学学习画图和列表法，数形结合思想和符号意识初步渗透。教师出示问题：有若干只鸡和兔放在同一个笼子里，从上面数，有 9 个头；从下面数，有 26 只脚，请问笼中各有鸡和兔几只？（考虑到低年级的计算能力，把原题中的 35 个头和 94 只脚改编一下）。四年级韩老师设计过程如下：我们画圆当作动物的头，画线段当作动物的腿。先画出 9 个圆。假设这 9 只动物全是鸡，并给每只鸡画上 2 条腿（如下图所示）ᑭᑭᑭᑭᑭᑭᑭᑭᑭ大家数一数共有多少条腿？生：18 条。师：比实际少了 8 条腿，这是怎么回事？生：思考后作答：因为把兔子变成鸡，腿减少了。师：对，你们能把兔子的腿补齐了吗？生一会儿就添加好了（如下图所示）ᑮᑮᑮᑮᑭᑭᑭᑭᑭ。一共添加 4 只鸡，8 条腿，4 只鸡变成了兔子，说明原来笼中有 5 只鸡，4 只兔子。师：同学们还有什么方法？生：老师，可以假设这 9 只动物全是兔，并给每只兔画上 4 条腿，结果会多 10 条腿，说明有 5 只鸡，每只鸡多画了 2 条腿。师：太棒了，你们能立即学以致用。师：

---

　　[*] 本文作者：杨根深。

同学们还有别的方法吗？生：老师，我发现这道题和课本里的题相类似：x 公园大人门票 8 元一张，小朋友门票 3 元一张，华子一行 5 人共花了 25 元，问有几个大人几个小朋友？我们当时是用列表法求解的。这道题也可以列表法求解（很多同学也如梦方醒，表格画出来了）。

鸡/只	兔/只	腿数	是否合题意
1	8	34	否
2	7	32	否
3	6	30	否
4	5	28	否
5	4	26	是

韩老师巧妙地运用画图法和列表法，把抽象的问题变得具体生动，提供非常直观的数学素材，把抽象的鸡兔同笼问题转化成学生易于理解的问题，既拓宽了学生的思路、留给学生思考的空间，又让学生在解决问题的过程中发现列表的作用，为建构新知奠定基础。

六年级同学学习算术法、方程法。杨老师出示问题：鸡兔同笼，共有头 10 个，共有脚 32 只，问：笼中鸡兔各有多少只？有同学说到了四年级的方法，画图法和列表法。老师给予充分肯定。接着有同学提出画图法对于数目小可以，但当题目改为很大数目时画图很麻烦，通过之前的画图，我们可以列算式解决。假设笼中全部都是鸡，那么笼中应该有脚 $2 \times 10 = 20$（只），但所得的脚数比题中少 12 只，为什么会少了 12 只呢？因为每只兔子少算了 $4 - 2 = 2$（只），求出 $32 - 20 = 12$（只），接下来看 12 只脚是几只兔子少算的，$12 \div 2 = 6$（只），所以笼中兔子 6 只，鸡为 $10 - 6 = 4$（只）。师：非常好，这样就不管数目有多大，都可以列式计算了。生：还有一种方法，假设全是兔子，一样可以计算出来。师：很好，能举一反三。师：还有什么别的方法吗？鸡、兔的只数都是未知的，我们解决未知的数量时可以用什么办法？生（齐）：设未知数，列方程。师：大家试试看能否独立完成？一会儿解法就出来了。解：设兔为 x 只，则鸡为（10 - x）只，列出方程得 $2 \times (10 - x) + 4x = 32$，解得 $x = 6$，即鸡为 $10 - 6 = 4$（只）。

杨老师在授课中立足假设法、列算式和表格，然后把表格中的数据进行代数化，在列表法的表格中，假设兔子的只数为 x 只，追问：那么鸡的只数应该怎么表示呢？观察表格数据容易想到应该用（10 - x）只表示。通过这一环节的

191

学习，同学们对方程的建立不再陌生，认识到方程其实是假设法的代数化，思维的代数化，符号意识再次得到升华。

初一年级同学们学习方程及方程组法，王老师出示问题：（见下图）

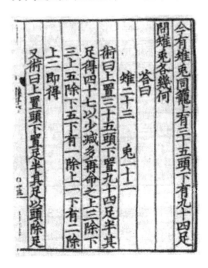

师：在我国古代数学经典著作《孙子算经》里有这么一个问题，谁能翻译一下题意？

生：现在有鸡兔同笼，上有三十五头，下有九十四足，问鸡兔各多少只？

师：这就是我们熟悉的"鸡兔同笼"问题，你会做吗？有哪些方法？

同学们一起快速回顾了小学学过的画图法、列表法、假设（算式）法和方程法。

师追问：还有什么方法？

生：我发现，在算式假设法、方程法都用到的假设，方程中设鸡或者兔的只数为未知数 x，其实我们可以把鸡的只数和兔的只数分别设为 x，y，可以列出方程组。

在同学的智慧分享后，大家都能很快列出方程组，解：设笼中鸡有 x 只，兔子有 y 只。

$$\begin{cases} x+y=35, \\ 2x+4y=94, \end{cases} \quad 解得 \begin{cases} x=23 \\ y=12 \end{cases}，所以，本题最终求解为鸡有 23 只，兔子有$$

12 只。

笔者在多次教学中往往就此打住，接下来让学生多练变式练习，以便熟能生巧。但本节课执教的王老师没有就此打住，而是追问：从小学到初一，我们都在解决鸡兔同笼问题，用到的方法也在日益增多。你能分析这些方法之间的联系吗？

师：我们先来总结一下常见方法：方法一，画图法；方法二，列表法；方法三，假设列算式；方法四，列一元一次方程；方法五，列二元一次方程组。同学们先思考一下，然后回答这些方法之间的联系。

生：方法一画图法与方法三假设列算式，本质是一样的，方法一是假设全是鸡，方法三也是假设全是鸡，腿少了，是因为兔子腿算少了，列式和画图都可以解决。区别是画图法适合个数小的，算式数据大小多少都可以。

生：方法二列表法与方法四列一元一次方程有着密切联系，如果鸡是1，兔是几？（35－1）；如果鸡是2，兔是几？（35－2）；如果鸡是3，兔是几？（35－3）；如果鸡是x，兔是几？（35－x）。每一只鸡都长几只脚（2只），所以要干嘛？（乘2）每一只兔是几只脚？（4只）所以它要乘以4。方法二有助于对方法四的理解。

生：方法五与方法三的联系可以看作方程组的代入消元法，而方法五与方法一的联系可以看做方程组的加减消元法。

二、从"鸡兔同笼"看符号意识培养

一节"鸡兔同笼"，三节不同学年段的同课异构，不同学段学生在符号意识培养上也不同。

画图法和列表法，感知数学思想，积累数学基本活动经验，这种方法适合小学低中年级学生，学生抽象思维能力没有达到一定水平，通过画图，生动形象，学生也比较好理解，这一阶段的符号意识培养是具体形象的。

假设法，初步渗透数学模型，这一方法适合小学中年级的同学。建立在画图法基础上的假设法，没有了图形的具体形象，变得抽象，也正应和了数学的抽象性，符号意识的培养由图形转变为纯数字列算式。

一元一次方程法，代数思想初步建立，这一方法适合小学高年级同学。同学们掌握了列表法，同时掌握了字母表示数的代数方法。方程法自然水到渠成。这一方法对培养学生的代数思想至关重要。

二元一次方程组法，我们不难发现，其实小学的解题过程就是中学方程（组）求解的逆过程，但小学需要更加直观的图形和语言来帮助解题，中学方程（组）则不然。所以，小学数学也可以说是为初中阶段的学习做了一个有益的铺垫或者是埋下了一个伏笔。在符号意识的培养上，初中的二元一次方程组法是更高级的，符号意识的强化极大地降低了思维难度，提升了思维品质。

三、反思

"鸡兔同笼"是中国古算题，是中华民族先人智慧的结晶。从《孙子算经》至今，一千五百年来历久弥新，究竟有何魅力？这一次听课让我感慨万千："鸡兔同笼"问题适合小学每个年级乃至初中，每个学段的学生都能利用自己的知识储备，思维能力及最近发展区够得着这个问题的解，也从侧面反映了不同学段学生在符号意识培养的现状。这种跨学段的学区教研活动非常有意义，体现了对学生培养的可持续发展，对学生知识培养的系统化，学生的思维能力得到螺旋式增长。

参考文献：

[1] 义务教育课程标准数学（2011 版）［M］. 北京：北京师范大学出版社，2011.

[2] 张苍，等. 九章算术［M］. 重庆：重庆出版社，2016.

穿越时空的思考*

——读《未来简史》

  《未来简史》是由《人类简史》作者以色列历史学家尤瓦尔·赫拉利所写，出版于 2017 年年初，全书洋溢着一位历史学家的独特视角与魅力，兼具学术的严谨性和文学作品的智趣性。全书的逻辑架构由历史出发，剖析了人类曾经遇到的困境与现状、人类的有别于其他物种的优势来源、宗教与科技的关系和两者的演化过程及现代社会的哲学伦理基础等方面的内容，以宏大的视角、严谨的逻辑论断及客观的历史规律对于人类未来的可能性给出了合理的推测。

  历史上的世界，人类始终面临着三大问题：饥荒、瘟疫和战争。然而在 21 世纪之初，人类已成功遏制住了这三大问题。但随着人类脱离了种种不幸，无限的欲望又推动着人类去追求更进一步的幸福。19 世纪的叔本华对于获得幸福的观点是尽最大努力避免种种不幸，显然随着时代的发展，如今世界关于幸福的定义也已延展变化。随着计算机与生物科技的发展，21 世纪人类的新议题很可能是取代神性，所谓神性并不是某个形而上的特质，也不是《圣经》里那天上全能的父，而是希腊神话或印度教中诸神那样的神，我们的后代可能在各个方面的能力远大于现今。在人类基本解决了旧的议题之后，对于新议题，作者是这样推断的：长寿和快乐是人类最基本与最自然的追求，然而从历史来看人类每一次重大技术突破都不会只用于治疗疾病而不用于进化升级，比如现代整形外科诞生于"一战"期间，其初衷是医治脸部创伤，而如今却主要为健康的人体做各种整形手术。每个人都出生于某个特定的历史现实，受特定的规范和价值观的制约，由独特的经济政治制度管理，但世界是由一连串的历史事件构成的，而研究历史的价值正在于从历史中解放出来，从而可以去尝试更多的可能性。作者由一段草坪的历史巧妙地引出了人类议题的潜在转变。一个理想的

---

  * 本文作者：贾应红。

缺陷常常是在理想即将实现的那一刻才会被赫然发现的，同样占据现代主流思想的人文主义的自身缺陷也会导致其在人类逐渐化神的过程中使其逐渐崩塌。

了解人类和动物的关系，是因为这种关系很可能就是未来用科技武装的超级人类和普通人类的关系。全球大型动物的体重超过百分之九十不是人类，人类对动物的驯化过程对于整个物种来说是一种无与伦比的成功，但是对于动物个体却是前所未有的苦难。从狩猎采集时代的泛灵论到农业时代的有神论，再到科技革命所催生出的人文主义宗教，人类在自然界中的地位不断攀升，其背后的原因是人类操纵自然的能力在不断提高。作者由此给出了一个疑问，在未来社会中由算法操纵的普通人类又会有着怎样的社会地位，会不会像现代社会的所谓低等动物一样呢？人类具有灵魂这个论断支撑着几千年来人类的特殊地位，使得人类可以心安理得地宰杀、娱乐动物。然而现代科学却仔细探查了人体的每个角落，但并未找到灵魂的存在。人类之所以能够相较于其他生物显现出巨大的优势，其根本原因在于人类能够大规模灵活合作，灵活性区别于蚂蚁、蜜蜂，规模性区别于黑猩猩、大象，而这种合作的基础在于人类的想象共同体，一个大规模群体认同同一个故事、同一个理念、同一个价值观则就很容易相互之间产生这种合作，而这些故事理念价值观也会不断演变发展以迎合社会的发展需求。

大约 5000 年前，文字和货币的诞生使得人类可以突破人脑的数据处理限制，从而得以构造庞大的官僚体系，建造出幅员辽阔的王国。文字本来是用来记录现实，但是一旦文字拥有了一定的权威，它则会反向重塑现实。在 21 世纪我们会创造出比以往更为强大的虚构概念，更集权的宗教，在生物科技和计算机算法的协助下，这些宗教不但会控制我们每分每秒的存在，甚至将塑造我们的身体，大脑和心智创造出完整的虚拟世界，在这种情境下再去区分虚构与真实将更加困难，同时也比以往更加重要。

在人类社会中发展科学的目的是获得力量，发展宗教的目的是创造或者维持社会结构，如果没有宗教的价值引导，人类就不可能维持大规模的科学秩序。对于现代历史学者给出了一个独特的视角，即现代历史是科学与人文主义宗教达成协议的过程。科学的用途不是质疑人文主义的教条，而正相反是为了实现它，但是在 21 世纪让两者携手共进的契约可能会瓦解，取而代之的可能是科学与其他后人文主义宗教之间的契约。

取代传统人文主义的哲学信仰将会产生于硅谷，这里将酝酿出全新的宗教，这些宗教信的不是神而是科技，科技宗教一样能提供传统宗教的快乐、和平、繁荣甚至是永恒的生命，但方法是生前通过地球科技的协助而不是死后接受天堂的帮助。这种新的科技宗教主要分为两大类型：科技人文主义和数据主义。科技人文主义是以纳粹为代表的进化人文主义的新形态，但是实现方式并不是像希特勒预想的那样通过选择性育种和种族清洗，而是要通过基因工程、纳米技术和脑机接口界面以更为和平的方式达成这个目标。数据主义认为宇宙由数据流组成，任何实体的价值正在于其对数据处理的贡献，个体的意义在于是否能增加整个数据系统的数据流动性和数据总量（或许这个哲学观点为那些天天自拍发朋友圈的人提供了理论基础）。人文主义的诞生将神推在一边而把人放在中心，数据主义则将人推在一边而将数据放在中心。数据主义不仅可以提供强大的技术突破和力量，而且可以将人类所有的学科统一到一个理论体系之下，为所有学科提供了统一的科学范式。作者最后给出了一个可能的推测：当数据主义宗教逐渐征服世界，世界的权力也逐渐必然地由人类手中交给算法，当人类的地位不再重要，那么人类很有可能会面临灭绝的风险。

在现代社会中，人从出生的那一刻起就默认签署了一份契约，契约的核心含义就是同意放弃意义获取力量。现代政治笃信增长的必要性有三点：一是生产越多消费越多越能提高生活水平；二是人类不断繁衍壮大，只要为了维持现状就需要不断的经济增长；三是如果社会的财富分配是零和博弈，则在财富重分配的过程中将会产生潜在的动荡和危机。所以经济增长几乎成了所有现代宗教、意识形态和社会运动的共同目标。

经济增长的资源不仅包括原材料和能源，还包括知识，前两者是递减的，而知识不仅越用越多而且更多的知识也会带来更多的前两种资源的增长，所以，经济增长的根本动力来自于知识的增长。而几千年来之所以无法用科学推动经济增长，则是因为人类误以为各种宗教经典和古老传统已经提供了世界上的所有重要知识。而科学革命改变了人类的这种看法，让人类认识到了自己的无知，从而有了很好的理由去追求新知从而开启了用科学推动增长的道路。因此，资源短缺问题很有可能被克服，但是现代社会真正的问题则是生态崩溃，决定人类社会发展走向的是所谓的上层精英，而生态问题的最大受害者则是底层的群众，所以生态问题就犹如房间里的大象，大家都看到了却没有任何人能有所作为，直到问题发生以致无法解决。

如今的世界上帝已死，社会却并未崩溃。而这正是因为人文主义取代传统宗教，让人类摆脱了人生无意义的困境，人文主义宗教崇拜人性，期望由人文来扮演上帝在基督教，真主在伊斯兰教或自然法则在佛教或道教所扮演的角色。传统认为是宇宙计划为人类带来了意义，而人文主义认为是人类体验为人类赋予了意义，随着人文主义战胜传统宗教逐渐征服世界，其内部的分裂出三个不同的分支，即以西方民主国家为代表的自由人文主义，以中苏为代表的社会人文主义和以纳粹为代表的进化人文主义。在 20 世纪初的几十年里三种人文主义宗教展开了血腥的斗争，最终是自由人文主义取得了完全的胜利。随着人文主义逐渐推动着人类走向长生不死获得快乐幸福并化身为神，以及科技的不断发展，生物科学实验不断表明人与其他动物一样本质上是一套生物算法，是对外界信息及刺激的生物数据处理系统，人文主义的根基即人拥有自由意志同时也被不断地动摇甚至颠覆。自由主义推崇自由市场和民主选举，因为自由主义认为每个人都独一无二，都有价值，每个人的自由选择就是权威的本源。而在 21世纪，有三项发展会使得这种信念成为明日黄花，一是人类将失去经济和军事上的用途，因此，经济和政治制度将不再认为人类大众有太多价值；二是社会系统仍然认为人类整体有价值，而个人却无价值；三是社会系统仍然认为某些独特的个人有价值，但这些人是一个超人类的精英阶层而不是普通大众。

　　最后，引用书中的一句话作为结尾："如今世界，各种细分学科及其相互间的影响错综复杂，没有人能看到世界的全貌，没有人能预测未来的世界是怎样，也没有人能知道我们在这一段匆忙之中将走向何方。"

再说初中数学复习课的有效性[*]

　　课堂教学的有效性是近年来教育界的一个热点话题：如何使学生在较短的时间内获得较大的进步与发展，使课堂教学的效益最大化是新课程改革以来所有教师面临的问题，有效教学是解决该问题的一条重要途径。

　　华东师范大学钟启泉教授认为：有效教学就是指通过教师在一段时间的教学后，学生所获得的具体进步或发展。它以学生的进步和发展为宗旨；以学生学习方式的转变为条件，促进学生有效学习；它关注学生的情感、道德和人格的养成，使教学过程成为师生一种愉悦的情感生活和积极的情感体验；它关注教学的效益，要求教师有时间和效益的观念；它也关注课堂教学所采用的策略，要求教师自身专业水平不断提升与发展。因此，初中数学复习课有效性显得尤为重要。

一、重视精心备课是有效教学的重要前提

　　要使数学教学有效，首先要做好、夯实一项十分重要的前提工作——备课。教师备课时，要在考虑学生学习实际及各种教学资源的基础上确定教学思路，对课堂情况进行充分预设，备课充分与否直接关系到课堂教学质量的高低。备课充分能使教师对课堂教学充满自信，这样教师才能在自信与激情中充分展现教学艺术。要做到精心备课，需注意和处理好以下环节。

　　（一）备"教材"更要备"人"

　　备"教材"是备课的内容之一，但备好教材说起来简单做起来却不那么容易，它要求教师仔细、反复地阅读教材、深刻领会教材的意图、吃透教材每一个环节的安排；在备"教材"时，选材（特别是总复习的素材）务必潜心投入。然而，仅仅如此是不够的，备课不仅要备"教材"，更要备"人"。教师不

　　* 本文作者：赖咸权。

仅要清楚地认识自己，了解自己的特长与不足，同时也要了解学生的心理状况和年龄特点、了解所教班级每个学生的性格特点和人格特征、了解不同学生的知识基础与能力状况，只有这样，才能使备课做到有的放矢。

（二）重"教程"更要重"教法"

备课不是应付教学和学校的检查。对于教学内容及时间安排、每个环节的教学如何开展、为什么要这样设计要多研究，这样备课才不会流于形式。没有深入到细节，离精心备课的要求相距甚远。精心备课不仅要求教师要备教学流程，更要重视备教法，要求教师对每一节课的每个环节在教法上多动脑筋，以求达到最佳教学效果。如对教学中情境的创设、寻找新知与学生已有认知经验的切入点、设计学生课堂中的展示环节、实现学生自主学习能力的培养等都需要教师课前的精心策划。

二、关注教学过程是有效教学的关键

课堂教学目标的有效实现归根结底要依赖于课堂，作为教师，必须重视教学的整个过程。《课程标准》在刻画数学知识与技能时，除了使用"了解（认识）、理解、掌握、灵活运用"等目标性动词外，还首次使用了"经历、体验、探索"等刻画数学活动的过程性动词。这也充分说明了数学教学重视过程的重要性和必要性。

（一）重视数学知识的形成过程

努力创设合适的教学情境，让学生经历数学概念等知识的形成与发展过程，在增强学生学习体验的同时，对所学新知识达到"知其然，知其所以然"的境界。

（二）重视数学问题的解决过程

数学问题的解决过程实际上是知识的应用过程，也是学生的情感得以体验的过程。教学实践证明：重视问题的解决过程，要求教师在教学中要精心设计问题，使问题有层次性、挑战性，要给学生留有做数学与思考数学的空间，让学生在课堂中有畅所欲言的机会。

三、注重情感培养是有效教学的内驱力

教学活动是有教师、学生等活生生的生命力主体参与的活动。高效、理想的数学课堂应该是蕴含教师的艰辛与创造的，对学生的殷切期盼与对事业执着追求的课堂，是蕴含学生对知识的渴望、对教师的尊敬与热爱、敢于挑战困难和充满理想的课堂。基于此，数学课堂教学的有效性还与一个重要的因素有关，那就是融洽的师生情感。情感是人对客观对象所持的态度体验，就学校而言是教师和学生之间的联系纽带。师生间和谐积极的情感是促进数学课堂教学顺利开展并取得良好成效的催化剂和有强大后劲的内驱力。同一班级的学生对班主任所教的学科学得相对较好，这也正说明了师生的情感很大程度上影响着学生的学习情感，影响着教学的效果。

（一）培养教师自身积极的工作情感

学生的学习活动是在向教师、同学学习。在学生看来，教师是知识的代表、能力的象征、为人的楷模。正因为如此，作为教师首先要有工作的热情，教师对工作有很高的热情，是对本职工作负责任的表现，也是教师自身良好素质的体现。另外，教师在教学中的主导地位是不可替代的，教师的情感对学生具有极强的感染力，教师高超的专业水平、对工作的认真敬业态度、富有激情的教学、在课堂中所展现的幽默机智以及对学生的热爱，等等，这些积极的情感都潜移默化地影响着学生，假以时日，必将形成学生对数学学科的积极情感，从而为提升数学课堂教学的有效性提供有力的保证。

（二）努力给学生创设获得成功的机会

苏霍姆林斯基曾说："成功的快乐是一种巨大的情绪力量，它可以促进学生更加努力地学习。"因此，在数学课堂教学中，教师要精心设计问题情境，努力创设让学生思考、表现的多种机会，要时刻关注学生，倾听他们的想法、琢磨他们的思维，要善于从学生的言行举止中捕捉他们的优势与成功之处，并及时给予肯定的评价。学生的优势被挖掘、被发现，对学生来说，首先是一种认可，是对其主体努力行为及其结果的充分肯定；同时，更是一种激励和积极的情感体验。这种激励和体验能循环往复，不断强化，成为学生不断学习的强大内动力，并使主体始终能以一种积极主动的态度、专注不舍的精神投入日常的学习活动中，并逐渐形成良好的学习品质。

（三）积极增进师生间的课外情感交流

教学的艺术不仅在于传授本领，而且在于激励、唤醒与鼓舞。这就要求教师要十分注重师生间的情感交流，不仅在课堂上，在课外也是如此，因此，教师要放下架子去跟学生交流，倾听他们内心的想法，分担他们的困苦，分享他们的快乐；从学生的学习、生活以及思想各个方面，尝试更多地去关注他们，激励他们认真地学、主动地问、积极地思考，一次、两次、三次……，通过锲而不舍的努力与坚持，不断增进师生间的情感，必能激发学生产生主动学习的热情，让学生获得更多的成功体验，数学课堂教学效率的明显提高将不再是一句空话。

提升数学课堂教学有效性的空间无处不在，欠缺的是教师对待工作的热情、研究工作的细心与恒心，教师只有在"备"字上下足功夫、在"导"字上加强研究、在"情"字上增加投入，才能在"效"字上有所收获。

参考文献：

［1］吴永春.对初中数学中考总复习的几点建议［J］.语数外学习（初中版上旬），2014（11）.

［2］于春祥.发现高效课堂密码［M］.济南：山东文艺出版社，2011.

［3］李旭.例析中学数学课堂教学的有效性［J］.考试周刊，2011（54）.

［4］崔春艳.核心素养视角下初中数学高效课堂构建策略探究［J］.中国校外教育，2016（35）.

《正态分布》教学设计与反思[*]

一、教学背景分析

（一）内容与内容解析

本节课是《普通高中课程标准实验教科书数学》人教 A 版选修 2—3 中的 2.4《正态分布》第一课时，属于新授概念课。

正态分布（normal distribution）是一个在数学、物理、工程等领域都非常重要的分布概率。正态分布是高中学习内容中唯一一种连续型分布，属于概率论的范畴，但同时又是统计学的基石。

正态分布的教学内容要把握以下几点：（1）一个随机变量如果是众多的、互不相干的、不分主次的偶然因素作用的结果之和，它的分布就呈钟形曲线，许多随机变量的分布都可以近似的用正态分布来描述；（2）正态分布的特点决定了正态分布密度函数 $\varphi_{\mu,\sigma} = \dfrac{1}{\sqrt{2\pi}\sigma}e^{-\frac{(x-\mu)^2}{2\sigma^2}}$，正态曲线表达了随机变量分布的整体特点；（3）正态分布曲线体现数据的分布规律，随机变量 X 落在区间（$\mu - \sigma, \mu + \sigma$）内的概率是 0.682689 是主体，$P(\mu - 3\sigma < X \leqslant \mu + 3\sigma)$ =0.9973 展示了正态分布的全面性，即 3 σ 原则。主要解决前两个问题，本节课是第一课时。

（二）学生学情分析

认知基础方面：学生学习了统计与概率的相关知识，能够画出所给数据的频率分布直方图和频率分布折线图，并根据频率分布直方图和频率分布折线图初步分析数据的分布规律，具有一定的统计思想。大部分学生会用数形结合思想方法研究一些简单的数学问题，能够收集、整理和分析一些简单的统计问题。但如何认识正态曲线的特点及其表示的意义，是学生学习的难点。

---

[*] 本文作者：赵存宇。

教学重点：正态分布密度曲线的特点及其所表示的意义。

教学难点：正态分布密度曲线所表示的意义。

二、教学目标

（一）从数据分析的角度，建立数据分布的概念（水平1），理解正态曲线的来源（水平2），建立钟形曲线的直观印象（水平1），从钟形曲线的形态角度理解数据分布（水平3）。

（二）借助 TI—nspire 图形计算器，理解正态分布密度曲线的特点（水平3），借助直观图形对比不同参数的正态密度函数的图像（水平2），理解两个参数 μ，σ 的含义（水平3）。

（三）能应用正态分布解决一些简单的问题（水平4）。认识客观世界中的随机现象和正态分布发生发展的历史，感受数学的文化价值（水平2）。

三、教学支持条件分析

本节课采用实物模型和信息技术相结合，在教学材料的组织上选择了学生开展高尔顿板试验、画频率分布直方图和频率分布折线图的活动。借助 TI—NSpire 图形计算器强大的概率统计与图形分析功能，通过学生自主操作，加深对概念的理解，拓展教学内容。

四、教学过程设计

（一）课题引入

问题1：收集班级学生的身高数据，绘制直方图，并分析班级学生身高的分布情况。

设计意图：由于需要获取一组真实的、呈正态分布的随机数据，而身高是呈正态分布的，因此可以设计这样的问题作为本节课的引入。复习已有的统计知识，并为新课做铺垫。

问题2：利用学校 CMS 平台下载的数据，运用 TI—NSpire 图形计算器数据和统计功能，分析2013—2018年全校学生的身高数据，画出频率分布直方图，改变组距，分析数据分布的特点。

设计意图：设计一个让学生亲历处理大量数据的过程，TI—NSpire 图形计算器提供了这样的可能。通过对比班级的小样本数据和学校的大样本数据，让学生体会：数据量增加之后，减小组距，得到更加平滑的曲线。同时归纳数据分布特点：平均数附近数据比较多，而两极数据比较少，让学生逐步形成数据呈"中间高、两头低"的钟形分布。

（二）高尔顿板试验

问题3：同学们刚才总结的数据分布规律是否具有普遍性？100多年以前，生物统计学家高尔顿做了一个实验，称为高尔顿板试验，现在我们来回顾高尔顿所做的实验。观察小球碰撞和落入的位置，球槽中的小球堆积的高度及形状特点。

设计意图：在教学中分别用实物教具和计算机模拟高尔顿板试验。通过高尔顿板试验，引导学生进一步认识钟形曲线，并为探索正态分布曲线的性质做准备。

（三）正态曲线

问题4：我们观察到：随着重复次数的增加，频率分布直方图的形状会越来越像一条钟形曲线，这条曲线称为正态（normal）分布密度曲线，简称正态曲线，这条曲线的解析式是什么呢？

教师给出正态曲线的解析式：$\varphi_{\mu,\sigma}(x) = \dfrac{1}{\sqrt{2\pi}\sigma}e^{-\frac{(x-\mu)^2}{2\sigma^2}}$，称随机变量 X 满足正态分布（normal distribution），记作 X ~ N（μ，σ^2）。

历史上的相关研究：早在1733年，法国数学家棣莫弗（A. de Moivre，1667—1754）就用 n! 的近似公式得到了正态曲线的解析式。德国数学家高斯（C. F. Gauss，1777—1855）在研究测量误差时从另一个角度导出了它，并研究了它的性质，因此，人们也称正态分布为高斯分布。对于历史的回顾，体现了数学的文化价值。

问题5：结合高尔顿板试验讨论以下问题：

（1）小球落下的位置是随机的吗？

（2）若没有上部的小木块，小球会落在哪里？是什么影响了小球落下的位置？

（3）前一个小球对下一个小球落下的位置有影响吗？哪个小球对结果的影响大？

（4）你能事先确定某个小球下落时会与哪些小木块发生碰撞吗？

尝试归纳服从或近似服从正态分布的随机变量所具有的特征。

设计意图：通过分析高尔顿板试验，引导学生分析得出以下结论：如果一组随机数据是众多的、互不相干的、不分主次的偶然因素作用结果之和，那么数据的分布是正态分布。

（四）活动：参数对正态曲线的影响

问题6：利用 TI—NSpire 图形计算器，改变参数 μ，σ 的值，观察曲线形状与 μ，σ 的关系。

（五）抽象：正态曲线的特点

问题7：根据刚才的学习过程，你能说出正态曲线的特点吗？

设计意图：让学生了解：从正态分布密度曲线和其函数表达式 $\varphi_{\mu,\sigma}(x)(=\dfrac{1}{\sqrt{2\pi}\sigma}e^{-\frac{(x-\mu)^2}{2\sigma^2}})$ 可以知道：

（1）曲线位于 x 轴上方，与 x 轴不相交；

（2）曲线是单峰的，它关于直线 $x=\mu$ 对称；

（3）曲线在 $x=\mu$ 处达到峰值 $\dfrac{1}{\sqrt{2\pi}\sigma}$；

（4）曲线与 x 轴之间的面积为1；

（5）当 σ 一定时，曲线随着 μ 的变化而沿 x 轴平移；

（6）当 μ 一定时，曲线形状由 σ 确定，σ 越小，曲线越"高瘦"，表示总体分布越集中；σ 越大，曲线越"矮胖"，表示总体分布越分散。

（六）巩固：学以致用

例：设随机变量 X 服从正态分布 $N(2,9)$，若 $P(X>c+1)=P(X<c-1)$，求 c 的值。

设计意图：通过具体问题的解决，进一步理解正态分布的性质，了解正态曲线的特征。

（七）小结：回顾与感悟

通过本节课的学习，你有哪些收获和体会？

教学反思：

（1）实物模型与课程内容有机整合

我请通用技术南星老师专门为本节课制作了易于动手操作的实物模型——高尔顿板，给学生创造了数学实验的学习环境，让学生亲自动手做实验，增强了他们的直观认识和探究问题的兴趣。

（2）信息技术与课程内容有机整合

本节课将重点放在学生学习活动上，借助于信息技术完成以下几点：①通过学生活动，收集一组随机数据；②通过学生对数据的分析，形成数据分布直方图呈"中间高，两头低"的钟形分布；③探索描述钟形曲线的函数。信息技术的使用增大了课堂容量、减少了重复性的工作，信息技术提供的数据分析和动态画图的功能是传统教学中无法实现的，有利于学生认识正态分布的特点，既突破了学生认知上的障碍，也突出了本节课的重点。

（3）以问题引领活动，开展项目式学习

本节课通过一个实际的项目入手，设置一系列问题，引导学生深入思考，给学生创设了自主探索、动手实践、小组合作交流等多种学习活动平台，在概念的探究活动中层层深入，充分挖掘思维的深度与广度，让学生体会正态分布的特点及其所表示的意义，关注了学生的发展。整个教学过程的设计，遵循数学知识的发现、发展过程，从直观感知、操作确认到逻辑论证，从思维的低级向高级递进，符合知识的形成与发展规律，也进一步体现了"数学是自然的，数学是清楚的"理念。

"汽车中的化学"项目学习实施案例*

一、研究背景

进行复习课的教学一直是教学研究的重点和难点。章节复习、单元复习、模块复习等不同层级的复习课应该如何定位，在教学中应该采取哪种形式、采用何种策略等问题一直是困扰一线教师的一大难题。

现行教学中比较通用的做法即常规的复习模式，一般是通过"基础知识梳理——重点难点归纳——习题巩固提升"这样的三步教学法开展复习课的教学活动。这样的复习模式的弊端很明显：给学生以"冷饭重炒"的感觉，缺乏新鲜感，不能很好地调动学生的学习激情。学生的主动性发挥不出来，教学的有效性、深刻性就不能落实到位。

如何让我们的复习课灵动鲜活、充满挑战，既能实现知识的整合复习，又能体现能力的提升，与此同时达到培养学生科学素养的目的，甚至能够实现情感的共鸣，笔者一直在摸索。

二、基于项目式学习进行模块复习的教学实践研究

对于进行了一年高中化学学习的同学而言，我们希望他们不仅要掌握必要的化学知识、化学原理，更重要的是能够构建知识网络，达到知识的内化，从而形成迁移应用能力，最终能够以化学的眼光看待我们身边的物质世界，用化学的知识技能解决社会生活中的问题，从而形成良好的化学素养。

在学生进行了相对零散的具体知识的学习之后，通过复习课的提升，学生应该能够将知识进行整体化建构，在解决陌生复杂问题时能够调用已有的知识和能力，只有能够解决问题的知识才是有效的知识，在解决问题的过程中，学

---

* 本文作者：于乃佳。

生的能力发展、素养培养才能成为可能。

因此，在复习课的教学中，学生需要面对的不应该是某个具体的知识或者某种具体类型的题目的重复，而应该是一个真实的、复杂的、较大尺度的综合性问题的解决，学生在解决这一问题的过程中，整合知识、提升能力、形成素养。因此，基于项目进行模块复习具有其不可比拟的优势。

基于这个定位，笔者提出以"汽车中的化学"作为本次模块复习课的项目。这个项目内容具有如下的优势：

第一，汽车已成为很多家庭出行的代步工具，是一个看得见、摸得着的真实的学习情境，学生学习有兴趣。

第二，汽车所用材料、动力来源、尾气处理、安全问题等都与化学有关，既包含物质变化，又包含能量变化，还有可持续发展理论以及未来前景，学生学习有意义。

第三，可拆解成多个不同角度、不同层次的研究任务，不同水平的学生均有发展提升，可满足既复习知识、又提升能力，同时也是形成化学素养的需要，学生发展有层次。

第四，学生可以联系自己的知识背景、生活经验、兴趣爱好主动参与到主题学习中来，不是被动的接受者。同时还可以根据自己的想法提出未来汽车的创意改进方案，学生有自我成就感。

"汽车中的化学"项目学习目标如下：

第一，了解汽车燃料，尝试选择、优化车用燃料，建立化学反应中物质变化与能量变化的关联，初步形成利用化学反应中的物质变化和能量变化指导生产实践的基本思路。激发和培养学生自主学习、合作探究的欲望和能力。

第二，通过设计安全气囊，初步形成从化学反应中的物质变化和能量变化及反应速率视角科学解决问题的思路。充分感受现代科学与技术的进步，培养学生的创新精神与实践能力。

三、基于项目式学习实施过程

（一）课前活动

教师进行任务分解，将"汽车与化学"项目分为汽车所用燃料和安全气囊两个任务。制订项目计划，将学习内容分成课前、课上、课后三阶段实施。

课前一周，学生分组、分工，根据小组兴趣选择合适的任务，围绕教师提出的必答问题和自选研究问题进行相关研究。完成研究报告，制作一张展示海报，准备课上进行5分钟讲解。

本环节要求学生小组分工明确，都要有相应职责；研究要围绕化学学科在其中发挥的作用展开；要求汇报简洁明了，突出重点。这样，培养学生围绕主题获取相关信息以及进行信息加工的能力。复习基础知识，利用化学反应的物质变化和能量变化解决实际问题的能力，突出化学变化的观念。

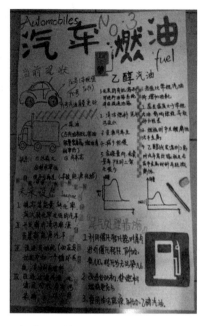

（二）选择车用燃料

课前小组通过网络、资料或采访等方式调查汽车所用燃油类型以及燃料的来源、提炼方式等。以其中几种典型燃料为例，绘制化学反应过程与能量变化示意图。分析每种燃料的优缺点及对未来使用燃料的建议。了解汽车燃料燃烧的尾气成分有哪些？会产生哪些环境问题？污染物是如何处理的？

课上小组汇报交流。学生展示自制海报，围绕教师课前提出的必答问题（汽车所用燃油是否相同、如何从石油中获得、以庚烷为例画出其完全燃烧的能量示意图、谈谈乙醇汽油的优点和不足、汽车尾气的危害有哪些）进行汇报。对小组自主研究的问题与大家分享，并对汽车动力来源进行改进或提出设想。

本环节一是温故，引导学生通过完成项目对石油的加工、化学反应与能量变化、物质的转化、氧化还原原理等进行有效复习。二是引导学生关注化学与社会的和谐发展的关系，了解目前燃油汽车带来的环境问题，为未来汽车的发展提出自己的创意设想。三是通过课上教师引领开展的讨论，让学生关注到获取能量的同时还有物质变化，不同条件下物质反应的复杂性，产物的多样性，提升学生对氧化还原原理的理解及综合分析复杂问题的能力。开展讨论的问题如：汽车尾气中主要含有 C_xH_y、CO、NO_x，选取适当的反应原理，将其转化为无毒物质；播放动画，讨论现在汽车采用的三元催化装置工作原理；通过对比庚烷与乙醇燃烧的能量图，分析乙醇代替汽油的优缺点和进一步开发新的燃料的方向；你认为应用化学反应指导生产实践时，需要考虑哪些问题等。

（三）设计安全气囊

课前小组查阅资料，了解安全气囊的工作原理，绘制一幅汽车安全气囊系统示意图，化学在其中起到了哪些作用？通过走访和实地考察，了解汽车安全气囊的位置以及工作原理。

课上小组汇报交流。学生展示自制海报，围绕教师课前提出的必答问题进行汇报。

拓展延伸环节。播放安全气囊工作情景。引发学生思考：安全气囊什么时候工作？安全气囊是如何工作的？安全气囊中的化学物质、化学反应具有哪些特点？你能根据学过的化学反应设计一款简单的安全气囊吗？演示实验：用碳酸氢钠与稀盐酸自制动力火箭。

本环节一是学以致用，通过展示一款安全气囊工作的化学反应，引导学生除关注气体外，还应关注副产物和能量问题，提出解决它们的措施。二是理论结合实际，引导学生关注安全气囊保证安全的关键因素有哪些，引导学生结合实例分析符合这些标准的化学反应和原理，采取小组辩论的方式，去伪存真，理论联系实际，最终能够解释说明安全气囊药剂的各项功能。三是通过课上教师引领开展的讨论，引导学生关注气体发生器的工作原理，结合自己已有的知识和经验，设计一种发生器工作药剂，并设计相关实验方案进行验证。任务具有开放性，没有标准答案，关键是学生能给出自己的理由、合理的解释。这个任务，将化学反应中的物质变化与能量变化统一起来，利用化学反应获得有用物质，同时处理副产物、吸收能量。还要求学生关注反应速率对汽车安全的影响。培养他们小组合作精神、质疑精神和创新意识。

（四）项目成果展示与总结

通过前期的工作和本节课上的梳理，从材料、动力、安全等角度制作一份关于"汽车中的化学"的手抄报。总结归纳你在此次项目学习中建立的化学知识解决实际问题的思路方法。

进一步复习原有化学知识，运用课上建立的解决实际问题的思路方法去解决新的问题。体会化学学习的社会价值和实际意义。教师为小组提供展示所用材料，制作过程中提供咨询答疑，督促每位同学在合作中发挥各自的特长，相互合作，安排展示交流时间和场地。最后通过组评和自评，选出最佳成果。

四、实施片段实录

【教师】汽车的材料制造离不开化学的贡献，汽车动力来源又与化学有哪些关系呢？请听第一组同学给我们带来的研究报告。

【小组】展示海报，围绕教师课前提出的必答问题（汽车所用燃油相同吗、如何从石油中获得、以庚烷为例画出其完全燃烧的能量示意图、谈谈乙醇汽油的优点和不足、汽车尾气的危害有哪些）进行汇报。对小组自主研究的问题与大家分享，并对汽车燃油的发展进行展望。

小组其他成员补充，其他小组质疑评价。

【教师】你们查阅的资料丰富，海报做得也很漂亮，我有几个问题：一是我们大家再来看看他们小组画的庚烷反应过程与能量变化示意图，有什么不足？二是通过对比乙醇与庚烷燃烧的能量示意图，你们觉得寻找燃油替代品的研究方向有哪些？

【学生】进行回答。

【教师】教师进行指导点拨，强调能量图与物质变化紧密相连，不能仅画能量不关注物质，还要关注到物质的量。

【教师】展示四种不同的能量变化（吸热反应、自燃物质、能量差别较大的放热反应、能量差别较小的放热反应）示意图。请你们思考，哪种物质更适合于做汽车燃料。

【教师】除了从能量角度考虑汽车燃料外，还有哪些因素是必须要考虑的呢？

【学生】易储存、不易挥发变质、无污染、价格合理等。

【教师】我们在获取能量的时候，不要忘记了也存在物质变化，那在汽车的气缸中只发生汽油燃烧生成二氧化碳和水的反应吗？

【学生】不是，可能有氮气与氧气反应，可能有汽油的不完全燃烧。

【动画演示】气缸中的化学反应。

【教师】汽车尾气中主要含有 C_xH_y、CO、NO_x，请各小组任选一种污染物，选取适当的反应原理，将其转化为无毒物质。

【学生】各小组汇报讨论结果。

【教师】C_xH_y、CO 转化为 CO_2，即减少了污染，需要提供氧化剂，如氧气。NO_x 转化为 N_2，即减少了污染，需要还原剂。很高兴看到有的小组将 CO 与 NO_x 进行合理处理，你们的想法很好。

【教师追问】但仍存在一些问题，既然二者可以反应，那为什么尾气中还存在着两种物质呢？是什么原因呢？

【学生】可能是反应速率慢，也可能是转化率低。

【教师】如何解决呢？

【学生】寻找合适的催化剂。

【教师】那如果让你从周期表中寻找合适的催化剂进行研究，你会把目光关注到哪些元素身上呢？

【学生】过渡元素。

【教师】非常好，科学家真的是这样研究的，现在普遍采用的是铂、铑、钯等，提高污染物的活性，加快其反应速率。

【教师追问】另外如果我们关注到二者的量呢？它们一定正好反应吗？如何解决其中一种过量的问题呢？

【学生】通入氧化剂，如氧气或者通入还原性气体。

【教师】大家的想法很好，但是通气体不易实现，真实的解决方案是这样的。下面为大家介绍现在汽车采用的三元催化装置。

【动画演示】三元催化装置工作原理。

【投影】科学家用 X 射线激光技术观察到的 CO 与 O 在催化剂表面形成化学键的过程。

【教师】介绍三元催化的工作原理，指导学生完成相关转化的化学用语表达。

【教师】我们知道，化学反应一定涉及物质变化，同时必然伴随着能量变化，我们既可以用化学反应制备新的物质、新的材料，又可以利用化学反应获得能量，提供动力。但必须引起我们注意的是，在获取一方面的需求时，不要忽略另一方面的影响，要能够将物质变化与能量变化综合一起解决实际问题。除了燃油汽车外，新型电动车也逐渐走入了家庭，这些电动汽车它的动力从哪里来，他的优势和不足有哪些呢？你有哪些创意想法呢？请小组同学课下继续研究。

五、项目实施中学生表现与常见问题分析

学生对于这样的项目式学习形式非常欢迎，有很高的热情。不但帮助学生梳理了学习过的具体知识，同时也丰富了学生认识化学反应的角度、明确了研究问题的思路，更重要的是，传递了化学使生活更美好的学科思想，点燃了学生创造未来美好生活的热情。

为了不加重学生的课业负担，任务分解，平行进行是个很好的举措，这样保证每个小组任务量适当。调查发现，由于他们分工明确，平均完成任务的时间在 1—2 个中午。哪个小组先完成了，就将自己的海报贴在教室内，与其他小组可以随时学习交流。

在解决汽车尾气污染问题时，对于 CO 的处理，大多数同学都是选择通入氧气，而将曾经学习的 CO 还原 CuO、Fe_2O_3 的反应却置在一旁。选择 CO 与 NO_x 反应的同学，只关注了反应，却没有相应的定量意识。这些都暴露出学生在解决实际问题时还存在思路不开阔、经验不足、考虑不周全等问题，这还需要我们

老师创造机会，开发项目，在解决复杂陌生问题时去培养。

通过课上汇报、评价和质疑，老师面向全体同学的追问，可以使那些没有参与其他任务的小组同学得以在该领域获得提升，但这些还不能最终达成教育目标。课下的拓展应用在项目学习中是一个重要的环节，它有两个功能：一是对本节课的学习有一个自我诊断，落实最基本的知识体系复习，构建知识网络，达到知识的内化，实现不同小组均得到复习提高；二是针对课堂上的研究又设计了新的问题和任务，在解决这部分内容时学生要用到课堂上习得的方法和思路，从而提升迁移应用能力和解决复杂问题的能力。

案例所用资料：

[1] 视频：《本田汽车广告创意》《汽车安全气囊与化学》《看看如今的概念车都改变了什么?》

[2] 动画：《燃油汽车气缸工作原理》《三元催化器》

教师读书的意义：启迪心灵与专业，发展智慧，让工作更从容 *

关于读书对个人的意义，从古至今，有着许多深刻而精辟的论述。例如，"读书足以怡情；读书足以博彩；读书足以长才。其怡情也，最见于独处幽居之时；其博彩也，最见于高谈阔论之中；其长才也，最见于处世判事之际。"

关于读书对教师的意义，教育专家也有着许多深刻而精辟的论述。例如：苏霍姆林斯基曾指出："读书，读书，再读书，——教师的教育素养正是取决于此。要把读书当作第一精神需要，当作饥饿者的食物。"著名教育家朱永新老师说："教师的读书不仅是学生读书的前提，而且是整个教育的前提。"在朱老师发起的"新教育实验"中，更是把营造书香校园作为整个实验的支柱来重视，营造书香校园的含义远远不局限于教师读书，但教师读书是营造书香校园的重要内涵。

作为一名入职14年的教师，我一天比一天更强烈地意识到：教师这个职业变化太大了，课程总在变，教材总在变，学生总在变。我以为随着岁月的磨炼和经验的增长，我会积累出应对这些变化的方法。但当面对一个新的棘手问题时，我仍然感到惊慌和力不从心，似乎像一个初出茅庐的新手一样束手无策。是再多一些磨炼和经验？还是多听几场专家讲座或参加几个研修班？这些办法似乎都可行，但最简单最根本面对变化的方法还是多读书。让书本不断启迪自己作为教师的心灵与专业发展智慧。如果我的心灵足够强大，如果我的专业素质足够过硬，我相信面对问题就会更加从容，处理问题就会更加游刃有余。这14年来，为了不断提升自己教育教学的水平，也为了让自己教育教学工作更幸福，"多读书，向书本学习"，已经成为我行走教育教学前线的一种不可或缺的方式。

---

* 本文作者：范晓琼。

下面，我想以其中精读过的两本书，同大家分享与探讨读书对于教师的意义：启迪心灵与专业发展智慧，让工作更从容。

第一本书：《教学勇气》。核心观点：提醒教师关注自己的心灵成长。这本书是田校长直接推荐的。我精读这本书既有外在（学校层面要求青年教师必读）的要求，也有内心（对教育教学工作的恐惧）的需要。

记得我刚刚走上工作岗位，与其说是怀揣梦想，倒不如说是怀揣恐惧，恐惧来源于对自己教育教学素质的不自信。但我知道我不能放弃我的工作，所以哪怕再多恐惧我也必须勇往直前！然而，"人一旦有了恐惧，就没有了智慧！"第一个月，因为心藏恐惧，每当走进教室，就强烈感觉那些学生与我格格不入。例如，第一天开学发书因为场面太乱我在上面急得满头大汗，他们却在各自座位上优哉游哉跟我大眼瞪小眼，异样的眼神让我立刻陷入"他们肯定在嘲笑我这个新班主任没经验"的恐惧；再如，化学课上，当他们静默无声的时候，我就立刻陷入"我的课一定很枯燥"的恐惧，当他们提出问题的时候，我就立刻陷入"这些家伙又提古怪问题刁难我"的恐惧。我既恼怒于学生，又为自己束手无策而尴尬，我觉得这个职业就像"天天做现场直播，还不能彩排，容不得一点差错"，太累了。一个月下来，我觉得我的工作一团糟，甚至确信我真的干不好这个职业。值得庆幸的是，我及时阅读了《教学勇气》这一本书，并从中找到了我的问题所在：不在于与学生格格不入，而在于我的内心世界出了问题，我太在乎我的缺点了。正如《教学勇气》里所说："就像任何真实的人类活动一样，教育教学不论好坏都发自内心世界，我在教室里体验到的纠缠不清只不过是折射了我内心生活中的交错盘绕。"我一直认为，师范生基础技能与经验的缺失，对作为教师和班主任这个职业来说是很致命的，无论是教师还是学生都会理所当然地挑这些缺点，于是就感觉到学生在时时刻刻盯着我的缺点而使我心生恐惧。因为太在乎自身的缺点，自身的优点就看不见了，我把一个既有优点又有缺点完整的我，分离成为只有缺点的我。而这种分离切断了我投身教育教学的勇气与智慧，"也切断了与心灵的联系，而心灵才是干好所有工作的源泉"。（《教学勇气》，第21页）

如果因为恐惧而失去了教育教学的勇气与智慧，怎样才能克服自己心中的恐惧，鼓起教育教学的勇气，重拾教育教学的智慧呢？我再次从《教学勇气》中找到了答案："作为教师，无论我们获得哪方面有关自我的知识，都有益于更好地服务于教育教学。优秀教师需要自我的知识，这是隐蔽在朴实见解中的奥秘。"（《教学勇气》，第3页）因此，我需要捕捉一个契机，"提供给自己一种方式倾听来自心灵内部的声音，并认真地接受内心的指引找到完整的自我，不只是为了工作，更是为了自己的健康"，这个契机可以是一个人独处静思、或找一个可倾诉的朋友、或得到优秀的导师的指引或鼓励。值得庆幸的是，这个帮助我认识自己的契机很快就来了。那是我的第一次达标课，准备过程中组内所有老师尤其是我的师父以及组长给予我无私的帮助，上课过程中全班学生的踊跃参与，评课过程中学校领导与组内老师语言里渗透着宽容鼓励，让我找回了我自身作为教师的优点，把被我分离成为只有缺点的我重新统一为既有优点又有缺点完整的我。可以说，这次达标课对我成长过程来说是个转折点，学生、组内老师以及学校领导的支持与鼓励，促使我从"自我怜惜的恐惧"中走了出来，反思自己的工作态度和工作方式，认识自我，尤其是我个人作为教师的优势特质。正如《教学勇气》所指出的："我的身份认同要求我在与他人的相互依赖、相互影响的过程中利用自己的天资。教师只要更多地了解了自我的独特性，就能学到展示而非掩饰自我个性的技巧，优秀教育教学则从中产生。"我开始试着去理解作为教师我所拥有的个性，试着去寻找一种与我自己的个性更契合的教育教学方式，力图在我的教育教学方式和我自身之间找到一致性。这次达标课后，我利用自己教材教法的理念与知识，精心设计每一堂课的问题与活动（我这样做的目的是让学生最大程度参与课堂，但这也为我后来教学中另一个问题的暴露埋下了伏笔：那就是注重讨论过程，不注重笔头落实），不再刻意回避板书问题（字写得虽然差，但我尽量写工整让学生认识）；我利用自己的教育学心理学知识，精心设计每一次班会和家长会（渐渐地，我意识到班主任工作固然需要经验性，但更需要科学性）；我用我的乐观自信去感染学生、熏陶学生，为他们营造一种"让每一个学生心里充满阳光"的班级文化氛围。这一刻我充分体会到了"我们自己的心灵舒适自在，跟人交往自然就会更加亲密无间"。（《教学勇气》，第5页）其实很多时候我们无法左右外在的世界，我们能左右的只有不断滋养我们的心灵，让我们内心的选择能力更强大。

于丹在讲《论语》的时候有一段话让我感动不已：我们每个人都有自己的理想，但是在匆匆忙忙、周而复始的工作节奏中，还有多少时间、多少空间能让你去关注自己的内心呢？我们所看到的往往只是一个社会的角色，被遮蔽的恰恰是我们心灵的声音。

美国著名作家弗格森说："每个人都守着一扇只能从内开启的改变之门，不论动之以情或晓之以理，我们都不能替别人打开这扇门。"

《教学勇气》这本书在描述教师的心灵时有一段话特别好："方法固然重要，然而无论我们做什么，最能获得实践效果的东西是，在工作中去洞悉我们内心发生的事。越熟悉我们的内心领域，我们的教学就越稳健，我们的生活就越踏实。"而踏实就是一种幸福。因此，在工作中去洞悉我们内心世界，把自己内心的认识与需求跟工作融为一体能让我们感觉更轻松自然，因为我们所做的一切跟我们的内在需求和认识是一致的。

我想，田校长当初推荐此书的初衷就是希望我们自己打开书本，在阅读书本的过程中打开自己的内心世界，让书本中的营养滋养我们的灵魂和精神，使我们逐渐具有一种博大而高远的精神，一个充实而圣洁的灵魂。

第二本书：《概念为本的课程与教学》。核心观点：课程"教什么"和"如何教"，在"教什么"的问题上强调对学科基本观念的理解，注重本质性的、结构性的、原理性的、方法性的等具有持久迁移价值的内容。这本书是我研究生毕业论文核心思想的源泉。无论是在做毕业论文期间，还是工作后，我一直在反复阅读、体会与实践这本书中的核心思想。如果说《教学勇气》这本书启迪了我心灵成长的智慧，而《概念为本的课程与教学》这本书则启迪了我专业发展的智慧。

《概念为本的课程与教学》认为：在 21 世纪的课程与教学中，如果没有一个对知识的概念图式，就如同建房而没有规划图一样，不知道每一个构件应该放在什么位置。如果直到大学阶段才把主要概念和概念思想"倾倒"给学生，而在整个中学阶段只教给学生大量却孤立的事实信息，那就为时太晚了。概念的发展是与人的一生并行前进的过程，实现概念性理解要求高水平的、综合的思维能力（综合思维是一种能够洞察出相关事实、思想和事例之间的联系方式与模式，并在概念水平上整合知识的能力），它需要各级学校加以系统训练。因此，课程内容的选择与组织不再应该像以往那样突出事实性和信息类知识，而是应该围绕科学现象和核心概念来选择和组织，教学中重视学生基本观念的形成，重视学生对核心概念的深入理解及问题解决能力的培养。它所指的核心概念不是指某一具体学科内的某一具体概念，它既可以是那些基本的、应用广泛的、体现传统科学学科之间的联系的核心概念，也可以是超越了孤立而散乱存在的事实或技能的，对学生的终身发展、概念性理解和高水平综合思维等具有持久价值的基本原理，还可以是随时间而迁移应用于新情境的关键性的原则和方法。在学生围绕那些可随时间迁移的核心概念来整合其思维时，主题和事实起到工具性的作用，学生把原有知识运用到新的情境中，他们获得了更深层的理解力。核心概念就相当于一个"概念聚合器"，在每一个主题的具体事实和知识经过这一广度思想（核心概念）的透视中，学生的思维被强制性要求做超越事实的思考从而达到概念化水平。当学生把主题与由核心概念框定的更广阔的学习材料相关联时，他们能够在概念水平上发现知识相互之间的联系，使学生思维集中到概念性水平（知识可迁移的层次），从而培养他们批判性、创造性、概念性和综合性思维能力。

进行概念为本的教学设计，一方面会对教师自身素质提出很大挑战，另一方面也对教师自身素质提高和专业化发展产生积极影响：Jones，B. F.、Palincsar，A. S.、Ogle，D. S. 和 Carr，E. G.（1987）等在有关专家—新手的研究和讨论中表明，专家运用概念为本进行教学，新手则以事实或主题进行教学。概念为本是对智力的要求，要求教师对知识的本质进行深层思考，这意味着教师必须首先明白"教什么"，其次才是"如何教"。因为对该书核心思想的高度赞同，我一直告诫自己要将所研究的理论学以致用，一直坚持着对两个核心问题"教什么"和"如何教"的实践、追问和思考，力图在日常教学中注重学科内部知识点的整合、注重知识的内在逻辑和价值关联，使学生形成关于化学学科的整体性认识和基本观念。

为了达到这一目标，我除了在日常教学中注重教学内容和教学方式的设计外，我更是充分利用每一次公开课的机会。在我看来，公开课不是作秀，而是年轻老师教学成长最好的平台。其实，大多数人都是有惰性的，很多时候都需要外力来推动前进，而公开课就是一个很好的外力推动。从教以来，我每一学期都开一次正式的公开课。我非常重视这些机会，既可以集中全组老师群策群力，又促使自己静心潜心研究问题，突破学科中某一教学难点或重点。因此，每一次公开课的选题，我都避免是某一章的某一节的某一课时的单一内容，而是选择化学学科的基本观念，或者化学学科教学中难以突破的点等。我希望通过每一次公开课，帮助自己深刻理解一个化学学科的基本观念，突破一个教学难点或重点，帮助我的学生逐步构建一个化学学科的基本观念，突破一个学习的难点或重点。因为有了《概念为本的课程与教学》这本书的引领，我的每一次公开课在教学方式新颖的同时，教学内容的挖掘与剖析也颇具深度，赢得好评。其实，不仅仅是公开课，视导课在平时的课堂中虽然没有能够做到一以贯之，但大多数时候，我很注重培养学生关于化学学科的观念和方法，让学生运用这些观念和方法去解决后续学习中的问题。在教学方面，我是一个有很多缺陷的老师，但因为我在教学中始终坚持"概念为本"的课程与教学设计，我相信这一理论帮我把握了教学的大方向，在一定程度上弥补了我在其他方面的缺陷。

作为教师，我这几年的体会是：每个老师都有很多具体的工作，平日里不自觉地身陷其中，似乎事情永远也做不完，只顾眼前的事情，而很少可以抽出时间来冷静思考或旁观片刻，更无从通过阅读获得知识来指导自己的实践了。

久而久之，也就没有了经常读书的习惯，阅读视野逐渐变窄，阅读积淀越用越少。因此，只要我们有"希望不断提升自己的教育艺术和教学能力"的追求，而不仅仅是一份日复一日"推磨式"的工作，在日常教育教学中，始终保持独立思考与自由研究的习惯，就必须"将经常阅读作为行走教育教学的一种方式"。

"至少读 50 本好书，这些书要涉猎 6 个领域以上。在每个领域中，有一本乐于精读的经典代表作。有一本乐于持续阅读的期刊"，这是学校对学生的要求。作为教师，我们的确应该率先垂范。

"基于项目的教与学"在初中化学中的教学实施案例[*]

——《二氧化碳的制法研究》

在课程改革的当下，项目式学习得到了广泛的认可，与传统的课堂相比，项目式学习有着独特的优势，在项目式学习的过程中教师和学生的功能地位也悄然地发生了变化，义务教育阶段的化学课程以提高学生的科学核心素养为主旨，重点就是培养合作能力、创新能力，激发学生好奇心、想象力和创新思维，鼓励学生勇于探索、大胆尝试。

所以我设计了本节课。

让学生用生活中的常见材料完成实验任务。让化学走进生活，鼓励学生勇于探索，以学生亲身体验和已有知识为基础，通过独立思考、方案论证、实验探究、讨论归纳、应用创新等程序，构建起学生自主学习和互动合作的一种教学模式；与同学相互交流、评价来获取相互合作的成功体验；在探究学习的过程中发展能力，达到提高学生科学素养与创新意识的目的。

一、教学目标的设定

传统教学这部分是教师引导、学生分析设计实验室制取二氧化碳的药品、原理、装置，然后教师演示实验，学生走进实验室亲自进行这个实验的操作练习。这样设计的目的也是以学生为主体，培养学生的思维能力和动手能力。但是发挥学生的主动性的力度还是不够，而且课堂上用时很多。

从学习内容来看，本课题主要研究实验室中如何制取二氧化碳，这是继氧气之后的第二种气体的制取。氧气制取的学习主要是建立了气体制备的思维路径、了解具体操作步骤。二氧化碳制取的研究重点是探究反应的原理和实验装

---

* 本文作者：王薇。

221

置，要求提高到了实验设计与评价的高度，对学生而言比较困难，也很有挑战性。

从学生实际情况分析，通过《氧气制法》的学习与实践，学生已经具备了一些实验室制备气体的知识，知道一些变化能产生二氧化碳。已经初步学会了部分仪器的使用和一些基本操作，大致了解了实验室制备气体的一般步骤，学生可以熟练地应用各种方式查阅资料。但学生已经储备的知识是零散的、感性的，在反应原理中药品的"优选原则"、实验装置的设计以及实验方案评价等方面是比较困难的，还没有形成方法。让学生亲自参与、交流讨论、合作探究，在以上方面有所发展和提高，为后续学习打下基础。综合以上因素制定了我的教学目标，如图1所示。

图1

二、教学实施过程

环节一：课前布置任务"利用家庭中的物品制取一瓶二氧化碳并完成它的验证"。

学生根据已有知识和查阅资料去完成任务，本环节的设计意图：充分发挥学生的主动性和培养学生的自主学习能力，挖掘家庭实验的功能激发了他学习化学的兴趣。同时也探知了学生已有的认知和存在的问题。现在初三化学课时比较少，也想利用课下完成一部分化学较高任务，课上更有针对性地解决学生存在的重点问题。

环节二：展示家庭实验的成果，自评、互评。

上课开始进入环节二 学生展示成果，我提出这些要求：介绍设计思路，药品、原理和装置的选择经过了哪些思考？用到了哪些化学反应？遇到了哪些困难？还有哪些想要解决的问题？在这个环节中，发挥学生主体作用，通过展示过程探查学生原有认知和存在的问题，展示学生的思路和困惑。图2为学生选取的各种药品。

图2

在药品选择这部分学生有三种情况，通过自主思考，学生选择了蜡烛燃烧的方法。

课上我们对另两种方法进行分析讨论，确定更适于实验室制取二氧化碳的方案。这两种方法反映出的问题通过一系列讨论交流找到了解决方案。学生设计对比实验验证方案猜想，总结出实验室制备二氧化碳的药品、原理。在这个环节中，基于学生的原有认知，以学生的问题为生长点，通过讨论和实验分析，找出实验室制取二氧化碳的最优方法。通过实验验证培养学生的实证意识。

图3是学生设计的各种装置。

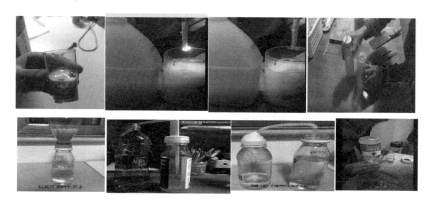

图3

环节三：如何改进

在制取装置的设计上，学生出现了一些问题。

图4

例如，第一个设计没有办法收集到气体，第二个设计中收集方法用了向下排空气法，而且在设计装置的细节中也出现了问题，如导管的位置，通过一系列讨论交流解决了这些问题。在讨论交流后学生用实验室的仪器替代家庭用品绘制出实验室制取二氧化碳的最简单装置。介绍学生问题（即使有些学生在家庭实验已经找到了这套装置也一样会存在一些困惑，如实验过程中药品溢出来了，容器小的问题；第一次加酸加少了需要后续不断往里加酸的问题……）。引导学生思考如何解决这些问题，完善学生设计的装置。完成不同需求下装置的设计。发挥学生主体作用，提高学生分析问题、解决问题的能力。

图5为学生用实验室的仪器替代家庭用品绘制出实验室制取二氧化碳的最简单装置。

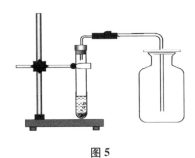

图5

环节四：实际应用

利用实验室提供的仪器和药品制取一瓶二氧化碳，并进行验满和检验。

这个环节中学生利用实验室所给的药品仪器实际操作制取气体，及时解决实验过程中出现的问题。这样设计主要是学以致用，让学生将所获得的知识应用在实际操作的过程中，深化对知识的本质认识，提升了应用知识解决问题的能力。让学生感知装置不同，原理和思路一致。

环节五：反思提升

学生回顾探究二氧化碳制取一般过程，引导学生说出气体制取的一般思路、药品、原理及装置优选原则的依据。在这个过程中梳理知识，提高能力。

> 一、实验室制取气体的药品选择依据：
>
> 操作简单、反应速度适中、只生成一种气体、原料便宜、环保。
>
> 二、实验室制取气体的装置选择依据：
>
> 发生装置的选择，决定于：
>
> 反应物的状态和反应条件
>
> 收集装置的选择，决定于：
>
> 气体的性质（化学性质和物理性质—密度、溶解性）

图6

环节六：学习效果评价

最后，对学生的学习效果进行评价。这个评价主要分为三部分，纸笔测验、课前家庭实验量化评价和课上活动表现评价（如图7所示），从而能更好地来完成基于核心素养的学业标准水平目标。

活动表现评价		自我评价			组员评价		
	分值设置	2分	1分	0分	2分	1分	0分
活动过程	猜想与假设						
	设计实验方案						
	实验操作						
	记录现象						
	分析并得出结论						
	合作交流情况						

小组总评分数20上为"优秀"，17上为"良好"，14上为"合格"。

趣味家庭小实验评价表		
2分	1分	0分
按时上交		
资料完整		
态度积极		
思维活跃		

7分以上为"优秀"，5分以上"良好"，3分以上"合格"

图7

在整个课程结束之前，播放一个学生的家庭实验过程，让学生谈一下这个实验过程中还有哪些需要完善的，还有哪些疑问？涉及排水集气法，在后续课程中可以和学生进行交流拓展。

三、反思

教育课程改革的主要培养目标之一就是"要使学生具有初步的创新精神、实践能力、科学和人文素养以及环境意识"，这与 STEAM 教育旨在培养全面发展的综合型人才相吻合。新课程改革要求学生必须具备基本的科学素养，用科学的、发展的眼光来看待问题，更要求学生用科学方法来探究问题，用科学态度解决问题。本节课用学生家庭实验中的问题将学习环节串联起来，逐层深入地解决问题、突破重难点，最终形成解决问题的一般思路，充分利用家庭实验，挖掘、探知学生存在的问题，设计系列教学环节，解决学生真实存在的问题，使学生在已有认知基础上得到完善和提升。体现项目式教育理念，采用学生自主探究的学习方式，激发学生学习化学的兴趣，培养学生有序思维和勇于探究的精神。项目式教学中创设的良好问题情境可以激发起学生强烈的问题意识和探究动机，开展针对现实情境的项目活动极大地增强探究的实际效用，鼓舞学生的探究积极性和成就感。为了促进学生将课堂所掌握的知识和技能与生活紧密结合，所以我们要将这种教学模式合理地设计到我们的课程中去。

标注：【以上所有图片都为原创及学生真实拍摄】

学术的分与合[*]

——读《统整的力量》有感

时下，对于教育行业来说，STEAM 和 STEM 已经不再陌生。从幼儿教育到高中教育，再到高等教育，我们谈到最多的就是如何平衡学生的全方面发展以及如何呵护学生的个性化发展。在我国基础教育阶段，国家指明的素质教育方向就是培养全人的过程。而且，近些年来的中考改革和高考改革都无一例外地体现着这种向全面发展的过渡。

在我的个人经验里，深有体会的是国内高中教育的分科教学和国内大学课程的分科专业教育。之后我去美国求学，博士的研究方向是利用量子化学理论和计算机模拟的手段，研究化学反应在燃烧化学中的应用。细思起来，博士研究生的课题几乎全部都是跨学科的研究，综合各个领域的应用。为什么呢？因为在现实世界中，能够解决问题的方法必须是多元化的整合。换句话说，这就是统整的力量。

在国际会议上，你可以观察到一个非常普遍的现象：大多学术大咖都是在读书期间拥有超过两个不同学科的学位，比如我的博士生导师 Dr. Joseph W. Bozzelli。作为将量子化学计算应用在燃烧化学中的奠基人之一，他在普林斯顿大学获得数学和化学双博士学位。在学术讨论上他说得最多的就是：这个问题站在数学的思维上看我们可以得到一个完全不同的思路。是的，看一下当今诺贝尔奖获得者的教育背景和研究经历都不难发现，他们都具有跨学科的经历和多元化的学科思维。这也说明一个问题，独一无二的想法的提出是依赖于从多角度和多维度的思维总结和归纳出来的。这，就是统整的力量。

在高中阶段，人们习惯性地先把学科分为大体上的文科和理科。然后理科再细分为数学、物理、化学、生物。文科再细分为语文、英语、地理、历史、

---

* 本文作者：王珩。

政治。但是在教学过程中，我会发现，讲到很多化学知识点的时候需要引入物理学科的定义和知识，在另外一些时候则需要引入生物学科的定义和知识，而且在涉及化学计算的时候就需要应用数学思维来达到最优解。比如：（1）在讲原电池和电解池的章节，讲到电流、电荷、电压、电势差等的时候，需要佐以物理学的相关知识来使我的讲课更具逻辑完整性。（2）在讲到有机分子在人体中的反应时，在讲到核酸分子的结构和性质时，需要佐以生物学的相关知识来使我的讲课更具连贯性、趣味性和应用性。（3）在讲原子结构理论发展史的时候，需要详细地描述几位物理学家的惊艳物理学实验才能展现原子一步步从"不可再分"到"可被分割"的过程。（4）在讲温室气体或者光化学烟雾对于环境和气候的影响时，需要佐以地理学科的知识来讲述温室气体的足迹以及其对于臭氧层的破坏。（5）在讲核化学核能源的应用与前景以及核废料的处理时，需要从历史和战争的角度来完整介绍它的前世今生，使学生感受到科技进步所带来的"副产物"。（6）在讲催化剂对于工业生产的贡献时，需要归功于材料科学的发展使得催化剂的合成与制备愈加成熟与完善。（7）在讲分析化学使用的各类高端分析仪器时，需要感叹信息技术科技将物质的检测手段进化得越发智能和精准。（8）在讲太阳能、风能、水能等新能源的发展时，需要从经济社会价值等方面来综合考虑它的开发与利用。诸如此类的切入点还有很多，这些看似细微琐碎和纷杂的知识点串连在一起，可以培养学生更加广博的视野以及各学科的核心素养。这，就是统整的力量。

学术的"分"与"合"其实并无明显的界限与区分，只是在高中阶段，为了让学生的学习更加有系统性而分割出了几个大致的学习单元。然而就像书里面提到的，很少有老师致力于帮助学生们将知识融会贯通，甚是可惜。我认为，如果知识有形状的话，那它一定是网状的。在教育学生的过程中，如果我们可以在讲授该学科知识的基础上触类旁通地提及一些相关学科的内容，给学生一个在制高点俯瞰知识体系的机会，我相信，多次反复的教育会让同学们形成STEAM教学的思维习惯。

比如，作为一个化学老师，当我在讲光合作用的能量转化的时候，可以设计一个环节，让同学们以他们的视角画出能量在自然界和植物之间的传递和转换的过程。从物理中涉及的光能的能级，讲到生物界的光合作用，谈到光合作用产生的能量物质分子结构和性质。完整的大自然的作用就在学生面前展现出来，不仅使课程的趣味性提高了，还能让同学们在画作中体会到完整的知识体系。

再比如，当我讲到生物能源电池的时候，可以设计一个环节，让同学们自己设计一款电池，从生物燃料的发现和使用，到原电池的搭建和应用，再到电池充放电的化学反应，最后到电池电压和电势能的物理知识。可以想到，学生在设计电池的过程中，体会到了每一个学科知识的联系，同时将所有零碎的知识织成一张网，将他们变成了现实中的应用。

总之，统整的力量是一张无形的网，可以帮助学生最大限度地汲取知识，最大限度地将知识体系完整地吸收。STEAM 课程将过去我们所忽略的一些知识衔接统整起来，以体系的形式展现给同学们，是一种教育的进步和科学的使用。我相信，在不久的将来，STEAM 会越来越完善，越来越受欢迎。

未来需要什么样的教育[*]

——读《未来简史》有感

　　随着科学技术的发展，现代社会变化迅疾，我们使用的手机、电子产品等在飞快地更新换代，科技的发展推进和带动了我们生活方方面面的变化。最近热播的电视剧《天下无诈》，讲述的也是犯罪分子利用科技手段进行诈骗的故事。变化太快，让我们应接不暇。当我们还在为现在教育到底要教给孩子们什么，要不要报各种课外班，报哪种班而纠结的时候，不妨想想看，下半个世纪会发展成什么样子，那个时候需要什么样的人，或者什么样的人才能适应那个时代。

　　犹太史学天才尤瓦尔赫拉利的惊世之作《未来简史》，连接了历史与未来，以人类告别贫穷疾病战争之后的未来时代为时间线，提出人类寻求幸福快乐永生和神性为目标的新议题。紧接着，为了诠释为何人类在 21 世纪会有这样的目标与议题，作者领着我们回头去重温智人进化的简史，通过与其他动物相比较，来揭示智人究竟是怎样的一种存在，以及人文主义是如何成为这个世界的宗教，为何实现人文主义的梦想却可能导致人文主义的崩塌。现在还处于新兴领域，为人们所推崇的"大数据"，在不久的将来，伙同世界的主宰——"算法"，不断吸收人类上传、分享的数据资源之后，胃口大开，甚至具备了左右人类感知、意识的超能力。绝大多数的智人成不了神人，反而成了废人，因为万物互联的结果就是人类只是在庞大的数据库里，依靠精密的算法被不断处理的一个极其微不足道的数据或者芯片，因为传统意义上的战争已经消亡，取而代之的将是普通人无法理解的数据战、网络战，比如万亿美元资产的瞬间抹去，黑客入侵能让整个城市所有的公共设施完全瘫痪，而曾经为战场输送大量普通炮灰的任务已经不复存在，曾经为普通人提供的医疗服务治病救人的医院以及医疗体系

已演变成为只是通过生物技术为真正精英阶层提供长生不老，成为神人的一种途径。而这些掌握超级算法，能驾驭庞大数据库和人工智能的神人才是真正有可能实现人文主义本初想要追求的三大理想：永生、快乐、神性！

在那样的世界里，备受推崇的自由主义精神将面临三个实际的威胁：第一，人类将完全不具备价值；第二，人类整体仍然有价值，但个人将不再具有权威，而由外部算法管理；第三，有些人仍然不可或缺，算法系统也难以理解，而且会形成一个极少数的特权精英阶层，由升级后的人类组成。

在这样的未来中，我们现在的教育能做什么？我们教不教知识、教哪些知识、怎么教？培养什么能力？如何培养？给孩子什么样的指导？这些都是我们要认真研究的。

现如今，我们被大量的信息淹没，无论真假、价值几何，这些信息大量地占用着我们的时间空间、大脑空间、精神空间，而绝大多数的人忙于此并乐此不疲。当我们的关注点还在"低头族"等字眼，"美女看手机失足"等热点时，我们正一步步走向未来被吞噬的境地。未来我们这些无名的蚁族，将是这个巨大系统中的一个微小芯片，通过我们的记录、上传、分享，喂养着这个数据猛兽，失去自由，失去隐私。正如数据主义时代，新的座右铭（或墓志铭）是："如果你体验到了什么，就记录下来。如果你记录下了什么，就上传。如果你上传了什么，就分享。"在你记录上传分享的瞬间，网络正以迅雷不及掩耳之势用某种你我都无法渗透的算法将它变成某种立刻或者未来可用的数据资源，为某些特殊精英群体所拥有且可随意把玩。

在未来的世界里，现代人的隐私将被改写，人类的隐私将以新的形态和模式被保护，人类的伦理观念也将发生翻天覆地的变化，家庭、父母、爱人、朋友、工作、劳动等的社会单元也将不复存在或者变得面目全非。

那么，我们能教给孩子们什么呢？

第一，信息太多了，而且还会越来越多，那么能够学会判断信息、理解信息，在众多的信息中迅速有效地甄选、剥离有用信息，是未来一个重要的能力。

第二，培养孩子不断学习的意识。现在的孩子大多还在被经过旧教育理念培养起来的父母或者爷爷奶奶教育着，养尊处优，享受当先，缺乏长远的目标、理想，很少孩子有不断学习、终身学习的意识，很多旧的知识都会被淘汰，旧的教育理念更是如此。

第三，适应变化的能力。我们国际部教学目标是铸造中华魂，培养国际人。在引导教会学生批判性思维、沟通、合作、创意等方面都走得比较早，这些对孩子未来适应环境会有很大的帮助。

第四，拥抱未来接受变革。不论是学校还是学生，必须用发展的眼光看待社会，必须以开放积极的心态来迎接各种各样的改变，不管是学习模式上的改变，还是教育技术本身的升级换代、抑或推陈出新。对于教育机构本身特别是中小学教育而言，需要每一个教育工作者接受新时代下学生的思维方式的变化。一成不变或者固守套路恐怕很难做到深入的教育。

第五，独立思考的能力。学会独立分析，独立思考，把握自己，而不是人云亦云，跟风盲动，认清自我，明确自我需求，才可能发展自己，立足未来。

2050！一个可能的关键时间节点，让我们拭目以待。

项目式教学在初中化学复习课上的应用*

　　《2016 版全日制义务教育化学课程标准》的教学理念之一为：让每一个学生以轻松愉快的心情认识多姿多彩与人类息息相关的化学，积极探究化学变化的奥秘，形成持续学习的兴趣，增强学好化学的信心。随着教育改革的深入推进，大多数教师在新授课阶段都能巧妙设计探究实验、借助多媒体手段、采用小组合作等方式使课堂精彩纷呈。然而，进入中考复习阶段后，有的教师滔滔不绝地讲，学生安安静静地听，形式单调。有的教师以题代讲，半节课做题，半节课对答案，索然无味。

　　项目式教学强调以任务或问题解决为依托组织教学，以学生为主体开展教学活动，以多样化的解决实际问题的策略展示学习成果。在初三化学复习课中实施项目式教学既能增强学生学习化学的兴趣，又能培养学生合作探究的能力，还能让学生关注生活中的社会问题，培养用化学视角分析解决问题的思路和能力。本文在理论和实践研究的基础上，对教师在初中化学常规复习课上设计和实施项目式教学的对策进行了积极的探索。

一、选择贴近学生生活的研究项目

　　《普通高中化学课程标准 2017 版》中明确指出："真实具体的问题情境是学生化学学科核心素养形成和发展的重要平台，为学生的化学学科素养提供了真实的表现机会。"在复习课上，教师可以选择与学生生活息息相关的、学生感兴趣的、难易适中的问题作为研究项目，为学生提供解决实际问题的机会和平台。

　　例如，在"金属"的复习课上，教师可以展示从网上买的"金戒指"，然后提出问题："如何用实验证明这是真金还是假金？"学生通过查阅资料知道假黄金是铜锌合金，于是可以利用真黄金与假黄金性质的差别来证明。这一个项

---

　　* 本文作者：张涛。

目把初中要求的金属与氧气、金属与酸、金属与盐的反应都应用到了。将具体的化学知识应用到解决实际问题当中，提升了学生知识迁移应用的能力，同时培养了学生解决问题的能力。

二、以学生为主体组织教学活动

项目式教学是在建构主义学习观下发展起来的强调以学生为主体的教学模式。要实现高效的复习，教师要避免采用"一言堂"的教学方式，应该把课堂还给学生，诱导学生积极思考、自主探究、实践体验、互动交流。

酸碱盐是初中化学的重要内容，该部分知识点繁多，如果用题目代替知识点，这节课一半时间将在题海中度过。学生在机械重复的做题中感受不到学习的乐趣，能力也得不到提升，浪费了宝贵的复习时间。因此，教师可以将相关的基础知识点设计成探险游戏，分别通过两个游戏全面覆盖酸、碱的相关反应。

表1　有关酸、碱化学性质的"探险游戏"

教师活动	学生活动
"探险队员"——硫酸，不小心走进了有许多"吃人的野兽"（即能与硫酸发生化学反应的物质）的小山。请你帮助它走出小山	画出硫酸的"逃生"路线
探险队员变成氢氧化钙	画出氢氧化钙的"逃生"路线

游戏只是把零散的、单一的知识点进行了复习，接下来的活动学生将运用更高阶的思维方式：学生总结上述路线体现了酸的哪些性质，并从物质类别的角度用知识网络图的方式表达出来。这个过程学生需要将一种物质上升为一类物质，还要将多个反应进行梳理、整合，这个环节促进了学生的学习深度。

图1　酸化学性质的网络图

图2　碱化学性质的网络图

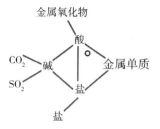

图3　盐化学性质的网络图

知道酸能和这几类物质发生反应，有什么作用呢？于是提出了一个现实的问题："某除垢剂广告宣传称其主要成分是柠檬酸"，如何确定该溶液真的显酸性？学生小组合作讨论尽可能多的实验方案、组间交流、动手实验。在这个过程中，学生会应用绘制的知识网络图，发现酸与金属单质、金属氧化物、碳酸盐的反应都用上了，为什么酸与碱反应不能用来检验物质的酸性呢？由此归纳总结，物质检验本质上是利用物质的性质，并通过产生明显的现象进行检验。这里体现了证据推理的科学思想，必须看到证据才能作出推理。碱的性质应用，教师可以选择检验"厨房清洁剂"是氢氧化钠还是氢氧化钙。盐的性质应用检验的是某调味罐里装的是食盐还是纯碱。这些都是生活中常见的物质，学生会感觉到生活中处处有化学，而且学了的知识不只是用来解题的，更是用来解决生活中的实际问题的。

本节课通过"游戏引入→知识点总结→知识点应用→方法总结"的方式复习了酸碱盐的化学性质。在教学过程中教师始终以学生为中心，抓住了学生的兴趣点，游戏学习，寓教于乐，使学生在枯燥的备考中体会到学习的乐趣，收到了事半功倍的效果。

三、以实验探究为中心体现学科特色

化学是一门以实验为基础的科学，化学复习课也必须让学生体验真实的实验探究过程。

例如，"金属"复习课可以设计的项目是"易拉罐是什么材料制成的？"学生首先提出猜想，把金属活动性顺序中常见的金属都列出来。然后有同学提出质疑，从金属的价格可以排除金和银，从镁极易与氧气反应，排除镁。剩下铝、锌、铁、铜四种金属该如何检验呢？学生设计方案：用磁铁吸引的方法可以排除铁，用加盐酸的方法可以排除铜，最后用硫酸锌溶液确定易拉罐材料是铝。这个小的项目，利用的检验方法有物理方法也有化学方法，化学方法应用了金

属与氧气、与酸、与盐的反应，学生还经历了实验探究的"猜想假设、设计实验、进行实验、观察现象、得出结论"整个过程，可以说一举多得。

初三化学是国家九年义务教育的一部分，让每一位学生快乐学习是一项重要的教育目标。在初三化学常规复习课中实施项目式教学既能体现化学学科的育人价值，又能促进学生核心素养的培养。同时，将项目式学习的"真实问题""合作学习""以学生为主体"等核心观点应用到初三化学复习课中，有利于提升学生的学习兴趣，帮助学生获得解决问题的成就感，促进学生快乐学习。

参考文献：

［1］钟志健.中学化学PBL学案导学教学模式的建构与应用［J］.化学教与学，2011（5）：2-7.

［2］周业虹.实施项目式学习发展学科核心素养［J］.中小学教师培训，2018（8）：33-37.

［3］侯肖，胡久华.在常规课堂教学中实施项目式学习——以化学教学为例［J］.教育学报，2016（12）：40-44.

［4］黄亚武.基于PBL教学模式的高三化学教学的实践探究——以"氯气与水反应"的复习教学为例［J］.教学研究，2018（11）：118-119.

［5］杜晓燕.对项目式学习的再认识："学习"本质与"项目"特质［J］.中小学管理，2018（2）：15-18.

［6］孙文英，何耀铭.化学项目式教学的时间思考——以"揭秘白猫牌蓝洁灵"为例［J］.新课程研究，2018（9）：87-89.

通过课外阅读提升学生的英语阅读素养*

学生通过阅读原版英文小说读物，使自身的阅读能力、思维品质、情感态度和价值观等得到循序渐进的发展，并在感受阅读和体验阅读乐趣的同时掌握阅读方法，提高阅读效率。更重要的是通过阅读圈提升学生的阅读素养。

一、问题的提出以及研究的意义

（一）问题的提出

培养学生的阅读能力是初中英语教学的一项重要任务，单纯的课内阅读是不够的，还需要学生进行大量的课外阅读作为补充。《义务教育英语课程标准（2011 版）》在知识技能五级阅读目标中明确提出了课外阅读量累计达到 15 万个单词以上。而且按不同的年龄段及少年儿童身心发展的特点和认知思维水平，遵循语言发展的规律，提出了各阶段学生的英语阅读能力、阅读习惯、阅读量等方面应该达到的级别标准，并给出了相应的读物选择标准。

但是目前的初中英语阅读状况不容乐观。其一，由于教育评价导向的影响，教师忙于应付考试，无暇顾及阅读；其二，由于课时的限制，教师将全部的时间用于处理教材，很少引导学生开展真阅读；其三，教师对于开展阅读教学的认识不足，英语阅读教学的经验不足，导致学生阅读习惯和阅读能力的发展受到制约。此外，阅读材料选择不当、阅读教学缺乏指导、课业负担重等原因，也使得学生在课内外都很难真正开展英语阅读。针对上述情况，笔者认为探讨通过英语阅读培养学生多元思维能力，通过课堂与课外阅读提升初中学生阅读素养很有必要。

（二）研究的意义

为此，我们选择了 *Coraline*、*Big Hero* 6 和 *Up* 三本英文小说作为课外阅读材

---

* 本文作者：许艳新。

料，这些英文小说均是根据学生们耳熟能详的迪士尼动画电影改编的，语言纯正地道，表达丰富生动，词汇复现率高，学生能够在理解故事、分析人物、讨论主题、欣赏语言的基础上，汲取文学养料，养成良好的阅读习惯。著名教育家杜威（1990）认为，思维是教育的核心，教育的最主要目的就是让学生学会如何思考。马修·里曼普也提出，教育的目的就是帮助学生学会思维，在其所有能力中批判性思维能力是关键。教师在指导学生阅读这些小说时应该鼓励学生去分析问题，对读到的事物进行阐释、分析、评价、推理、解释，表达自己的看法。

二、阅读素养的定义及阅读素养发展目标的理论框架

"阅读素养"包括学生学习及运用所学语言和其他知识获取信息、建构意义的能力；还包括他们通过阅读发展跨文化理解、促进多元思维、获得审美体验、形成正确价值观的积极态度和良好习惯。因此，外语素养体现为"阅读能力"和"阅读品格"（王蔷、敖娜仁图雅，2015）。那么阅读能力和阅读品格又分别包括哪些要素呢？王蔷教授和敖娜仁图雅根据中小学生英语学习的情境和特点，提出了英语阅读能力包括四个方面，即解码能力、语言知识、阅读理解和文化意识；阅读品格包括阅读习惯和阅读体验两个方面。

三、研究方案

唤醒学生的主体意识可以提高教学效果，因此，告诉学生阅读计划，可以帮助学生正确理解小说阅读的意义。

（1）计划。利用课堂和课外时间开展阅读，分组进行。每周阅读1—2个章节，回答相关的问题，积累词汇，章节总结，制作海报等。利用课堂时间进行交流和指导，平均每两周1课时，共8个课时。

（2）共识。笔者鼓励学生通过赏析英文原版读物拓宽知识视野，增加语言知识和提高阅读素养，这也符合中考要求的能理解文学作品的思想、情感和态度。还可以培养学生的批判性思维，因为它是创造性思维的动力和基础，没有批判就没有创造（罗明江、李旭，2008）。同时，学生阅读能力的提高会带动写作能力的改善。因此，我们要引导学生对扩大阅读有正确的认识。

本次研究目标是通过阅读活动，使学生在感受语言魅力的同时，激发英语学习兴趣和热情；通过阅读圈活动指导学生进行小说阅读活动，让每位学生参与到英语课内外阅读的活动中，提升学生的阅读素养。

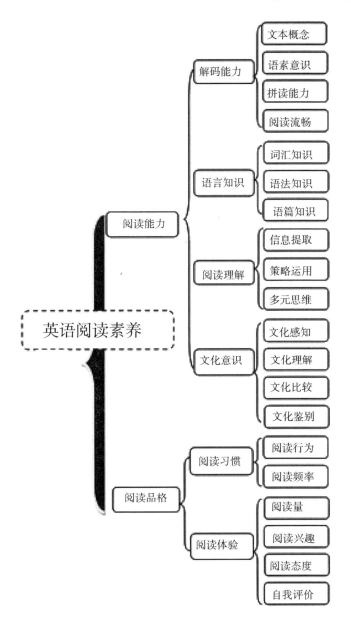

图1　中国中小学生英语阅读素养发展目标理论框架
（王蔷、敖娜仁图雅，2015）

四、教学实例

（一）阅读圈

阅读圈，又名文学圈，由哈维·丹尼尔斯于 1994 年提出。他指出："阅读圈是暂时性的阅读小组，小组成员自主选择并阅读同样的故事、诗歌、小说或其他文学作品，在完成独立的阅读后，小组共同决定要讨论的内容。做准备，按照角色设计作业纸，填写讨论发言的提纲进行讨论。在讨论会上，每位成员按照自己预先准备好的讨论提纲进行讨论，努力完成自己的角色任务。当共同完成对一本书的讨论后，大家会以一定的方式集中讨论其中的精华内容，以便于更广泛的团体交流和共享。最后，完成讨论的小组之间中进行必要的成员交换，选择更多的阅读材料，组成新的文学圈，开始新一轮阅读与讨论"。（刘淼，金艳峰，2006）

阅读圈的角色分工很多，常见的有：questioner、connector、illustrator、word wizard、travel tracer、discussion director、literary luminary、summarizer、researcher，等等，教师可根据阅读目标，即希望学生提升的能力来确定角色。

阅读圈的使用步骤如图 2 所示：

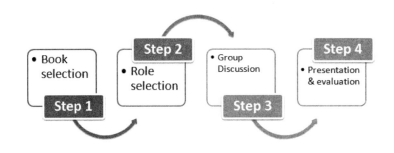

图 2 阅读圈使用步骤

（二）设计阅读圈角色

英文小说往往章节较多、故事情节复杂、词汇和阅读量大，虽然阅读困难较大，但小说的阅读可以在多方面提升学生的阅读素养和思维能力，比如：概括故事大意、梳理故事脉络、厘清人物关系、分析人物性格、积累语言表达、联系现实生活，等等。根据阅读小组的人数和阅读目标，笔者筛选出了七个阅读圈角色，具体角色和各个角色的任务要求如下：

Summarizer：*Your job is to prepare a brief summary of your chapter.* Your summary should cover the key points and general idea. Your group discussion will start with your 1 – 2 minute statement.

Questioner/Discussion Director：*Your job is to make a list of questions that your group might want to discuss about this chapter. Write down your own answers in your* *notebook to share with other members of your group.* Don't worry about the small details; your task is to help people talk over the big ideas in the reading and share their reactions. Usually the best discussion questions come from your own thoughts, feelings, and concerns as you read. You can list them below during or after your reading.

Connector: *Your job is to find connections between the book and you, and between the book and the wider world.* Make notes about at least two possible connections to your own experiences, or to the experiences of friends and family, or to real – life events. Consider the list below when you make your connections.

- Your own past experiences
- Happenings at school or in the community
- Stories in the news
- Similar events at other times and places
- Other people or problems that you are reminded of
- You can focus on characters as well as events in the story
- If you haven't got similar experiences, you can still find connections with the feelings or thoughts of characters in the story

Illustrator: Good readers make pictures in their minds as they read. This is a chance to share some of your own images and visions. *Draw some kind of picture related to the reading you have just done.* You can draw a picture of something that happened in your book, or something that the reading reminded you of, or a picture that expresses any idea or feeling you got from the reading. Any kind of drawing or graphic is okay.

Travel Tracer: *Use Flow Map to describe what happened in the chapter.* Try to make a good and clear flow map to help others understand the story in your chapter even without reading it.

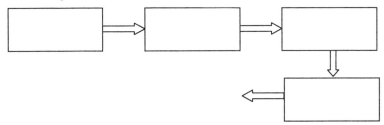

Word Wizard: The words a writer chooses are an important ingredient of the author's craft. *Your job is to find a few words that are new to you, good for you to learn or impress you a lot.*

- Note down puzzling or unfamiliar words *while you are reading. Later*, *look up the definitions in a dictionary.*

- *You may also run across words that has* similar meaning but different spelling. *These words can describe the plots more vividly or express some character's feelings or moods more properly. Mark these special words*, *too*, *and be ready to share your ideas to the group.*

Literary Luminary: *Your job is to locate a few special sections or sentences in the text for your group to talk over.* The idea is to help people go back to some especially interesting, powerful, funny, puzzling, or important sections of the reading and think about them more carefully. As you decide which parts are worth going back to, make a note why you picked each one and consider some plans for how they should be shared.

（三）提升阅读素养，培养批判性思维和创新能力

打破传统的阅读方式，运用阅读圈进行解构式阅读。两者的区别在于传统阅读是重复性的，其追求的目标是译解，试图寻找真理；而解构式阅读强调文本意义的多元性，它鼓励读者超越已有的知识框架，创造性地进行重构，赋予文本内容更丰富的现实意义。但解构式阅读绝非要摧毁文本，而是要更充分地挖掘文本复杂多义的内涵（王牧群、白彬，2011）。解构式阅读对培养学生的批判性思维能力具有重要的作用。因为解构、拆析的过程就是分析、推断、阐释、评价、质疑和审视的过程。此过程有助于提升读者的思维效能和人格品质，培养他们的想象力、创造力和批判性思维能力。

如指导阅读 *Up* 一书。*Up* 改编自迪士尼电影《飞屋环游记》，讲述了78岁的气球销售员卡尔·弗雷德里克森曾经与老伴艾丽约定去一座坐落在南美洲的瀑布旅行，却因生活的奔波直到老伴过世也未能成行，直到政府要强拆他的老屋时才决定带着自己和妻子年轻时共同打造的屋子一起飞向瀑布，路上与结识的小胖子罗素一起冒险的经历。在指导该书的阅读时，教师鼓励学生以小组为单位，每个小组由7—8位学生组成，在基本理解小说的基础上，按角色完成阅读圈的任务。

情节分析师负责呈现故事情节的发展过程。人物分析师负责理顺作品中的主要人物以及他们之间的关系，挖掘主要角色的性格特点。语言大师负责把作品中有意义的语句、段落挑选出来，并简单陈述挑选这些语句的原因。讨论主导师负责挖掘作品的深层的问题供大家讨论。链接员负责把故事内容与外部世界相联结，并进行分析、比较、发现作品与生活的关联性。绘画小天使负责把作品的情节、人物和场景等用绘画方式呈现出来。词汇高手负责赏析重点词汇

或者去解释作品中的生词。这样的阅读学生不仅赏析了作品语言的魅力，还对作品进行了深度的挖掘。图3为学生的部分作品。

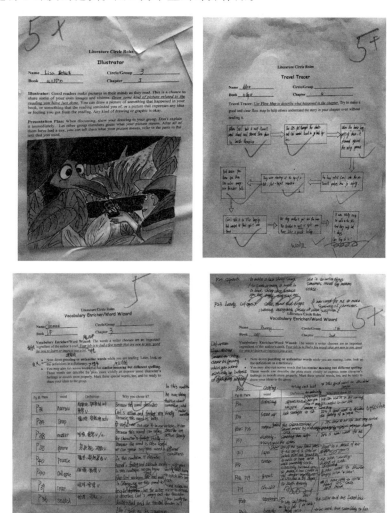

图3　学生阅读圈不同角色任务单

五、研究实施举措应注意的事项

（一）选择品读材料

原版读物阅读教学既要考虑水平高的学生，又要兼顾水平稍低的学生，教师应结合学生的实际进度调整自己的教学安排。《课标》指出，阅读材料的选择要"贴近学生生活和语言水平；题材广泛，体裁多样；具有思想性、趣味性、知识性、挑战性和时代性"。这就要求教师选择那些符合学生心理和成长需求及价值引领的、符合学生的语言能力的材料。为了降低难度，笔者采取了阅读圈这一阅读方式，旨在实现阅读效益的最大化。

（二）思维的培养贯穿始终

在采用阅读圈模式指导学生阅读的过程中，教师要始终关注学生思维品质的培养，并适时根据学生的学情调整角色任务。

（三）教师的示范作用不容忽视

在英文小说的阅读过程中，教师应率先垂范，与学生共同阅读，并完成任务单，与学生分享自己的阅读成果，为学生作优秀的示范。

（四）学生的评价功能不可或缺

初中生非常重视别人对自己的评价，组内互评、组间互评、角色互评、教师评价等不同评价维度相结合，既能增加评价的多样性和全面性，又能促进学习与交流，让学生体验到成功的喜悦，享受英语阅读带来的快乐。

六、效果与反思

（一）效果

阅读圈阅读模式受到学生的一致认可，大家都认为这种阅读方式加深了对原版书的理解，解决了之前走马观花、读着后面忘了前面的问题。

【学生一】我们选读的小说都是我们看过的电影，在阅读的过程中，即使遇到生词难句也能大概猜出意思来，感觉容易了很多，比较有兴趣读下去。

【学生二】阅读圈的方式真的太好了，我们先各自完成自己的任务，再进行组内交流和改进，每一个章节都像是读了六七遍一样，印象特别深刻，而且，当小组成果汇集到一起，看到老师给的批注和分数，非常有成就感。还有，这样的阅读能更好地进行词汇的积累，比以前印象深刻了，很多词汇我都能用到自己的作文里了。

（二）反思

1. 可持续性发展

英文电影小说阅读我们开展了近一年的时间，在这一年里，的确有不少孩子已经养成了主动读书的习惯，他们甚至会自己买英文读本，但是也有不少孩子还比较依赖于老师。所以学生要真正掌握写作知识和技能不是一朝一夕的事情，必须通过更长时间持续性的学习和灵活多样的训练才能达到一定的水平。

2. 不足之处

虽然这次的行动研究带来了许多令人惊喜的变化，但笔者也意识到了一些问题。

（1）一些学生基础薄弱，主动意识差，所以阅读水平处于原地踏步的状态。

（2）学生的语言知识有待加强。在整个活动期间，有意识地积累读写材料的学生是极少数，因此语言还是有些贫乏。

下一阶段要克服的难题是：如何为英语水平比较薄弱的学生提供更多的帮助，以培养他们的自主能力和合作精神；如何帮助学生建立自己的阅读素材库。

总之，阅读圈的运用有助于学生逐步深入地理解文本，使学生在分享中进行观点的交锋、各抒己见，深层理解文本，促进文化理解，驱动探究学习，增强思维品质，实现阅读素养的落地生根，是培养学生阅读能力的一条行之有效的途径。

参考文献：

［1］罗益民．阅读经典与英国文学教学［J］．外国文学研究，2004（2）：141 – 146.

［2］张红玲．解构式阅读在英语阅读教学中的应用及其意义［J］．湖南第一师范学报，2009（2）：29 – 31.

［3］黄瑞贤．基于学生体验的高中英语文学阅读导读［J］．中小学外语教学（中学篇），2015（6）：34 – 37.

［4］Aronson，E. 1978. The Jigsaw Classroom［M］．Beverly Hills：Sage Publications.

［5］聂荣鑫、王培华．解构式阅读及其对阅读教学的启示［J］．课程研究，2005（9）：10 – 11.

［6］李善良．怎样培养学生批判性思维能力［J］．教育科学研究，2012（3）：69 – 75.

［7］钟志贤．如何发展学习者高阶思维能力［J］．远程教育杂志，2005（4）：78.

多种评价形式并行，培养初中学生
英语自主学习能力[*]

——基于项目式的英语教学的反思

本文主要探讨在新课程理念下，如何摒弃传统评价模式，变终结性评价为形成性的多种评价方法，来转变英语教学评价方式，从而能够客观、全面、公正地评价每位学生，提高学生学习英语的兴趣，变被动学习为自主学习。

一、研究背景与现状分析

从课程改革以来，《义务教育英语课程标准》明确提出把"发展综合语言运用能力"作为英语教学的目的，2011 年颁布的新课标，更是凸显了这一点。国际上的双语教育及 ESL 教育已有不少成功先例，各国各语种的学校也进行了较多的实验，取得了较好的效果，其共同特点是把英语还原为沟通工具和学科知识的载体，而不是单纯作为学习的内容。

中国学生在学习英语时，有独特的困难和需求。国外的教育实验虽有可借鉴之处，但是由于中国的语言环境和教育环境较之国外有较大差异，实践发现学生在掌握英语时所面临的挑战，有相当一部分是先前的研究没有涉及的。为了解决这一问题，我们有必要针对中国学生，特别是处在英语学习起始阶段的初中学生，进行深入的研究，找到问题的原因和解决方法。

传统的评价体系以考试（尤其是笔试）为唯一手段，不关心每个学生水平、兴趣、学习风格的多样性，简单地对学生的成绩进行比较、排队，过分看重分数，结果教师的课程内容受到局限，学生的自主学习能力不但得不到发展，反而受到压抑。对于那些学习跟不上的学生，就更加不爱学习，从而形成恶性循

---

* 本文作者：宗世颖。

环。主要体现在：

第一，评价方式单一，只注重终结性评价。

重点关注的是学生对基础知识的掌握和运用，学生的期中和期末的成绩，忽略了学生在参与课堂教学活动时，为获得知识所表现出来的创造力、积极性、情感和态度。

第二，评价主体唯一，缺少互动性。

由于班额过大，课堂中占主导地位的是教师对学生的评价，老师是评价学生的唯一主体，而生生之间、小组之间的多向主体评价互动远远不足。

第三，评价结果不客观，缺少日常学习行为。

对于学生的评价，只取决于一两次考试成绩，而并不在意对学生日常学习行为的监测。例如：作业上多数的评价符号以 A、B、C 最为常见，学生不知道自己的作业好在什么地方，弱在什么地方。久而久之，学生对教师在作业本上的 A、B、C 评价也不那么看重了。作业评价中缺乏师生之间的情感交流，以及教师对学生的欣赏、鼓励。另外由于看不到学生平时学习的努力程度，只看最后结果，也是学生逐渐失去对英语学习信心的一个主要原因。

二、新课程评价体系及具体实施方法

现在，新课程崭新的教学理念，逐步渗透到教师教学活动的方方面面。要使教学评价发挥其应有的作用，我们必须要改变单纯通过考试成绩来评价学生的方式，应坚持以人为本，以促进人格和谐发展为根本目的，倡导运用多种评价方法、评价手段和评价工具综合评价学生在情感、态度、价值观、创新意识和实践能力等方面的进步与变化。那么，如何转变教学评价方式呢？

基于上述考虑，本人参与了中国教育学会外语教学专业委员会"十二五"规划课题"基于学科内容的英语教学研究与实践"的子课题"项目式教学在初中研学课的应用"的研究。

这一研究旨在提高中学生英语学习兴趣，增强其自主学习英语的热情，从而提高运用英语来解决问题的实际能力，和学生通过一起做项目从而提高学生的思维技巧、演讲演示能力、团队合作能力和项目管理能力。

通过参加这个课题，我改变课程评价体系，以形成性评价为重点，与终结性评价相结合，促进学生英语自主学习能力的培养，努力把教与学引入一个良性发展的轨道上。我为每个学生建立了档案袋，以使学生本人和教师能够全程了解学生的学习状态。档案袋中的文件包括：教师评价表、学生自评表、学生互评表、阶段测试成绩的记录与评价等。以期促进评价与教学的结合，全面深入地展示学生的学习能力，并提高学生的自主学习能力。

在实施形成性评价的具体过程中，我们采用公开和民主的方式，把学生自评、学生小组成员互评和教师评价三者结合起来，形成一个尽可能客观、准确的评价体系，以有效地监督和指导初中英语教学。

具体实施办法：

注重形成性评价。形成性评价也称过程评价、真实性评价，是针对终结性评价而言的，最早由美国芝加哥大学哲学家斯克里芬在 1967 年提出。美国教育心理学家布卢姆把这一概念引进教育评估实践中，他在教育评价方法指南中指出，形成性评价是根据教学活动过程中把握到的中间成果来修正教学计划，进行必要的补充指导或根据每个学生的实际情况来安排学习内容的评价活动。具体来讲，形成性评价强调对教和学过程进行多层次、多元化的分析和判断，为教学双方提供及时、真实的诊断性信息，促进教和学过程的完善和发展；它强调在教育活动中，即学生知识、技能及态度的形成过程中检测学生的进步，监控学生知识与技能的获得，评价学生的学习进展情况，最终通过反馈来调整教学方法以提高教学质量。形成性评价注重对学生的学习过程进行评价，它不仅从评价者的需要出发，更注重从被评价者的需要出发，重视学生在学习中的体验，重视师生间的交流，使学生在评价中能够主动正确地了解自我、完善自我，从而培养学生的自主学习能力。

注重形成性评价，就要转变传统教学的评价方法。为了使评价有机地融入教学过程，应建立开放、宽松的评价氛围，以测试和非测试的方式以及个人与小组结合的方式进行评价。评价的方式多种多样，可以利用以下方法：课堂观察法、小组评价法、鼓励评价法、书面评价法、建立英语学习档案袋、建立英语课堂活动评价表。

（一）课堂观察法

课堂是学生学习的主要场所，也是实施形成性评价的主阵地，学生参与课堂活动的程度与质量在很大程度上决定着学生的学习成效。课堂教学过程应贯穿学生的自我评价、相互评价、教师评价。教学中教师广泛开展各种教学活动，大量运用非测试性评价，如在同学间或以小组为单位开展课前一分钟演讲比赛、英文歌曲比赛、单词记忆比赛、开火车英语造句比赛、朗读背诵课文比赛、角色表演比赛等，激发他们英语学习的积极性和自主性。在各种比赛中，教师自己要对学生的各个方面表现作出评价，同时引导学生进行自评与互评。其中，为了更好地量化评价，教师须分别制订适用于教师和学生的统一标准的表格，设计出关于学习效果、学习态度、学习策略、努力程度以及课堂活动等具体的问题，定期发放和给予评价，并及时反馈给学生以描述、指导性的信息。帮助学生对各自的学习情况进行反思，制订针对个人的学习计划，引导他们主动参与到英语课堂教学活动中来，培养他们英语学习的自主性。

1. 关注学生的情感

在平时的教学中，更多关注的是学生对所提问题答案的对与错评价，很少关注学生在探讨思考问题时所表现出来的情感。在课堂教学中关注学生的情感会增强学生的学习兴趣和课堂表现欲。比如，在做"你要选择什么职业"这个项目时，笔者让同学们自己思考这样一个问题：What are you going to be when you grow up?（当你长大以后你打算做什么?）课堂中，笔者发现平时不爱发言的一个男生在思考这个问题时显得格外兴奋，笔者随即叫了他，以下是笔者和他的对话：

T：What are you going to be when you grow up? （当你长大以后你打算做什么?）

S：I'm going to be a doctor when I grow up. （当我长大以后，我打算当一名医生。）

T：Why? （为什么?）

S：Because it's too hard for us to see the famous doctor. （因为对于我们来说看病太难了。）If I can become a doctor，I will help my family to treat their illness by myself. （如果我是一位医师，我就能够自己为我的家人看病了。）I can also save a lot of money. （我也能省很多钱。）

T：Your dream is very beautiful. （你的梦很美。）I hope you can make your dream come true in the future. （我希望在未来你能够实现你的梦想。）

所有的学生为他精彩的回答而鼓掌。从那节课以后，他对学习英语的兴趣更浓，每节课积极举手回答问题，而且性格也开朗了许多。

2. 关注学生的创造力

在课堂教学中关注学生的创造力，可以活跃同学们的思维，使学生的思维能力得到更大的发展。如在做关于"旅游"的这个项目时，同学们大多数都是先确定地点，然后确定旅游路线，及所需花销和要参观的景点，带够钱，做到既经济又实惠。而有一组孩子则是先选择旅游路线，确定参观地，且打算到了地方再想办法赚钱。根据每一个地方的特点，来决定如何赚钱，卖东西或是做一些服务性的工作，来满足自己的旅游计划。虽然这样做很冒险，但我并没有批评他们，而是鼓励他们把计划做细致一些，把所有可能会发生的事情都考虑到，然后才能具体实施。这样孩子的才智就发挥出来了。因为这些事情都需要他们用英语去思维，用英语去解答，这样他们对英语的学习就更感兴趣了。

（二）小组评价法

利用小组评价法，不仅能很好地使小组成员完成所在小组的任务，而且使小组成员可以进行更好的交流，彼此指出各自在参与此项活动中所表现出来的优点和缺点，及时弥补自己的不足，使所学知识得到进一步巩固与强化，还有利于培养学生的协作精神。

（三）鼓励评价法

运用鼓励评价法可以树立同学们的学习信心，使学习弱一些的同学感到不自卑，能感受到同学和教师对他们的尊重。在笔者班上有这样一位学生，由于学习成绩不好，有点儿自卑。每当上课叫他的时候，他比平时更为紧张，半天说不出一个完整的英语句子。刚开始，同学们都会哄堂大笑，他变得极为生气，不再说话。笔者转身对同学们说："你们有缘相聚在同一个班，有幸成为同班同学，应该看到别人的长处，而对同学的不足应给予宽容和耐心，帮助其进步。"随后笔者又对他说："没关系，你再试一试，老师相信你，你一定会把这个句子说完整的。"在笔者的一再鼓励下，他终于完整地说出了那个英语句子，同学们给予了他热烈的掌声。在以后的课堂中，他积极参与课堂活动，作业也写得比以前认真了。尽管学习成绩不理想，但看到他在上课时不再自卑，能够主动回答问题，笔者真的很欣慰。

（四）阶段性学习成果评价法

每学期根据教学情况定期或不定期地进行阶段性测试，既可以是综合性的知识测试，也可以是口语测试、听力测试、阅读测试、写作测试等分类测试。对于测试结果，无论是教师还是学生都不要把注意力重点放在测试分数上，而应该对测试过程进行分析。教师要引导学生分析此次测试的知识范围，全卷包括哪些题型，所考查的知识范围及题型中哪些是书本的直接知识，哪些是延伸拓展的，哪些是已接触训练过的题型，哪些是初次接触的，延伸拓展的内容、新的题型可以运用哪些已知的知识去解答，等等。同时要求学生以"反思表"的形式对测试进行总结，记录测试中的失分情况，如看错题目、粗枝大叶、书写潦草、没有认真复习、一知半解、完全不懂，等等，并同时反思自己的学习态度、学习方法、学习习惯、学习计划及原有的知识基础等，让学生明明白白，清清楚楚地了解自己现阶段的学习状况和下阶段学习应注意的问题，增强学生英语学习的自主性。

（五）日常学习行为评价法

教师要针对学生日常语言、行为和学习活动做好记录，定期与学生沟通，为学生在教师的指导和帮助下进行自我评价、互相评价、并以此为基础制定适合自己的学习目标创造条件。同时教师可以通过问卷或访谈的形式，询问学生日常英语学习情况，通过对学生的学习态度、情感、学习策略、语言知识的调查，增强对学生的了解，从而不断调整教学内容、进度及方法。使教学内容、进度、方法以学生喜欢的方式呈现和展开，进而激发他们的学习兴趣和热情，强化他们的学习动力。教师也可以把了解到的情况告诉学生，并给予个别学生有目的的帮助和指导，为学生创设一种开放的评价环境，使学生自始至终都作为评价的积极合作者与参与者，充分调动他们英语学习的积极性和自主性。教师又可根据记录信息及时有效地对学生作出全面评价，帮助学生在英语学习过程中不断体验进步与成功，认识自我，建立自信，促进学生语言综合运用能力的全面发展。

（六）书面评价法

书面评价法要形式多样、中肯、恰当，既可以是教师对学生作业的评价，又可以是家长对其孩子的评价，还可以是同学相互之间的评价。当对学生进行书面评价时，我们不能笼统地在其作业本上写：你作业做得很好，或者你作业做得不好，或只写 A、B、C 三个等级，因为这样的评价不能使同学们及时发现自己的不足。对于做作业认真的同学，会加上批注：Excellent! Well done! Brilliant! 而对于不认真做作业的同学，我同样也会加上批注：Please do it more carefully; please pay attention to your handwriting next time. 指出作业做得不好的原因。而对于那些学习基础比较差，作业虽然不好，但还是很认真的同学，我也同样有批注：Keep on! You will be better! Come on, I believe you will be better. 这样一来同学们的家庭作业及学校作业，比平时好很多，学习成绩也进步了许多。更多的同学进到第一类的档次。

（七）建立英语学习档案袋

建立英语学习档案袋可以使教师、家长、学生对学习情况有更好的了解。学习档案袋可以包括以下内容：

1. 包括项目的计划、发展和最终完成的 PPT。

2. 英语课前 2—3 分钟的演讲稿。

3. 两周一次教师对学生课堂表现及作业的评价。

4. 课堂活动中小组成员在讨论过程中所做的记录。

5. 家长对其孩子在一个月内学习情况的记载。

6. 一周一次学生自己对学习情况的反思与总结。

（八）建立英语课堂活动评价表

建立英语课堂活动评价表可以使学生当堂了解自己的学习状况：

A. Great	B. Pretty good	C. Good	D. Come on
评价内容	自我评价	同学评价	教师评价
语音语调			
语句的流畅性			
小组合作程度			
课堂参与积极性			
对话表演的灵活性			

总之，时代在发展，知识在更新，教育在进步，思想在流动，一成不变的教育和不思变革的教育思想是缺乏生命力的。只有根据时代的特点、学生的心理特点不断转变教学评价方式，运用多样化的教学评价手段，对学生作出恰如其分的评价，教育教学才有激情，学生上课才有热情，教育效果才能突显。

参考文献：

［1］教育部．英语课程标准［M］．北京：北京师范大学出版社，2012.

［2］覃兵．课堂评价策略［M］．北京：北京师范大学出版社，2010.

［3］王少非．课堂评价［M］．上海：华东师范大学出版社，2013.

［4］杜莉．英语工作坊［M］．北京：电子工业出版社，2018.

基于项目的教与学*

——雅思口语教学课例

假期研读了《英语工作坊》（*Project – based learning*）一书，收获很多。项目式教学是以学生为中心的教学法，符合语言学习的规律，是英语教学活动中一种体验式的教学模式。在教师的指导下，学生在学习过程中自主组织安排学习行为，解决遇到的困难，提高英语学习兴趣，调动学习积极性，培养自主学习、独立分析和解决问题的能力。同时项目式学习能够锻炼学生的英语应用能力，提升自身的知识体系，增强实践体验，获得更加适合自己的学习方法。

我从事国际部 ESL 英语教学近十年，项目式教学已经在我们的英语课堂中高效地应用。以下是雅思口语教学的课例描述和分析：

一、教学目标

水平 1：了解熟悉雅思口语第二部分描述人物的话题及要求。

水平 2：2.1 列举描写人物外貌特征的词汇，并通过汉译英练习学习使用这些词汇。

        2.2 列举分析描写人物的句型——定语从句，并练习使用定语从句描写人物外貌。

水平 3：3.1 分析比较两位考生的回答，认识到回答较好的考生的语言技巧及特点。

        3.2 分析案例，总结描述人物外貌的方法流程。

水平 4：4.1 根据给出的图片描述人物外貌，应用已学习的外貌词汇、定语从句句型及描述人物外貌的方法流程。

        4.2 学生描述班里一位同学，让其他同学猜"这是谁"。

---

* 本文作者：王洋。

二、教学内容

1. 教师引导学生了解熟悉雅思口语第二部分描述人物的话题。

Describe a person you admire

Describe a person who helped you

Describe a person who are successful

Describe a person who greatly influenced you

… …

2. 教师给出学生一个历年雅思口语第二部分的考试题。组织学生讨论，并分析两位考生回答案例，总结回答该话题的语言技巧及特点。

Describe a person you know well.

You should say:

who the person is

who he looks like

who he takes after

and how his upbringing has determined his character

（1）学生以小组形式讨论该话题，理解题目要求及部分词汇

looks like – physical character

take after – personalities and habits

upbringing – your parents treat you and show you how to live

（2）学生听两个考生针对该话题的回答录音，然后以小组形式讨论以下问题：

①对比分析哪个回答更好

②分析较好的考生回答的语言内容及特点

内容：Who the person is – friend Ivana

Who he/she looks like – her mother, she has her eyes and her smile

Who he/she takes after her father – very ambitious, determined to do well, a serious person, very friendly and kind

How his upbringing determined his character – be confident, to do well, be happy

特点：clearly plan her answer	回答清晰有条理
use a rich range of vocabulary	使用了丰富的词汇
accurate grammar	准确的语法

response appropriately and enthusiastically to the examiner's question
回答恰当有激情

3. 学习用定语从句描述人物

（1）回答 "who the person is" 问题，教师带领学生复习定语从句的使用。

（2）教师给每组一张人物图片，要求各组学习将描述人物的简单句转化为定语从句形式的复合句。

4. 列举学习描述人物的词汇

（1）学生小组讨论总结：描述人物外貌的词汇，包括：Face shape, Skin and Complexion, Hair, Eyes, Mouth and Lips, Body, Clothing

（2）教师给学生描述人物外貌的词汇表

（3）以小组形式做汉译英练习，学习使用外貌词汇：

Complete sentences
她有着一头棕色而卷曲的头发。　　Her hair is ＿＿＿＿＿＿＿＿＿＿＿＿＿.
他天生是鹰钩。　　He was born a ＿＿＿＿＿＿＿＿＿＿＿＿＿＿.
她最近吃得太多了，所以她的脸变圆了。
She eats too much these days, so her face is getting ＿＿＿＿＿＿＿＿＿＿.
她有双下巴。　　She has a ＿＿＿＿＿＿＿＿＿＿＿＿＿＿＿＿.
当他笑的时候，我们看见他有一口整齐的牙齿。
When he laughs, we see his ＿＿＿＿＿＿＿＿＿＿＿＿＿＿＿＿＿＿.

5. 活动：让一位学生描述班里的一位同学，其他学生根据表述猜测这个人是谁

6. 作业：描述一位你熟悉的人的外貌

三、项目式教学的反思与启示

该教学课例采用了项目式英语教学的方法。语言学习不再是背课本，而是鲜活的语言实践。基于项目主题，教师指导学生通过有效的小组合作、自主探究，增加语言学习的体验感，提高语言学习能力。项目式教学体现了两方面原则：一方面是目的性原则。英语项目的设计以教学目标为准则，既温习了学生已有的知识技能，又预设了将要学习的新知识和技能；另一方面是实践性原则。英语项目学习更多地从实际应用、实际生活和社会实践中选择项目，如该课例指导学生学习人物外貌的描述，并联系到生活实际。

项目式学习要求教师更好地发挥在项目教学中的主导作用。项目教学法设计过程中，教师应认真设置项目内容和要求，预期学生完成项目的能力和困难，指导学生项目实施。如果没有老师的有效指导，教学法的实施难以取得理想的效果。

　　总之，项目式教学在英语教学中发挥的作用越来越大，它有效地将英语理论与实践教学有机结合，挖掘学生潜能，增强实践体验，提高学生解决英语问题的综合能力。作为英语教师，要加强项目式教学方法的学习和应用，更好地保证教学质量和效果，满足学生的学习需求。

让孩子们飞得更高

——浅谈新学期尝试的 Stem SOS 新颖教育方法*

　　2018 年的暑假拜读了学校暑假阅读书籍之一的《基于实践的 STEM 教学模式 STEM 学生登台秀》，感触很多。关于在新的课改形势下，我们教师如何进行自己的教学改革，这本书对我颇有启发。

　　书中提到美国教育界把基于项目的学习法和探究式学习法结合起来，并命名为"STEM 学生登台秀 SOS"。这个方法不仅丰富了学生的 STEM 知识、提高了他们的兴趣，还培养了学生自主和自立的能力。课程规定，所有学生必须在完成 I 级项目后，才能进入 II 级常规项目或者更进一步的 III 级高级项目。

　　看到这部分，我想到作为英语教师，该如何将这一新颖的教育方法实施在自己的教学中。80 中学的学生才华横溢，只是让他们学习书本上的知识，肯定是不够的。应该给他们更多的空间和舞台展示他们的才华，这样才能更加有利于他们的成长与发展。我打算在新的学期初步实施这一教育方法，丰富自己的教学内容，挑战一下自己。

　　以下是这个项目的示意图：

教室内

教师　　新概念　　动手做活动　　学生教学

教室外

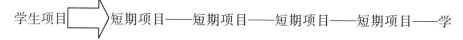

学生项目　　短期项目——短期项目——短期项目——短期项目——学年项目

　　何为 I 级项目？

---

　　* 本文作者：林斌。

I 级项目：

每个学期，学生要完成各核心项目（数学、科学、ELA 和社会研究）的两项 I 级的项目。根据课程场地和每周上课频率，以 3~4 人的小组为单位，在课内实施项目。每学年开始，学生都会领到培训和解决项目所需要的文档资料。为了确保项目的顺利完成，教师及时进行指导并提出反馈意见。最终的产品包括一个数字化展示项目的报告。核心项目的教师对每一个项目都实施不同的评估标准。

II 级项目：

除了 I 级的项目，学生还需要完成一个以数学或者科学为主的跨学科 STEM SOS 项目，社会研究和 ELA 也会包含在这些项目中。在学年一开始，老师会布置 25~30 个数学和科学项目，都是年度项目。II 级的项目提供学生讲义和教师指南。为了确保项目顺利完成，教师及时提出指导意见和反馈，提供文档资料，包括课程的评估标准。一旦学生完成了项目，学生需要通过视频或网站的形式将他们的成果和产品展示出来。

我在新学期打算布置 25~30 个有关中国传统文化的项目，作为年度项目。

由于现在的高考，非常重视对中国文化的考查，中国文化的内容非常多，完全依靠教师在高三时给学生梳理远远不够。教师一个人的能力有限，让学生参与进来，会更加有效。以下就是 2018 年北京高考英语试卷的写作部分。

假设你是红星中学高三学生李华，请根据以下四幅图的先后顺序，写一篇英文周记，记述你们上周接待外国学生，带领他们体验中国茶文化的全过程。

注意：词数不少于 60 个。

我打算新学期开学，在自己的新的班级尝试。3～4人为一个小组，两个班大约有20个小组，每个小组选择一个关于中国传统文化的话题。有的小组尝试京剧，有的小组尝试饮食文化，有的小组尝试名胜古迹。中国传统文化丰富的内容让学生选择的余地很大。学生一定会非常感兴趣的。教师在这方面给学生加以指导，如如何实施，最终的呈现的成果是什么等。

过程：研究问题包括两部分：在SOS模式中STEM的学习过程是怎样的？最终学生从中可得到什么？这本书中提到基础训练理论方法是一套灵活的分析程序，用来激励研究人员尽可能靠近他们研究的世界。除了综合并阐述过程之间的关系，开发一套综合理论体系，这一需求也让我们考虑基础训练理论方法。我们将自己置身于研究世界中，将研究兴趣置于解码STEM SOS模式上，并由此揭示学生经由该模式的成长过程。

STEM SOS模式中，新课初始，教师首先讲解概念，为后续的学习打好基础。第一节课教师介绍课程的构想、课程涉及的章节以及课程所在的学科领域。教师主导的教学与传统的教学不一样，因为教师不仅仅在讲课，也在倾听学生的反馈，检查学生掌握的情况。教师所主导教学的一个重要部分，是尽可能给学生提供参与课堂的机会。教师将各种不同活动融入教学中，包括观看YouTube视频和学生授课等。

作为英语教师，我应该首先把这个学期的项目对学生做一个简单的介绍，把教师要求学生小组做的事情讲清楚。学生可以对自己的疑惑部分随时提问，教师要精心地准备，答疑解惑。

教师所主导教学的最后一个组成部分是学生授课。教师在介绍每章内容前，先布置个人或小组作业。教师要求学生以小组为单位进行讲课，并通过实验来解释课本知识或者概念。因此，学生扮演着小教师的角色，使得授课的学生和听课的学生都学到了知识。而且，学生在其他方面也有所成长，比如他们比以前更自信了，对学习的态度变得更积极了。

学生小组在研究了自己所选择的中国传统文化一个月的时间后，在班级进行展示活动，给其他小组的同学讲解他们研究的项目及其成果。

这样的课堂教学实际上让学生为21世纪需要掌握的技能打下了坚实的基础。那么什么是21世纪的技能呢？它包括自信、应用技术的能力、生活与职业技能、沟通能力、团队协作能力。

这项兴起的理论认为该模式有两大核心要素："学生主导，教师辅助"的教学方法以及短期项目和年度项目。研究表明STEM SOS模式能提高学生的学术水平和21世纪技能。如果学生能够获得学术知识，提高对STEM和高等教育的研究兴趣，发展其 21 世纪技能，这个模式应该被家长、教育工作者、学生本人以及政府决策人员关注，以提升学生教育的质量。

　　我想在自己的课堂上实施这一项目，不断地挑战自己，会让自己成长，更加重要的是，让学生能够更好地成长。我喜欢这样一句话，作为不断激励我成长的动力：当老师的你，生命中会遇到很多个学生，每一个学生对你而言，只不过是众多学生中的一个。然而，对于学生来说，你却是他生命中遇到的有限的老师。你将是开启他万千世界的人，若爱，请深爱；若教，请全力以赴。让我们的学生在高中生活和学习中飞得更高吧！

高中历史项目学习的案例研究*

——以工业革命和工业化时代为例

在提出历史学科五大核心素养的今天，如何真正地、有针对性地在教学中落实核心素养的培养？笔者借助项目学习的手段，让有目的的学习在常规课堂之外展开。学生从常规课程教材和教学的"不足"选择出感兴趣的历史项目，在常规教学的知识与能力基础上进行项目学习，并在规范的流程及评价体系中实践，最终的学习成果再反馈到常规课程之中。通过项目的学习，力图建立一种以培养学生历史学科核心素养为目的，以学生为主体，充分调动学生主动性，并且能够形成创造性的成果的学习理念。

一、项目学习的理论研究和实践设想

项目学习（project – based learning，简称 PBL）的概念是由美国学者克伯屈首次提出来的。克伯屈认为，项目就是有目的的行动，并且特别注重"目的"这个名词。他认为有目的的学习应建立在学生兴趣与需要基础上，把有目的的活动作为教育过程或有效学习的依据，这对于打破学科体系，实施跨单元、跨学科的学习具有重要的作用。克伯屈的论文《项目（设计）教学法：在教育过程中的活动的应用》把项目教学分成四个教学阶段：决定目的，拟订计划，实施计划，评定结果。美国心理学家加德纳对此做了进一步的分析，认为项目学习可以摆脱过去的"测验本位学习"倾向，从而去发现和开发存在于每个学生身上的智力强项。在项目学习中，教师指导学生对真实世界主题进行深入研究的教学活动，具体表现为构想、验证、完善、制造出某种有形的东西，它可以是书、剧本或一项发明。笔者在对项目学习的理论进行深入学习中发现，项目学习具有以下特征：有目的的学习活动，以项目为中心，以学生为主体的活动

---

* 本文作者：闫竞。

过程，创造出成果，对学生智能的开发。如果能够将项目学习与学科教学相结合，为实现或完成某个目的而打破学科原有的结构而以项目来组织课程，这样所形成的课程模式将是对传统课程模式的更新和重构。

基于以上认识，笔者认为高中历史学科的项目学习可以围绕一个研究主题（项目）展开课程学习。在这一课程中，强调以"项目"为中心，针对选定的学习项目，依托特定的学科知识内容展开研究，使项目学习与历史学科教学有机结合。在重视学习的开放性的同时，也特别强调其学习目的是以历史学科知识的掌握和学科素养（能力）的培养为主的，从而使学科知识、能力、素养与项目目标相辅相成，融为一体。通过对历史信息的收集、整理、归纳、考证，并将成果通过研究报告、课件、报纸杂志、壁报展板等方式呈现，并实现自评互评的评价体系。在学习过程中充分调动学生的主体作用，发挥他们的积极性和创造性，改变学生的学习方式，培养其创新精神和实践能力。在充分的案例实践的基础上，项目学习课程逐渐校本化，即实现常规课程与项目课程之间的整体设计，把项目学习目标贯穿于一学年甚至整个学段的课程目标中。本文就以案例来探讨项目学习与高中历史教学的结合，并梳理出学习流程，以供进一步的理论与实践研究。

二、项目学习"工业革命和工业化时代"的学习过程

现行高中历史必修一、二、三的课程结构是一个专题式的课程体系，学生从政治文明、物质文明和精神文明三大领域去把握人类社会发展的进程，探寻历史发展的规律。但也正由于是专题史，学生缺乏对同一时期的国内外的政治、经济、文化和社会生活全景式的认识，所学内容容易割裂。学生在学习过程中不能够对各个历史阶段有通史般的阶段特征的认识，不能够做出全面的历史解释，不容易形成正确的唯物史观。所以在常规的高中历史教学中进行项目学习是非常必要和可行的。

这里选取了必修二"经济成长历程"中的工业革命一课进行相关的项目学习，之所以选择这一课，笔者认为学生在学习必修一、二积累起的知识、能力和认识，在项目学习中可以在教材所学基础上探究新问题，通过学生回顾、思考、联系、交流、开发、拓展、探讨等学习过程，既深化了必修一、二的学习内容，又学到了新知识，提升了学习能力，也为必修三的学习做了良好的铺垫。

此次项目学习是在为期四个月的校本选修课"历史深阅读中的视界"中进行的一项项目学习实践。

（一）项目的准备

1. 项目学习目标的定位

每一次的项目学习都要求教师对学生的培养有的放矢，培养目标确立的依据就是新的课程标准和学科素养的培养方向。本项目主要针对学生历史解释的能力进行培养。历史解释是历史学科五大核心素养中的重要内容，主要是指以时空观念、史料证据和历史理解为支撑和基础，对历史事物进行理性分析和客观评判的态度、能力与方法，是认识历史和学好历史的关键，也是学生形成唯物史观的主要体现。

2. 项目主题的选取及依据

本项目选取岳麓版必修二第二单元中"改变世界的工业革命"一课进行主题拓展性的项目学习。之所以选择这一主题，原因如下：

（1）工业革命是经济史教学中的重点和难点。该课与必修一第三单元"欧美资产阶级代议制的确立与发展"、必修二第二单元中的"开辟新航路""殖民扩张与世界市场的拓展"是相互联系的，又为必修一第五单元的"马克思主义的诞生"打下了基础。因此，本节内容具有承上启下的作用，地位的重要性不言而喻。

（2）教材内容的不足。基于必修二"经济成长历程"的模块学习定位，教材主要从四个方面向学生介绍第一次工业革命，包括工业革命发生的背景、进程（机器的发明——从工场到工厂）、影响和世界市场的基本形成。但是本课的标题是"改变世界的工业革命"，仅从教材所述的四个方面很难全面体现改变世界和工业化时代的全貌。所以在此基础上进行拓展性的项目学习是十分必要的。

（3）历史与现实联系紧密。工业革命这一主题与现实联系十分紧密。自2013 年 4 月德国政府提出"工业 4.0"战略即希望通过这一战略提高德国工业的竞争力，在新一轮工业革命中占领先机。这样一个经济发展的现实需要，让历史教学中的"工业革命"具有了时代的借鉴性。学生通过对工业革命的学习能够了解第一次工业革命（工业 1.0）是以机械化，以蒸汽机为标志，用蒸汽动力驱动机器取代人力。工业 2.0 即电气化，以电力的广泛应用为标志，用电力驱动机器取代蒸汽动力，从此零部件生产与产品装配实现分工，工业进入大规模生产时代。工业 3.0 实现了自动化，以 PLC（可编程逻辑控制器）和 PC 的应用为标志，从此机器不但接管了人的大部分体力劳动，同时也接管了一部分脑力劳动，工业生产能力也自此超越了人类的消费能力，人类进入了产能过剩时代。历史在借鉴中发展，工业革命的教学具有重要的现实意义。

3. 项目学习资料的准备

（1）文本阅读资料

在进行项目学习的第一阶段，教师需要引导学生进行基础性阅读，从中提出问题，寻找小组研究方向。本项目中教师选取了钱乘旦所著的《英国通史》中的第 13 章"工业革命与拿破仑战争"作为基础性阅读资料。之所以选择这本书的章节，一是由于英国是工业革命的发源地，是研究工业革命和工业化时代必须了解的关键国家；二是关于该项目内容的一手资料多为英文资料，对于学生的英语阅读能力要求较高，该书为中国学者所写的英国史，文字易于理解；三是该书的章节内容对英国工业革命时期的工业和农业以及国际贸易等经济内容进行了全面的阐述；同时又对该时代的政治状况和政治派别及思想进行了分析，对于学生理解这一时代有重要帮助；关键是每章最后有作者的点评，对学生阅读起到了提纲挈领的作用。

在学生进行基础性阅读的基础上，确定小组研究的方向，进而进行收集和整理资料。在这一过程中，教师需要向学生提供拓展性阅读的书目如下：

1. 〔美〕大卫·兰德斯：《解除束缚的普罗米修斯：1750 年迄今西欧的技术变革和工业发展》，谢怀筑，译，北京：华夏出版社，2007 年。

2. 高德步：《英国的工业革命与工业化：制度变迁与劳动力转移》，北京：中国人民大学出版社，2006 年。

3. 马克思：《资本论》，中共中央马克思恩格斯列宁斯大林著作编译局，译，第 2 版，北京：人民出版社，2004 年。

4. 〔美〕菲利普·李·拉尔夫：《世界文明史：法国大革命、工业革命及其后果》，林姿君，译，台北：五南图书出版股份有限公司，2003 年。

5. 〔英〕H. J. 哈巴库克，〔英〕M. M. 波斯坦，主编：《剑桥欧洲经济史》，第六卷，《工业革命及其以后的经济发展：收入、人口及技术变迁》，王春法，张伟，赵海波，译，北京：经济科学出版社，2002 年。

6. 〔英〕E. P. 汤普森：《英国工人阶级的形成》，2 册，钱乘旦，等译，南京：译林出版社，2001 年。

7. 〔英〕艾瑞克·霍布斯鲍姆：《革命的年代：1789～1848》，王章辉，等译，南京：江苏人民出版社，1999 年。

8. 〔美〕兰道尔：《欧洲社会主义思想与运动史》，上卷，群立，译，北京：商务印书馆，1994 年。

9. 马缨：《工业革命与英国妇女》，上海：上海社会科学院出版社，1993 年。

10.〔意〕卡洛·M. 奇波拉：《欧洲经济史》，第三卷，《工业革命》，吴良健，等译，1989 年；第四卷，《工业社会的兴起》，吴继淦，芮苑如，译，1989 年。

（2）电子阅读资料

除历史专著外还需向学生提供中国知网、国家图书馆等相关网站，指导学生对学习资料的收集和整理。

（二）项目的实施

1. 项目学习的步骤

高中历史项目学习的实施可以分为确定项目，分组分工、制订计划，探究协作、项目研究，四个环节。本项目是学生在学习了工业革命的核心概念和基础知识的基础上进行的拓展性学习。在学习过程中，将着重关注学生对史料的收集、整理、综合、论证基础上历史解释等的学科核心素养的提升。

（1）确定项目

由于项目学习是在常规教学基础上进行的拓展性学习，所以需要在岳麓版教材阅读的基础上进一步学习与之相关的、深入的内容。学生在对钱乘旦所著的《英国通史》中的第 13 章 "工业革命与拿破仑战争" 基础阅读之上，发现自己感兴趣的领域，进而初步确定 "工业化时代" 主题项目下的分项目。

（2）分组分工、制订计划

此次项目学习是在选修课 "历史深阅读中的视界" 中进行的，班级内共 32 人，共分成 8 个小组，每组 4 人。分组原则是男女生混合编组，人数不能超过 4 人，学生水平参差不齐，以强带弱。学习小组要在主题项目下确定自己的研究方向即分项目，这就需要合作讨论，分析课内外阅读的内容，初步确定研究方向和角度，组内进行学习分工。

在小组分工和进一步明确小组项目主题的基础上，各学习小组制订小组学习计划，将用三周完成学习任务。在制订计划中，学习小组将搜寻资料、整理信息、归纳分析、史料查证、合作阐释、形成成果、展示自评等纳入计划，实际是将项目的实施流程进一步规范化。如下表所示：

项目学习小组计划	
第一星期	查找、阅读图书馆和网络上相关资料，论证研究方向的可行性
第二星期	绘制思维导图，归纳分析历史信息，史料查证，得出结论
第三星期	整合材料，合作阐释，制作课件和研究文本，做好自评和展示准备

（3）探究协作，项目研究

在项目学习过程中，学生的合作探究是学习的主要形式，学生在图书馆、网络上等查阅和项目有关的史料信息，并对信息进行甄别、整理，找出对自己有用的信息，在这一过程中，其实就是一个学科素养和能力的培养过程，学生要对找到的信息在理解的基础上进行解释，这种历史解释能不能支撑自己的研究项目，这就需要学生占有更多的历史信息，进行相对全面的历史解释，这样的过程需要小组之间相互协作，取长补短，共同研究，最终形成成果。

（4）汇报展示和评价反思

本次项目学习的成果是小组合作完成的研究报告文本和汇报演示的课件。在三个星期的项目学习后要有一次汇报展示和自评互评的环节，每组 15 分钟，需要 3 个课时完成。不仅要向全班展示本组的研究成果，而且要对研究过程进行自我评价，并接受其他组的评价。

2. 项目学习的推进

在确定项目阶段，为了帮助学生更好地进行基础性阅读（钱乘旦所著的《英国通史》第 13 章），教师设计了如下六个主要问题：

（1）作者想要回答什么问题？（了解作者的问题意识）

（2）作者用什么方式回答问题？（了解作者所用的研究方法和研究材料）

（3）作者回答了什么问题？（了解作者想要解决的问题和实际解决的问题）

（4）作者的论述是否有说服力？为什么？（了解作者论从史出、史论结合的历史研究方法和论证的逻辑）

（5）作者还可以解决什么问题？（延伸思考自己的研究方向）

（6）你想和作者说什么？（质疑意识）

学生在阅读基础上做出回答，从中发现自己感兴趣的领域，进而初步确定主题项目下的分项目。但项目的确认并不是固定不变的，随着学生对项目的进一步考量和信息的搜索，会出现选取的项目不适合历史研究，或史料不充分，或项目推进受阻等问题，这时就需要小组成员对项目进行论证和调整。如世纪之光项目小组就从原来的"从文学作品来看工业化时代"改为"工业革命时代女性社会生活的变化"。该小组在第一星期经过阅读查找图书馆和网络上相关资料，发现从文学角度把握不好这一研究项目，不是一个很好的切入点。而在阅读当中同时又发现工业革命时期大批女性作家出现，于是重新调整研究方向，将关注点调整为女性在工业化时代的变化，在分组分工中将女性分为贵族女性、中产阶级女性、下层女性，同时研究重点定位在下层女性。

项目学习的重要环节就是小组分工合作完成项目，教师通过以下表格让学生明确如何分工，明确职责，每个组员根据其性格特点和擅长领域确定分工，根据项目研究目标计划确定具体职责，这样在未来的学习中职责明确落实到人。

小组名称			
姓名	组内身份	擅长领域	具体职责

在合作探究环节，教师需要学生填写过程性项目学习日志，不仅使学生研究过程有所依据，明确方向，通过对学生学习过程的了解监控，使教师的指导有的放矢，有效推进。学生也建立了项目小组微信群，随时交流资料信息和每个人研究的进展情况。

项目学习日志1：描述你是如何收集信息的

阅读

访谈

研究

网络

组内合作

项目学习日志2：描述你是怎么处理信息的

获取信息，制作思维导图

分析论证

信息查证

论证确认

组内合作

项目学习日志3：描述你是怎么应用信息的
导出结论
过程评价
展示论证，说明结果
自评反思
组内合作

在对学生完成项目学习的评价体系中，教师需要制定一个较为合理的评价体系，在实施过程中根据学生展示的实际情况可以适当调整。

评价项目	得分	疑问或建议
1. 研究成果内容充实，材料支撑有力。（5分）		
2. 观点明确，角度新颖。（5分）		
3. 内容没有科学性错误。（5分）		
4. 该组的研究成果对你组的学习有一定启发，有值得借鉴的地方。（3分）		
5. 表达清晰，语言流畅。（2分）		

3. 项目展示

此次项目学习的展示与评价是在三周项目学习完成后进行的，首先是各小组通过课件的方式展示自己的研究报告，每个组用时15分钟，由于前期各组都准备得十分充分，所以基本都超时。每组在陈述自己的研究成果时都对本组合作探究的分工和过程进行了自评。展示台上与座位上观摩学习的学生形成了一种互动。每个小组的学生都对项目学习投入了相当的热情和精力，希望能够在同学面前展示自己的研究成果，每组都精心制作了课件并撰写了研究报告。讲台上学生进行展示的同时，台下的学生会特别认真地聆听，其一是因为本组也有展示任务，需要观摩学习别人的经验；其二是因为身边的同学突然走上了讲台，新鲜感十足；其三是由于各组所研究的内容是教科书所没有的，但又是工业化时代所特有的，对自己的学习内容是一个很大的拓展；其四是各组手中都有互评评价表。这种学生之间的相互作用不仅能够有助于项目学习的顺利推进，还突出了课堂中学生的主体地位，培养了学生各方面的能力和学科素养。每组展示评价之后，教师的点评、质疑和补充能够促进展示的学生自我反思，同时也能够把常规课堂与项目学习相互链接，成为一个相互促进的知识群，对常规课堂学习是一个极大的促进。

三、高中历史项目学习的认识与总结

（一）项目学习的成效

1. 学生展示成果与项目预期目标相一致

本项目的预期目标就是有针对性地对学生历史解释的核心素养进行培养。历史解释是历史学科五大核心素养中的重要内容，主要是指以时空观念、史料证据和历史理解为支撑和基础，对历史事物进行理性分析和客观评判的态度、能力与方法，是认识历史和学好历史的关键，也是学生形成唯物史观的主要体现。本次学生的展示成果如下：

文明中外组："英国第一次工业革命时期的对外贸易"

城市特工队："关于第一次工业革命时期英国的建筑及城市布局的探究"

默读、墨读组："英国工业革命时期的童工现象、儿童教育和相关法律的探究"

志功智仁组："第一次工业革命时期英国工人及工人运动"

世纪之光组："对英国工业革命时期女性地位的研究"

漫行者组："工业革命时期英国人生活变化"

绘时代组："工业革命时期绘画艺术的改变和发展"

山人组："工业资产阶级对英国三次议会改革的影响"

我们看到学生从政治、经济、社会生活、儿童问题、女性地位、工人状况、城市布局、艺术等方面展开了他们的项目学习，而展示的过程恰恰是他们对选题及历史信息的描述和解释，通过对史料的收集、整理和辨析，辩证、客观地理解历史事物。学生不仅要将其描述出来，还要揭示其表象背后的深层因果关系。通过对历史的解释，学生不断接近历史真实，不断扩大对工业化时代全貌的认识。不仅如此，学生还深刻地认识到经济基础决定上层建筑的唯物史观。应该说达到了学生利用已有的经验去处理问题的目的，不仅使所学的知识倒出来、活起来，又让学生找到了提高自己的方法，也充分地体现了学生的主体地位、学生和教师作为教材开发者的地位，形成了新的课程。

2. 项目学习与历史解释的核心素养培养紧密结合

项目学习流程记录	历史解释能力水平层级
常规课程的教材阅读和项目学习的基础性阅读，并完成探究问题	能够辨别教科书和教学中的历史解释，能够发现这些历史解释与已往所知历史解释的异同，能够对所学内容中的历史结论加以分析
查找、阅读图书馆和网络上的相关资料，归纳分析历史信息，论证研究方向的可行性，绘制思维导图，整合信息	能够选择、组织和运用相关材料并运用相关历史术语，对个别或系列史事提出自己的解释；能够在历史叙述中将史实描述与历史解释结合起来；能够尝试从历史的角度解释现实问题
拓展性阅读，广泛收集资料；填写项目日志；自评反思	能够分辨不同的历史解释；尝试从来源、性质和目的等方面，说明导致这些不同解释的原因并加以评析
史料查证，得出结论——小组合作完成的研究报告文本和汇报演示的课件	在独立探究历史问题时，能够在尽可能占有史料的基础上，尝试验证以往的假说或提出新的解释

（二）有效学习因素分析

1. 教师的主导性与学生的主体性的充分结合

在项目开展的过程中，难免会有各种事先没能预见的情况出现，在这个时候，就需要教师运用自己的教学经验与应变能力，根据实际情况与学生进行沟通并调整，以保证项目小组按照计划保质保量完成项目任务。其中，由教师对整个项目进行精心设计，组织实施项目选定、项目评价，在指导、帮助协调和监控整个学习过程中，教师起主导作用。而项目任务则是学生进行项目学习的主线。选择研究方向、合作探究、作品制作、成果交流等由学生发挥认知主体作用。所以通过教师的主导性与学生的主体性的充分结合，共同对学生历史学科核心素养有针对性地进行了培养。

2. 项目学习与课程进度紧密结合

高中生的学习时间有限，历史只是学生需要学习的多门课程中的一门，项目学习需要课时保证，把它与课堂教学相结合，形成对教学内容的"嵌入与延伸",既提高兴趣、理解教材、巩固知识、拓展课外阅读,对所学内容进行补充,还能从项目学习的资料中开发新的课程资源,并形成课程资源库。更重要的是,项目学习对学生思维能力和解决问题的能力以及历史学科核心素养的培养,对于历史这一人文学科尤其重要。学生能够在项目学习过程中潜移默化提高自己的知识储备和思维能力,有助于学生知识掌握、素养提升,长此以往,形成受益终身的综合素质。

(三)总结

高中学段的学生已经具备了一定的自学和研究能力,借助项目学习的手段,让有目的的学习在常规课堂之外展开。学生从常规课程教材和教学的"不足"选择出感兴趣的历史项目,在常规教学的知识与能力基础上进行项目学习,并在规范的流程及评价体系中实践,最终的学习成果再反馈到常规课程之中。尽管面临课时不足、过程性监控不到位、缺乏英文原文史料等问题和困难,但通过项目学习的事件,笔者力图建立一种以培养学生历史学科核心素养为目的,以学生为主体,充分调动学生主动性,并且能够形成创造性的成果的学习理念,并相信将会在越来越多的课堂中得到进一步发挥和拓展。

参考文献:

[1]施良方.学习论[M].北京:人民教育出版社.1994:120.

[2]何成刚,沈为慧.史学阅读与史料教学[J].历史教学(上半月刊),2016,(11):3-11.[2017-09-18].

[3]许先锋.项目学习"唐宋比较研究"的理论与实践——谈项目学习在中学历史教学中的运用[J].历史教学,2003,(03):57-61.[2017-09-18].

[4]齐树同.人教版与岳麓版高中新课程《历史》实验教材(必修Ⅰ)的初步比较[J].教育科学研究,2008(2):35-38

[5]唐方亮.新旧历史教科书过渡期教与学的困惑及其解决对策[J].内蒙古师范大学学报:教育科学版,2011(4):114-119.

[6]代薇.试析项目教学的历史与发展[J].南昌教育学院学报,2011,26(5).

[7]滕俊.项目教学法在职业院校历史教学中的应用研究——以《中国历史常识》教学设计为例[J].滁州职业技术学院学报,2015,14(1).

[8]刘沛.浅谈项目教学法在高中历史教学中的运用[J].新课程导学,2012(5).

［9］陈旭辉，张荣胜．项目教学的项目开发、教学设计及其应用［J］．中国职业技术教育，2009（3）．

［10］陈东莉，闫伏花．基于项目的学习（PBL）与元认知能力的培养［J］．软件导刊，2009（6）：10－12．

［11］叶小兵．培养学生的历史学科核心素养——历史课程教材改革的新思路［R］．北京市基础教育研究中心讲座．

有一座叫柏林的城，有一道叫柏林的墙[*]

——《冷战国际史二十四讲》之读书感悟

一、绪语：20 世纪有一场战争，叫"冷战"

正所谓开卷有益，手中这本沈志华先生主编的新作《冷战国际史二十四讲》从一开始就让我这位从教已逾 20 年的教师回到了小学生一般的心态。别的不谈，单说"冷战"一词，究竟是如何诞生的呢？且听沈志华先生娓娓道来：1947 年秋天，美国著名记者李普曼（Walter Lippmann）出版了一本 63 页的小册子，书名即为《冷战》。（*The Cold War：A Study in U. S. Foreign Policy*，1947）这一概念从此便在国际社会广为流传。长期以来，人们一直以为这是"冷战"一词的首次出现，其实不然。1946 年，美国向刚刚成立的联合国原子能委员会（UNAEC）提出了一项对原子能进行国际控制的综合计划。面对苏联代表顽固拒绝美方建议、美苏分歧日益加剧的困局，美国代表伯纳德·巴鲁克（Bernard M. Baruch）的助手赫伯特·斯沃普（Herbert B. Swope）在 1946 年 9 月 25 日给同事的一封信中首次使用了"冷战"一词，用以说明美苏关系的悲观前景。1947 年 4 月，在南卡罗来纳州众议院的公开演讲中，已经辞职的巴鲁克引用了"冷战"这个词，以表达他对维持"同苏联建立友好关系"的失望——这个真不是所有历史老师都能说清楚的，我曾经做过冷战史的公开课，之前遍查资料，也只是追到了伯纳德·巴鲁克。沈先生严谨扎实的实证功夫确实了得，更难得的是他还能够将实证考据和理论思辨加以结合，并以深入浅出的方式、引人入胜的故事和风趣的语言把历史呈现出来。

沈先生讲的历史、写的历史，都是有生命的历史，都是最鲜活的历史。

---

[*] 本文作者：李英杰。

这部大作近 50 万字，我决定先从自己最感兴趣的柏林墙故事读起：本书的第五讲、第七讲、第十三讲和第二十三讲，讲的都是与柏林和柏林墙有关的冷战历史。浸淫其中，不由得回想起 2016 年我率我校十几名学子赴德国柏林进行交流访问的经历。历史与现实，回忆与感悟就这样交织在一起……

德国柏林奥西埃茨基高级中学正门

二、走进柏林：施普雷河畔的雅典

柏林，曾是"冷战"的最前沿；柏林墙，是历史遗留在柏林的"冷战"标本。书卷在手，思绪万千，恍惚间，我仿佛又踏上了柏林的街头……

中国、德国，是分处亚欧大陆两端的地缘政治大国；柏林、北京，是两座饱经沧桑又洋溢着青春活力的都市。7 小时的时差，7395 公里的直飞距离，依旧不能阻隔两个国家、两座城市的交往，特别是两地师生 15 年来所结下的深厚情谊——1752 年，腓特烈二世派出"普鲁士国王"号载炮商船从艾姆登启航远赴中国；1994 年，柏林与北京结为友好城市；2001 年，北京市第八十中学（Beijing NO. 80 Middle School）与德国柏林的卡尔·冯·奥西埃茨基高级中学（CARL - VON - OSSIETZKY - GYMNASIUM）结为友好学校，并坚持每年互邀师生进行友好访问及学习交流。

作为欧洲著名的古都，柏林自然也是文化之都：它拥有 3 座歌剧院、150 家剧场和剧院、170 座博物馆、300 多座画廊、130 家电影院和 400 家露天剧场；柏林爱乐乐团享誉世界；历史悠久的洪堡大学和柏林自由大学都是世界著名学府。与欧洲其他文明古都相比，尽管柏林建城的历史可以追溯到 1237 年，但直到 1871 年它才姗姗来迟成为德国的首都。所幸在 17 世纪末，原本尚武的柏林开始了文化艺术和科学的繁荣，巴洛克和洛可可一度改变了柏林的样貌，但文艺复兴式和新古典主义的建筑最终使柏林赢得了"施普雷河畔的雅典"的美誉。

参观柏林大教堂了解欧洲宗教文化

柏林这座城市本身不亚于一座建筑博物馆，古典、近代与现代建筑交相辉映，相得益彰。漫步在这样的城市，街谈巷议的话题也从网游、大片儿、明星、巧克力和学校南门外的小笼包，转而成了老子、孔子、歌德、康德、希特勒、毛泽东、《我的奋斗》、从乞丐到元首、马克思、托马斯·莫尔、乌托邦、柏拉图、苏格拉底、述而不作、微言大义、君特·格拉斯、赫尔佐格、法斯宾德、施隆多夫、莱尼·里芬斯塔尔、黑格尔、尼采、辩证法、道、巴赫、理查·施特劳斯、施托克豪森、Kraftwerk 和 Krautrock、Scorpions 和 Rammstein……颇有点儿逍遥学派的味道了。

来到我们友好学校奥西埃茨基学校回访时，我深深感受到了这所学校其实就是柏林，是德国文化的缩影。德国人的严谨是世界闻名的，有了多年的经验积累，中德双方对互访期间的安排都堪称细致入微，但习惯了中国式教育的中国学生一开始又都会对德国学生学习环境的宽松表示惊讶：大部分德国中学一般都是上午八点到校，下午三点放学，奥西埃茨基高级中学下午两点半放学，三点时学校里基本上就看不到学生和老师了……在德国的课堂上，老师讲得很少，大部分时间都是学生发言或分组讨论，课桌上也没有中国学生摞成山的教科书和教辅资料……德国学生上课并不像中国学生那样正襟危坐，他们可以随意选择座位、随意发言，甚至随意走动或干脆盘腿坐在桌子上，在我观摩的一节化学实验课上，有两个女生充当 DJ，时不时利用间隙离开操作台，跑到教室前面去鼓捣电脑，选择自己喜欢听的歌曲，一会儿是 RAP，一会儿是 REGGAE，不过，应当承认，播放音量控制得恰到好处，大家一边听音乐一边做实验，非常开心……和我曾经访问过的日本中学一样，奥西埃茨基高级中学所使用的教学设备也都谈不上高端，与北京大部分中学相比，教室拥挤、黑板老旧，部分教具堪称寒酸，基本上都是师生动手自己剪裁制作的。在一节生物课上，我看到一个德国女生甚至因为那台老式投影仪的折光镜松脱，而不得不一直用一只手扶着它，另一只手摆弄着玻璃纸，直到完成自己的发言……

化学实验课上的两位女 DJ

但作为一名教师，我又不得不承认，德国的课堂是充满魅力的。首先，德国学生是在快乐中学习的，他们的思维是高度活跃的。其次，师生相处是融洽和谐的，老师看学生的眼神始终充满肯定与期许。有一节讨论课的最后，学长让学生提意见，有一位学生的意见竟然是觉得老师对课堂干预太多，而那节课老师说的话加起来其实也不超过三句。最后，学生学习讨论问题时态度是认真严肃的，甚至不惜相互争论，而且绝大部分学生都能够积极参与，学生既有自己的独立见解，又能够接纳伙伴的不同意见。不同于中国式教育，德国教师会给予学生更多尝试、探索、思考的时间，鼓励学生表达自己的想法，更尊重学生的独立性和自主意识，相信他们的自律能力。

这样的课堂，有时下课铃声响起，教学内容也没有完成，但对于德国教师来说，帮助学生破除理解上的障碍、让学生感受到学习的乐趣，比按计划完成教学内容更为重要。正如著名德国近代教育家第斯多惠所指出的："教育的艺术不在于传播的本领，而在于激励、唤醒、鼓舞。"他认为主动性是人类生而具有的渴望发展的特性，是一切自由活动的源泉，是人生目的的主观因素。真、善、美表示生活的内容，随时代而发展变化，是人生目的的客观因素。教育应充分发展人的主动性，以达到真、善、美的人生最终目的。所以，"一个坏的教师奉送真理，一个好的教师则教人发现真理"。

恍惚间，此时柏林又似是公元前 5 世纪的雅典，我置身的是拉斐尔雅典学院般的盛景之中，柏拉图与亚里士多德在激辩、赫拉克利特在沉思、第欧根尼依旧放浪形骸，此时，我听到苏格拉底正对安提西尼或色诺芬说道："知识即美德""未经省察的人生是没有意义的"……

三、柏林墙：柏林苍穹下

柏林，一座年轻时尚，充满活力的城市。每一个来柏林的人，都想要去看一眼柏林墙。这道"反法西斯防卫墙"承载了这座城市太多的过去，也见证了冷战时期两个国家的对峙。其实，在柏林，随处可见的都是历史古迹和专门的博物馆。从勃兰登堡门、夏洛特堡宫、柏林大教堂，到洪堡大学、亚历山大广场、俾斯麦大街，再到欧洲被害犹太人纪念碑、波茨坦广场、柏林墙……德国乃至欧洲甚至是世界的古代、中世纪乃至近现代的历史画卷徐徐展开，希腊—罗马文明、文艺复兴、宗教改革、德意志的统一、"一战"、魏玛共和国、"二战"、日耳曼尼亚、冷战、苏东剧变、两德统一……都成为大家追问的焦点问题。而中国的学生们最关心的问题都是：柏林墙——世界上最著名的墙，为什么要建？是谁建的？

"冷战"曾经的最前沿：闹市中的查理检查站

柏林的博物馆可以提供所有的答案。那里面不仅藏品丰富，更有严谨的流程设计和非常周到的服务。德国科技馆、自然博物馆、查理检查站、柏林故事馆、东区画廊、老国家艺术画廊、奥林匹克体育场……从社会历史、自然科学到文体艺术，包罗万象。其中，与柏林墙有关的博物馆我们一共去了三处，于我们这样的外国人而言，柏林墙恐怕永远是德意志民族内心深处隐隐作痛的那道疤痕。通过和柏林人的交流，我们才知道其实我们并不真的懂得柏林墙真正的故事和意义，对于德国人来说，柏林墙所代表的不仅仅是肯尼迪、冷战这样的大字眼，更是数以万计小人物的故事，这些小人物在这堵墙边用自己的生命，造就了人类历史上的一个传说，这个传说的名字，叫作"自由"。

柏林墙上最著名的涂鸦：兄弟之吻

四、结语：德国历史中的文化诱惑

当年从北京出发时，我怀揣着德国学者沃尔夫·勒佩尼斯的《德国历史中的文化诱惑》踏上飞机，猜想柏林人到底是生活在维姆·文德斯《柏林苍穹下》非凡的现代神话里，还是满怀着维尔纳·赫尔佐格《陆上行舟》中菲茨卡拉多式的偏执……很多年前，一位去巴黎深造的文科政法女生曾给我寄过一张凯旋门的明信片，写下了这样一句话：懂历史者懂巴黎。柏林又何尝不是?!

在柏林走了一路，我也讲了一路的历史，希望孩子们最后都能够爱上柏林，爱上历史。行程尚未结束时，高二文科班的几位同学就已纷纷表示，如果高考考到冷战和柏林墙的历史，她们一定能拿满分。当然，我们收获的绝不仅仅是应对考卷的知识，我们走进柏林，重温了那段历史，在那 12 天里，我们都是柏林人，这是一段弥足珍贵的人生经历。

Photograph of Ossietzky taken in 1915 **Ossietzky in Esterwegen concentration camp，1934**

历史的魅力是无穷的，很多人并不知道，我们这所友好学校的命名本身就是一个感人至深的历史故事，因为它所纪念的主人公——卡尔·冯·奥西埃茨基（Carl von Ossietzky，1889—1938），是一位魏玛和纳粹时期的德国记者、作家、杰出的政治记者和政论家、著名的和平主义者。他是一位真正的反法西斯斗士。早在 1931 年他就针对希特勒写出："一个民族到底要在精神上沦落到何种程度，才能在这个无赖身上看出一个领袖的模子，看到令人追随的人格魅力？"他无愧于 1935 年诺贝尔和平奖得主的荣誉，遗憾的是，他也是历史上第一位获颁诺奖时被关押在监狱里并最终死于纳粹迫害的人。

柏林墙纪念馆中的游客留言

"世界是一个圆形的整体，像一颗心脏，如果将它分为两半，就必定会死亡。"此语出自第一次世界大战后的捷克诗人乔治·沃克。通过本书客观、全面地叙说冷战的历史，可以引发读者对人类命运共同体的思考，这正是读史的意义所在。正如沈志华先生在书中所说：我们只有一个地球，这是人类的共同家园。合作、对话、彼此信任、平等交往、互利共赢，才是包括中国在内的世界各国在处理国际关系时应该遵循的准则。

如果纵观人类文明史，在后冷战的时代，我们能够摒弃冷战思维，就更能够理解：作为分离和隔绝的体现，"墙"的寓意要远比民族国家的分裂更为深远，它是剑拔弩张的孤立状态的象征，它不仅仅意味着国家的分裂，同时还意味着在贫困与富庶、文明与落后，或者在不同肤色的人群之间划出的一道鸿沟。我想，只有当下的我们能够理解将德国一分为二的柏林墙，以及有关柏林墙从建筑到倒塌的历史所承载的全球性的意义，冷战的悲剧才不会重演。

文中图片出处：

［1］Photograph of Ossietzky taken in 1915 ［EB/OL］. https：//upload. wiki-media. org/wikipedia/commons/5/5c/Carl_ von_ Ossietzky. jpg.

［2］Ossietzky inEsterwegen concentration camp, 1934 ［EB/OL］. https：//upload. wikimedia. org/wikipedia/commons/d/d4/Bundesarchiv_ Bild_ 183 - 93516 -0010%2C_ Carl_ von_ Ossietzky. jpg.

未注明出处照片均为作者本人拍摄。

《宋元时期的都市生活》（教学案例）*

一、教学背景分析

（一）学习内容：本节课选自《第12课　宋元时期的都市和文化》（2016年部编版七年级下册历史教材），《第12课　宋元时期的都市和文化》主要学习三方面的内容：繁华的都市生活、宋词元曲与司马光和《资治通鉴》，都市生活推动着宋词、元曲的发展演变，而宋词、元曲又以不同的方式反映着各自时期的社会生活和时代风貌。鉴于《第12课　宋元时期的都市和文化》内容较多，且"繁华的都市生活"是本课的重点内容，故将《第12课　宋元时期的都市和文化》拆分为2课时，本案例所述为第1课时《宋元时期的都市生活》。教材主要从宋元时期的大都市、市民丰富多彩的生活，以及传统节日与习俗三个方面介绍了宋代都市生活的繁华，同时也简要说明了繁华多姿的原因。

（二）学生情况：北京市第八十中学白家庄校区初一（8）班为科技特长班，学生历史学习基础较好，思维活跃，能做到自主学习和在限定时间内从丰富史料中获取历史信息，而且能够熟练地使用电子书包辅助学习。

（三）教学方式与教学手段：将信息技术（教师Pad、课堂大师APP、学生电子书包）与历史教学（培养学生史料实证、历史解释、历史价值观素养）深度融合。

（四）技术准备：教师熟练使用课堂大师APP、学生熟练使用电子书包。

（五）前期教学状况、问题、对策：为了帮助学生熟练使用电子书包，辅助历史课堂的学习，将信息技术与历史教学深度融合，从本学期开学之初，北京市第八十中学白家庄校区初一（8）班全体学生在历史课堂上就开始使用电子书包，我在每节历史课上都利用教师Pad和课堂大师APP教学，指导学生利用电

---

* 本文作者：朱瑶瑶。

子书包研读史料，不断培养学生历史学科的核心素养。

（六）与本课程相关的教学理论依据：历史学科包含的知识量极大，传统历史教学往往采取"填鸭式""灌输式"的教学模式，而学生在学习该门学科时往往是死记硬背。长此以往，学生可能会失去学习历史知识的兴趣，继而影响课堂教学的效率与质量。因此，对历史课堂教学模式与手段进行优化、创新十分必要，而现代化的教育信息技术不失为一种不错的教学手段。将信息技术与历史教学深度融合，教师在课堂上可向学生展示更丰富的材料，提出更多的问题，引导学生带着问题去思考与学习。这种教学形式不但充分体现了学生的学习主体地位，同时还能有效地激发学生学习历史知识的主动性与积极性，引导学生实现从"学会"到"会学"的良好转变，进而实现提高历史课堂教学效率与质量的目的。总而言之，在新课程改革的大背景之下，将信息技术与历史教学深度融合，不仅可有效激发学生的学习兴趣，突破学习中的重难点，同时还能够扩展学生的知识面，培养其探究精神。

二、教学目标

（一）知识与能力：能归纳并说出宋元时期都市繁华生活的表现，分析其繁华的原因，培养史料实证、历史解释的核心素养。

（二）过程与方法：运用电子书包，研读绘画作品和文字材料，回答问题并申请展示，逐一归纳宋元时期都市商业繁荣、百姓娱乐生活丰富多彩的表现，从不同方面分析其原因。

（三）情感态度价值观：感受宋元时期都市的繁华生活，认识现代都市生活丰富多彩的原因，能将对历史的认识延伸到对现实社会的认识上。

三、教学重点： 宋元时期都市繁华生活的表现

四、教学难点： 宋元时期都市繁华的原因

五、教学方法： 探究教学法

六、教学手段： 教师 Pad（课堂大师 APP）、学生电子书包

七、教学活动

（一）导入新课

1. 简单回顾：我们前几节课学习了辽宋夏金元时期的政治和经济状况，这节课我们开始学习当时的都市生活。

2. 提问：提到"都市"，我们在前几课讲过哪些城市？

3. 结合地图和文字材料，以元大都、东京、临安为例，引导学生归纳宋元时期的都市情况：

应知汗八里城（元大都）内外人口繁多……此城为商业繁盛之城也。

——《马克·波罗行纪》

东京"太平日久，人物繁阜（fù，盛，多）"。

——《东京梦华录》

东南形胜，三吴都会，钱塘自古繁华。

——柳永《望海潮》

4. 介绍本节课安排：接下来，我们以北宋都城东京城为例，依据北宋画家张择端的传世名画《清明上河图》，以及文字材料和其他绘画作品，一起重游东京城，看一看当时都市繁华的表现，共同探究当时都市繁华的原因。接下来，我们通过电子书包里的两则材料，每则限时 5 分钟，结合每则材料第一页的问题，认真研读材料，归纳东京城的商业情况和百姓的娱乐生活。首先，我们阅读电子书包里第一则材料。

设计意图：

①帮助学生认识宋元时期都市整体情况：繁华。

②帮助学生厘清本节课教学安排：以东京城为例，研读材料，归纳宋元时期都市繁华的表现，分析都市繁华的原因。

（二）讲授新课

1. 了解宋元时期都市的商业情况

（1）限时 5 分钟，走下讲台，查看学生研读材料情况，在教师 Pad 发出"展示"指令，要求学生 5 分钟内在电子书包上提交"展示"。

（2）在投影上点开一些同学的展示，提问这些同学，让他们根据自己的展示，回答第一则材料里的问题。

（3）在学生回答问题时，引导他们注意论从史出，要结合材料论证自己的观点。

设计意图：

①培养学生论从史出的意识和史料实证、历史解释素养。

②培养学生的归纳表述能力。

③帮助学生认识宋元时期都市的商业情况：商业经营种类多，场所分布广，经营时间长，呈现出繁荣的景象，商业的繁荣丰富和便利了百姓的生活。

2. 了解宋元时期都市百姓的娱乐生活

（1）限时 5 分钟，要求学生按照第一则材料的要求阅读第二则材料，按时完成展示。

（2）让一些学生根据自己的展示，回答第二则材料里的问题。

（3）提醒学生要结合材料论证自己的观点，论从史出。结合问题，研读第二则材料，完成展示。

设计意图：

帮助学生认识宋元时期都市的娱乐生活：①有固定的娱乐场所瓦子，类似于我们现在的综合性商场，瓦子里还有专供演出的圈子"勾栏"；②平时百姓的娱乐活动种类多；③到了节日里，百姓的生活更加丰富，当时节日里的习俗流传至今，成为中华传统文化的一部分。总之，宋元时期都市的娱乐生活丰富多彩。

3. 分析宋元时期都市繁荣的原因

（1）限时 5 分钟，要求学生按照要求阅读第三则材料，按时完成展示。

（2）让一些学生根据自己的展示，结合材料，论从史出，分析宋元时期都市繁荣的原因。

设计意图：

①培养学生分析历史问题的能力和历史解释素养。

②培养学生的论述能力。

③帮助学生理解宋元时期都市繁荣的原因。

4. 结合对宋元时期都市生活的学习，探讨现代都市生活丰富多彩的原因

（1）过渡：我们从一千年前北宋都城东京城回到我们现在生活的北京，《清明上河图》上疑似有外卖出现，现在我们的生活已经离不开外卖了，人手一部手机，可以迅速尝遍全北京的美食，正如美团外卖的广告"送啥都快"。北宋时，百姓还必须到露天的瓦子里看表演、逛街，现在我们走出家门，不多远便会有商场，冬暖夏凉，吃喝玩乐样样俱全，商品琳琅满目。可见，我们现代都市生活比宋元时期更加丰富和便利，请大家根据我们刚才对宋元时期都市繁华原因的分析，结合下面一则材料，探讨现代都市生活丰富多彩的原因。

（2）提问学生，引导学生结合第四则材料，分析现代都市生活丰富多彩的原因。

设计意图：

①培养学生知识迁移的能力和历史价值观素养。

②培养学生分析论述的能力。

③帮助学生分析现代都市生活丰富多彩的原因：和平的环境："二战"以后，世界整体和平；中华人民共和国成立后，国内和平；国家领导人多次提及"和平"，发展离不开和平的环境。

制造业的发展：古代商业的发展离不开农业和手工业，随着技术创新，机

器制造业取代了手工劳动，都市生活的丰富多彩离不开制造业的发展。如格力总裁董明珠提出"让世界爱上中国造"，格力注重发展技术，为我们提供了各种类型的空调。

百姓的需求是城市发展的内在动力：比如，解决快递最后一公里问题的自动智能收寄快递柜"丰巢"；又比如，解决交通最后一公里的共享单车。

八、板书设计

第12课　宋元时期的都市生活

1. 都市：元大都、东京、临安

2.

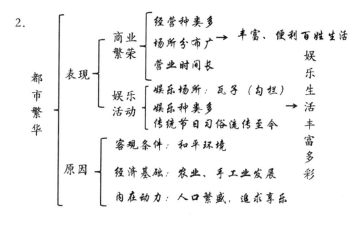

九、学习效果评价及教学反思

（一）教学特色

1. 本节课达到了课程标准的要求，突破了《第12课　宋元时期的都市和文化》的重点和难点：课程标准提出《第12课　宋元时期的都市和文化》的内容要点是"了解宋元时期的都市生活和宋词、元曲的流行"，其中，"了解宋元时期的都市生活"是《第12课　宋元时期的都市和文化》的重点和难点。本节课的主要教学设计如下：罗列和介绍宋元时期著名的都市，如东京、临安、大都，通过文字材料帮助学生感知当时都市的整体状况——繁华；利用图片和文字资料，以东京城为例，了解当时都市繁华的表现（商业繁荣和娱乐生活丰富多彩），并探究都市繁华的原因（客观条件—社会局部安定，经济基础—农业、手工业的发展，内在动力—人口繁多，人们追求享乐）；联系现实，结合对宋元时期都市生活繁华原因的探究，认识现代都市生活更加丰富、便利的原因。

2. 整节课使用教师 Pad、课堂大师 APP 和电子书包，教师可以全程了解和掌握学生学习情况，指导学生自主学习，提高课堂效率和教学质量。伴随着信息技术水平的日益提升，现代化的教育信息技术也得到了一定的发展，近些年被广泛运用到各个阶段、各个学科的课堂教学中，并获得了令人满意的效果。但现在普遍使用的信息技术是 PPT、播放视频等，相对单一。现在，北京市第八十中学开始推行智慧校园计划，给教师配备教师 Pad，培训教师熟练使用课堂大师 APP；给各个班级配备电子书包，并提供各种技术支持。本节课中，我全程使用教师 Pad 和课堂大师 APP，利用课堂大师 APP，一键指令，可以把几则材料直接下发到每位同学的电子书包，方便学生自主研读史料；可以在课堂大师 APP 上查看每位同学在电子书包上的操作情况；可以在课堂大师 APP 上点击"计时"指令，限定学生研读史料的时间，提高学生的学习效率；可以在课堂大师 APP 上点击"展示"指令，让学生展示自主学习成果，了解学生自主学习情况。

3. 本节课将信息技术与历史教学深度融合，培养学生史料实证、历史解释、历史价值观素养：本节课利用课堂大师 APP 和学生电子书包，指导学生自主学习，在限定时间内从几则材料中获取历史信息，回答问题并完成展示。这既训练了学生在限定时间内快速从大量史料中获取有效信息，又训练了学生能以史料为依据，客观论述历史现象，有理有据地表达自己的看法，学会从历史表象中对历史事物之间的因果关系做出解释，并能将对历史的认识延伸到对现实社会的认识上。

（二）教学反思

1. 信息技术需要进一步完善：虽然教师 Pad、课堂大师 APP、电子书包的使用充分体现了学生的学习主体地位，有效地激发学生学习历史知识的主动性与积极性，进而实现提高历史课堂教学效率与质量的目的，但我们在使用的过程中也发现了课堂大师 APP 和电子书包仍存在不足，比如教师无法通过课堂大师 APP 给学生下发 PPT、视频等特殊格式的材料，下发材料的文档格式受限；学生在电子书包上阅读材料时因翻页受限，有些浪费时间；因有些教室网络不稳定，学生在电子书包上接收指令不同步，影响了教学进度……因此，要使信息技术更加深入地与课堂教学融合，无论是软件，还是硬件，都仍需不断完善。

2. 历史教学不能完全依赖于信息技术，要将信息技术和传统教学手段结合起来：虽然教师通过电子书包可以给学生提供丰富的课堂材料，但课堂教学尤其是历史教学不能一味地追求材料的丰富，教师更要引导学生详细研读材料，充分发掘材料信息，比如仍要重视教材里精心挑选的材料，充分利用教材，挖掘教材信息。因此，历史教学不能完全依赖信息技术，要将信息技术和传统教学手段结合起来。

3. 要使信息技术真正发挥作用，仍需培养学生的专注力和自控能力：电子书包的使用确实能够提高课堂效率和教学质量，但存在分散学生注意力的情况，比如，某些自控能力较差的学生不能完全按照教师的指令使用电子书包，有时会擅自点击其他功能，不能集中注意力。因此，要使信息技术真正发挥作用，教师应制定相应的规定，规范学生使用电子书包，培养学生的专注力和自控能力。

中学历史项目式教学初探[*]

——近代化的早期探索

【主题教学设计说明】

本主题为近代化的早期探索，由三课时组成：第 4 课洋务运动，第 5 课甲午中日战争与瓜分中国的狂潮，第 6 课戊戌变法。

近代以来，列强的侵略使中国陷入了灾难的深渊，面对生死存亡，中华民族对外反抗列强侵略，对内反抗专制统治，求得民族独立和人民解放。在这一过程中，救亡图存和实现现代化是近代中国人民奋斗的基本目标。这两大目标之间又是紧密相关的，一方面救亡图存与实现现代化的背景相同，都是列强的入侵与专制统治。目的相同，都是使中国走向日趋独立富强之境。另一方面，两者相互影响，互相推动，紧密结合。对于现代化主题的讲解是绕不开救亡图存的目标的。

中国的近代化道路是中国近代社会各阶层向西方学习，救亡图强，寻求新出路的过程。结合这三课具体表现为：社会各阶层从洋务运动的清王朝上层官僚到戊戌变法受西方影响的中下层绅士，阶层不断扩大；向西方学习从器物到制度逐渐深入；在救亡图存与实现近代化两大历史重任推动下，近代中国人实现了从洋务运动时期的局部防卫性现代化向戊戌时期制度性变革推进。

近代化这一主题的历史跨度大，思想性强。对于初二学生而言学习难度较大。因此，在主题教学中，教师以容闳的人生经历为线索，展现在不同因素交织下中国近代化极其不稳定的波折式推进，引导学生将个人命运与社会发展和国家发展联系起来，涵养家国情怀。

【单元指导思想和理论依据】

本专题教学内容，依据课标，根据建构主义教学理论，采用合作探究式教

学方法，以罗荣渠先生一元多线的现代化理论为指导进行整体教学设计的构建。

【单元学习目标】

通过了解容闳在不同时期行为与思想观念的转变，认识中国近代化早期探索的进程，理解早期探索的艰难与曲折；

通过解读材料，评价近代化的早期探索，初步学习史料实证的方法与客观评价历史问题的能力；

通过对容闳人生经历的了解，感受并学习以容闳为代表的仁人志士与时俱进的时代精神和拳拳爱国之心，涵养家国情怀。

【单元学习重点】

以容闳为视角，认识中国近代化早期探索的历程。

【单元学习难点】

评价中国近代化的早期探索。

【专题教学过程】

在专题教学中，我主要选取了容闳人生的三个阶段，分别为投身洋务、施展抱负（1863—1883），甲午战败、归国筹谋（1894—1895），参与维新、离国图兴（1898）。以人物为线索贯穿，通过容闳这一个历史人物的人生经历展现大历史，展现近代化探索在不同因素交织下的艰难曲折过程，表现个人与国家休戚与共、家国一体的情怀。

专题导入：

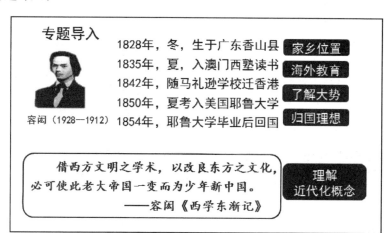

教师简要讲述容闳的成长与教育经历，引导学生从容闳的视角了解世界潮流，通过容闳理想的解读，学生能够明晰在政治上从君主专制走向民主法治，经济上走向工业化，思想上科学理性等方面近代化的概念，感受其毅然归国的

爱国之心。

　　容闳生平中所选择的第一个阶段为 1863—1883 年，投身洋务运动之中施展
抱负。回到祖国的容闳在 1863 年受到曾国藩召见，引导学生结合所学，思考归
国后的容闳面临怎样的国内形势。学生能够说出第二次鸦片战争结束，太平天
国运动仍在继续，进而认识洋务运动的背景。

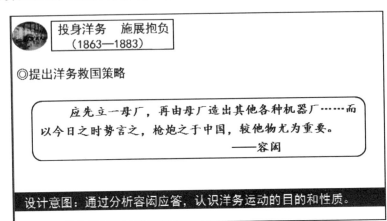

　　曾国藩在召见容闳时，询问当下中国最有益之事业是什么。容闳给出了这
样的回答，引导学生通过分析容闳的应答，认识洋务运动的目的和性质。

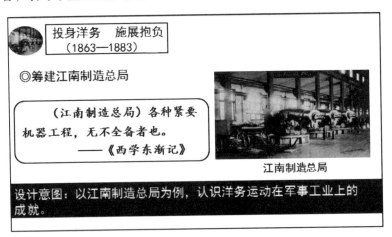

　　因和洋务派观点一致，容闳被委任到美国购买机器，归国后装备了江南制
造总局，通过讲述该厂的装备和生产力，引导学生认识洋务运动在军事工业上
的成就。

投身洋务　施展抱负
（1863—1883）

◎建议设立汽船公司

中国宜组织一纯华股汽
船公司……拟请政府每年拨
款若干以津贴之。
——《西学东渐记》

上海轮船招商局

设计意图：以轮船招商局为例，认识洋务运动在民用工业上的成就。

容闳曾向朝廷提出建立纯华股汽船公司，并由政府出资补贴。而后成立的上海轮船招商局便与容闳想法一致，通过讲述轮船招商局的发展和组织生产形式，认识洋务运动在民用工业上的成就。

投身洋务　施展抱负
（1863—1883）

◎带领幼童赴美留学

1872—1875年，先后四批120名留学生

（留美学生）人人心中咸谓
东西文化，判若天渊；而于中国
根本之变革，认为不容稍缓之事。
——《西学东渐记》

国务总理	1人	工矿	7人
大学校长	2人	外交	14人
电报通信	10人	铁路	20人
海军	15人		

设计意图：以赴美留学幼童为例，认识洋务运动推动近代教育发展。

派遣留学生的建议是容闳为之筹划最多的，最终得以实现，通过解读留学生思想变化和归国后职业统计表，认识洋务运动在近代教育上的成就。

投身洋务　施展抱负
（1863—1883）

◎志愿受挫去国怀乡

赴美留学幼童出发前及在美合照图

1881 年赴美留学幼童中途被召回，这件事情对容闳打击很大，他自称毕生志愿横被摧残，加之家庭、身体原因，容闳回到了美国。教师引导学生观察赴美留学幼童出国前后对比图，思考幼童被召回的原因，进而认识洋务运动的局限性。

◎提出洋务救国策略
◎筹建江南制造总局
◎建议设立汽船公司
◎带领幼童赴美留学
◎志愿受挫去国怀乡

　　自强运动是近代史上第一个应付大变局的救国救民族的方案……曾国藩诸人虽向近代化方向走了好几步……但又是个不彻底的方案，后来又是不彻底的实行。
　　——蒋廷黻《中国近代史》

设计意图：结合容闳人生经历，初步认识洋务运动作用和局限性。

最后结合容闳个人经历及学案上的材料，引导学生全面认识洋务运动，并以这句话进行总结。

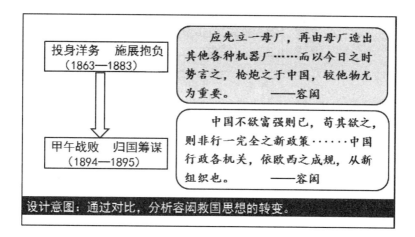

设计意图：通过对比，分析容闳救国思想的转变。

第二个阶段为1894—1895年，这期间得知甲午战争消息，并受张之洞邀请回到祖国。

在归国途中，容闳得知水陆两战皆告失败。甲午战争中海陆战事又是如何？通过学生的讲述，了解战争经过。此次战争使得容闳深感中国受到了最耻辱之挫败，为何是最耻辱的呢？引导学生通过对比分析，分析《马关条约》的影响，认识到中国民族危机大大加剧。面临此等危机张之洞询问了容闳新政之法，容闳做出了这样回答，引导学生结合容闳在洋务期间面临相似问题对曾国藩的回答，进而认识到容闳的思想已然从技术层面向制度层面过渡。容闳改革制度的建议并未被张之洞采纳，他转而开始积极推动国家银行和修建全国铁路的建议，但最终失败。结合材料提出问题，这次重创对容闳的思想产生了什么影响？进而理解此时容闳对中国现状有了更加清晰的认识，进一步促进了其思想行为的转变。

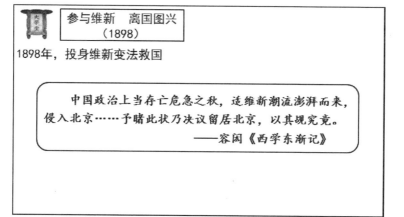

参与维新　离国图兴
（1898）

立行宪法，大开国会……则中国之治强，可计日待也。
——康有为

能变则全，不变则亡；全变则强，小变则亡。
——《上清帝第六书》

参与维新　离国图兴
（1898）

光绪受此奇异势力之激动，遂奋起提倡维新之事业。
——容闳《西学东渐记》

裁撤冗官冗员，允许官民上书言事

京师设立铁路矿务局和农工商总局，鼓励私人兴办工矿企业，发展农工、商业

改革财政，编制国家预算

废除八股，改试策论，开办新式学堂

裁减绿营，训练新式军队

设计意图：通过对比分析，认识维新运动开启了制度性变革尝试。

第三个阶段为1898年参与维新，离国图兴。兴国方案失败后，容闳曾有些消沉，然其再次投身爱国运动的原因是什么呢？出示这段材料引导学生思考其原因。学生说出受维新潮流的影响。教师进一步发问，维新思潮有怎样的主张和影响力呢？学生通过分析维新派人士代表的言论，总结维新派的思想主张，通过观察维新学会分布图，解读史料，认识维新运动促进了人们思想的解放。因容闳与康梁同乡，有一定社会威望，因此，康梁对容闳十分尊重，经常征求他的意见。容闳也积极为维新运动建言献策，容闳家中也成为维新派聚会商议变法大计的场所。最终在光绪帝的支持下，维新派商议的主张成为变法诏书，开启百日维新。通过百日维新和洋务运动在学习西方内容上的比较，引导学生认识到从技术到制度层面的近代化探索的深入。

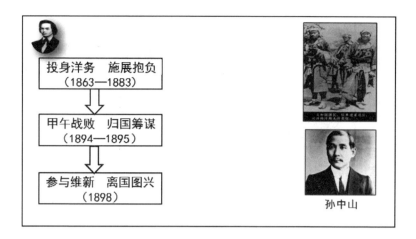

孙中山

百日维新失败后，容闳出逃至上海，再从上海到香港。1900 年，容闳重至上海，发起救国运动失败后的容闳被清廷通缉而出逃日本。这一年义和团运动席卷北方，在去日本的船上，遇到了孙中山，受到其革命思想的感召。中国的前途命运就如同漂泊在大海上的容闳一般又将何去何从？通过这一环节的讲述，一方面学生初步认识到半殖民地的深化及清政府的腐朽促使了近代化的下一个阶段即革命推翻清王朝，另一方面激发学生对下一主题的学习兴趣。

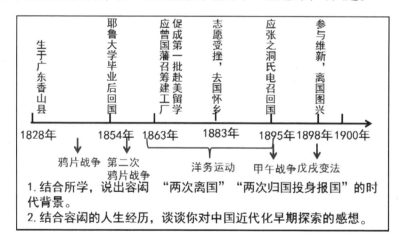

在专题的总结提升部分，结合专题所学及容闳人生经历引导学生思考两个问题：结合所学，说出容闳"两次离国""两次归国投身报国"的时代背景；结合容闳的人生经历，谈谈你对中国近代化早期探索的感想。

这两个问题逐层递进，在课堂之中，学生积极发言，能够用不同方法谈及感受。

他（容闳）对祖国有最强烈的爱国愿望，
因为他从头到脚，
身上每一根神经纤维都是爱国的。
他热爱中国，
信赖中国，
确信中国会有灿烂的前程，
配得上它的壮丽的山河和伟大的历史
　　　　　——容闳好友特韦契尔牧师

近代化的早期探索

　　在学生发言的基础上，教师引导学生思考，中国早期近代化探索有其特殊性，过程艰难而曲折，是一个历史边缘走向历史中心的过程，正如同容闳一生起起落落，然而，却有着一批又一批如容闳般的爱国志士前仆后继，支撑他们走下去的是什么？学生能够认识到是一颗拳拳爱国之心。最后学生阅读容闳好友对容闳一生之评价，进而使学生感受仁人志士的爱国之心，培养家国情怀。

　　【单元教学反思】

　　本专题教学线索清晰，明线为容闳的人生经历，暗线为衰败中半殖民地化日益深入背景下近代化的不断深入，展现个人与时代的关系。教学线索始终围绕中国近代化的早期探索展开；在教学过程中呈现三个维度：清王朝的衰败、半殖民地化的深入、近代化的艰难探索。这种交织也体现了中国近代化早期探索的特点：一方面是沉重的压力，变局迫来，半殖民地化程度不断加深，促使人们的认识不断深化，推动变革不断深入，继而突破旧有界限；另一方面是沉重的阻力，腐朽的清王朝及旧制度使得近代化举步维艰。正是这样的压力与阻力导致了近代化探索的艰难与曲折。然而如此艰难曲折之下，爱国人士始终坚持不懈地探索救国救民之道路，这也恰恰说明了，近代中国的社会转型来自内部社会的变化及推动。

　　本专题还有一些不足之处，比如在史料的使用及指导学生研读史料，引导学生思维不断深入等方面还需加强。

分科教学背景下如何培养学生系统性思维能力[*]

STEM 教育的核心是培养学生成为具有统整能力的跨学科的人才，系统性训练是未来成功的契机。分科教学背景下的系统性思维能力的建立，为跨学科的 STEM 教育整合提供了支持。

一、在分科教学背景下培养学生系统性思维能力的意义

授人以鱼，不如授人以渔，这里的"渔"实质上是指教给受教育者获取知识的思维方法，这才是教育之本。思维素养是培养核心素养的关键一环，对教学目标的达成具有重要的意义，良好的思维培养能够提升学生观察参与社会的能力、增强感悟明辨是非的能力、发展思考运用知识的能力。

在我们的常规教学中，提到比较多的是形象思维能力的培养、逻辑思维能力的培养、创新性思维能力的培养，等等。可以说学生的思维能力较之前有了较大的提升。但在分析社会问题或在社会实践中，他们分析问题、解决问题的能力明显不足，体现在想不明白、说不清楚、学不快速。也就是说他们系统分析问题、解决问题的能力较差。基于此，美国提出了 STEM 教育，STEM 教育的核心是培养具有统整能力的跨学科的人才。其实我们也面临同样的问题，虽然我们早已意识到"授人以鱼，不如授人以渔"，但是在教学中，知识教学有体系，而思维训练零散无体系，造成思维能力提升慢，特别是学生的系统性思维的能力更显薄弱。因此我们的教育应该迈向系统化思维的统整教学。

二、系统思维及与其他思维的关系

（一）要了解什么是系统思维，首先要了解什么是系统。系统是指彼此间相互作用、相互依赖的组分有规律地结合而形成的具有特定功能的有机整体。比

＊ 本文作者：叶华。

如，你的身体是由许多器官在结构上相互联系、在功能上相互配合而形成的整体，器官就是组分（元素），许多相互联系的器官构成身体（整体），因此身体（个体）可以看作一个系统。系统的整体不等于其局部的简单相加，不仅要考虑系统的构成元素，更要考虑元素之间的联系。系统的特征包括：整体性、结构性、要素性、功能性。

万物万事的本质是系统，人们可以通过分析物体系统的构成元素，对物体形成深刻的理解并对其进行应用甚至改造。

（二）系统思维就是人们运用系统的观点对对象互相联系的各方面及其结构和功能进行认识的一种思维方法。系统思维的特点是整体性、结构性、立体性、综合性。依据其特征可以建立一个"框架"，这个"框架"不仅仅体现系统的构成元素，还体现了系统各构成元素之间的有机联系，这种联系就是"规律"。系统思维就是选择、改善或构建"框架"，以更快速、更全面、更深入地进行系统思考和表达的思维方式。

（三）系统思维与其他思维的关系

1. 与发散思维的关系。发散思维又称放射思维、求异思维、辐射思维或扩散思维，是指大脑在思维时呈现的一种扩散状态的思维模式，发散思维是创造思维的最主要特点，系统思维和发散思维是包含关系，发散思维是系统思维的重要组成部分，建立"框架"时需要应用发散思维。

2. 与收敛思维的关系。收敛思维又称聚合思维、求同思维、辐集思维或集中思维，它的特点是使思维始终集中于同一方向，使思维条理化、简明化、逻辑化、规律化。归纳和演绎是收敛思维最核心的思考方式，在运用系统思维思考和表达时，无论采取什么思维方式，最终都要通过归纳和演绎的方法将所有思考内容组织成一个"框架"，并在此基础上分析、解决问题或有效表达。因此，收敛思维是系统思维的核心组成部分。

系统思维以"框架"为核心，在构建"框架"的过程中涵盖了发散思维、收敛思维等所有思考方法。

三、如何培养学生的系统性思维能力

系统性思维其实包含了发散思维和收敛思维等多种思维活动，那么在教学中教师如何提供"框架"或让学生在建构"框架"过程中，训练学生的系统性思维呢？

（一）构建概念图，建立系统论的观点

概念图（concept map）是一种用节点代表概念，连线表示概念间关系的图

示法。概念图的理论基础是 Ausubel 的学习理论。知识的构建是通过已有的概念对事物的观察和认识开始的。学习就是建立一个概念网络，不断地向网络增添新内容。为了使学习有意义，学习者个体必须把新知识和学过的概念联系起来。

概念图是一种知识以及知识之间的关系网络图形化的表征，也是思维可视化的表征。概念图的要素包括概念（concepts）、命题（propositions）、交叉连接（cross‒links）和层级结构（hierarchical frameworks）四个要素。概念是感知到的事物的规则属性，通常用专有名词或符号进行标记。命题是对事物现象、结构和规则的陈述，在概念图中，命题是两个概念之间通过某个连接词而形成的意义关系。交叉连接表示不同知识领域概念之间的相互关系。层级结构有两个含义：一是指同一知识领域内的结构，即同一知识领域中的概念依据其概括性水平不同分层排布，概括性最强、最一般的概念处于图的最上层，从属的放在其下，具体的事例位于图的最下层；二是不同知识领域间的结构，即不同知识领域的概念图之间可以进行超链接。某一领域的知识还可以考虑通过超级链接提供相关的文献资料和背景知识。

概念图是促进教学效果的一种策略，教师运用概念图教学能够让学生脱离单纯的模仿和记忆，使他们能够通过动手实践、自主探索与合作交流来获得知识。通过建立概念图，学生能够理解系统要素及要素之间的逻辑关系，能够提升学生的逻辑思维能力及建立系统论的观点，为系统性思维的训练打下基础。

（二）构建学科思维导图，训练系统性思维

1. 思维导图又叫心智导图，是表达发散性思维的有效图形思维工具，它简单却又很有效，是一种具有实用性的思维工具。思维导图运用图文并茂的技巧，把各级主题的关系用相互隶属与相关的层级图表现出来，把主题关键词与图像、颜色等建立记忆链接。思维导图是有效的思维模式，应用于记忆、学习、思考等的思维"地图"，有利于人脑的扩散思维的展开。

20 世纪 80 年代思维导图传入中国内地。最初是用来帮助"学习困难学生"克服学习障碍的，但后来主要被工商界（特别是企业培训领域）用来提升个人及组织的学习效能及创新思维能力，在学科教学方面，历经 52 年的发展，也没在学校广泛应用，后经华东师范大学刘濯源带领的思维可视化研究团队 15 年的研究及实践，得出的结论是"思维导图"并不适合直接应用于学科教学，因为"思维导图"过于强调"图像记忆"和"自由发散联想"而非"理解性记忆"和"结构化思考"。

基于学科知识的特性，学科教学必须强调"理解性记忆"和"结构化思考"，随着学段的升高，知识越来越抽象和复杂，就更加要强调"理解的深度"

而非"记住的速度"。因此,"结构化思考"是学科思维导图的核心。

2. 建立结构化的思维导图框架,养成系统性思维的习惯

系统思维提高学习效率,加速知识积累。一个优秀的学习方法至少会在两方面帮助你的学习:一是单位学习效率的提高,二是知识积累速度的加快。系统思维指导下的系统学习法会要求你第一时间构建个人完整的知识体系框架,并在这个框架的指导下,有方向、有步骤地主动学习。

所谓系统学习,就是把知识看成一个密切联系的系统,在学习过程中注意把握知识的内在联系,做到举一反三、融会贯通。只有善于进行系统学习的人,才是真正的学习高手。

我们在建立思维导图框架时应该以对基础知识的彻底理解为前提,然后找出知识间的联系,建立个性化的思维导图框架。对知识体系的梳理,应该自己尝试着去分类和整理,一门知识并不只有一种梳理方法,只有符合自己思路的,才是最好的。同时,自己进行这种梳理和修改,也有一定的标准,或者说修改的方向。那就是应该尽量简洁,每个层次的枝干的数量要尽可能少。如果一个层次下面总结出十几个点,那么,这显然不利于我们理解和记忆。刚开始练习,画出来的图可能会比较乱,要不断压缩,尽可能地把一些同类型的知识点集中到一个层次下面。这个过程将是对我们思维能力的很好的锻炼。所以,体系图应该尽可能简洁,但同时又能全面概括所有的相关内容。同一个层次的点所包含的内容不相重复,这就是我们自己梳理知识体系的时候应该努力追求的目标。

一旦有了个人知识体系框架的指导,你就不再会产生诸如"我知道我要学习的东西很多,却不知道应该去学什么"的困惑;一旦有了个人知识体系框架的指导,你的知识整体积累的速度就会加快。

四、分科教学背景下的系统性思维能力的建立,为跨学科的 STEM 教育整合提供支持

STEM 是科学(Science)、技术(Technology)、工程(Engineering)和数学(Mathematics)四门学科的简称,强调多学科的交叉融合。从教育目标来说,STEM 教育的基本目标是培养学生的 STEM 素养。STEM 素养包含了科学素养、技术素养、工程素养和数学素养,同时又不是四者的简单组合,它包含运用这四门学科的相关能力、把学习到的零碎知识与机械过程转变成探究真实世界相互联系的不同侧面的综合能力。STEM 作为一个有机整体,有其独特的内涵与特征。STEM 教育中四门学科的教学必须紧密相连,以整合的教学方式培养学生掌握知识和技能,并能进行灵活迁移应用解决真实世界的问题。融合的 STEM 教

育具备新的核心特征：跨学科、趣味性、体验性、情境性、协作性、设计性、艺术性、实证性和技术增强性等。

在课程方面，STEM 教育代表了课程组织方式的重大变革。目前中小学最广泛应用的课程模式是分科教学模式，即数学、科学等学科教师负责教授各自科目，很少重视学科之间的联系。然而，要让学生为未来的职业发展做准备，他们必须超越学科的界限进行思考。

而系统性思维的形成为知识、能力的迁移打下了基础，也为跨学科的 STEM 教育整合提供了支持。

参考文献：

［1］陈怡倩. 统整的力量：直击 STEAM 核心的课程设计［M］. 长沙：湖南美术出版社，2017.

［2］王世民，思维力. 高效的系统思维［M］. 北京：电子工业出版社，2017.

STEAM 视角下的高中生物教学设计思考[*]

STEAM 教育理念最早由美国政府提出，是为了加强科学（Science）、技术（Technology）、工程（Engineering）、艺术（Arts）以及数学（Mathematics）学科间的教育而实施的教学模式，该理念不仅倡导学习五门学科知识，更提倡综合运用这五门学科之间的联系，让学生在自己动手的过程中解决他们感兴趣的，以及和他们现实生活密切相关的问题。我国现行的中学课程的主要体系是分科课程，是从不同门类的学科中选取知识，按照知识的逻辑体系，以分科教学的形式向学生传授知识的课程。该体系能最大程度促使教师在学科领域有较深入的思考，也促进学生对学科内知识的掌握，但其弊端也十分明显：教师的知识体系往往过于单一、局限在单学科，使得学生的知识结构也往往是分割的、对事物的认识片面化，很难实现不同学科间相互联系、渗透以及解决问题的能力培养。因此，将 STEAM 教育理念融入中学生物课程的设计、教学中，不仅对传统的教学进行了突破与完善（如图 1 所示），也为解决中学生物学教学中的问题起到了促进作用，更对目前新理念与教学设计的融合进行了应用与创新。

如何落实 STEAM 框架下的生物课程设计呢，笔者结合自己的教学经历有如下思考。

一、教学理念——寻求统一

20 世纪 70 年代，美国科学院组织科学家编写的《生物学与人类的未来》一书在分析生物学本质时指出："生命只有运用支配无生命物质世界的法则和从无生命物质世界的表现，才能加以理解。"由此可见，利用其他学科知识、技能、方法揭示生物学奥秘有其必然性。

---

[*] 本文作者：姚亭秀。

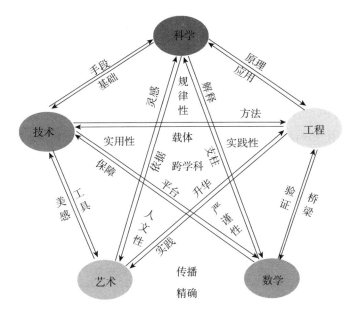

STEAM要素五星关系图

图 1[1]

因此，教师要积极通过阅读、参与学科探讨、与专家交流、参加实践活动等途径扩充自己的知识面，把握其他学科知识与生物学知识的内在联系与必然规律，做到对生物学知识"深进去"——知其然，"跳出来"——知其所以然。只有教师具有 STEAM 意识，在生物学教学中有效地应用其他学科的知识、技能、方法等解决生物学问题，才会使学生在审视和理解生物问题时不再是一个视角或一种理念，有利于学生清晰地认识科学的本质，更能提升学生的整体意识和统整能力。

表 1~4 呈现了笔者汇总的部分与高中生物相关的化学、物理、数学、地理学科内容。

表 1 部分借化学学科解释的生命现象

生物学问题	化学支撑点
如何对绿色植物的呼吸产物进行鉴定？	化学物质鉴定
检测生物组织中的糖类、脂肪和蛋白质等实验的原理是什么？	对应化学显色反应的原理
氨基酸分子结构有何特定？	有机化学的官能团
为什么熟鸡蛋更容易消化？	蛋白质的变性失活

生物学问题	化学支撑点
如何理解"生物大分子以碳链为骨架"？	化学元素 C 的结构及特性
为什么无机盐离子对维持细胞的酸碱平衡非常重要？	缓冲溶液的作用机理
如何解释酶的作用机理？	催化剂的作用机理
ATP 为何是高能磷酸化合物？	高能磷酸键
光合作用、呼吸作用的代谢过程是怎样的？	氧化还原反应
为何某些化学物质可以提高基因突变的概率？	化学诱变剂的作用机理
人类代谢异常遗传病的机理是什么？	化学反应

表 2　部分涉及物理学的生命现象

生物学事实	物理学支撑点
模拟呼吸运动时胸腔容积的变化	容积变化对压力的影响
视觉的形成	凸透镜的成像原理
躯体运动的形成	杠杆运动
实验：使用高倍显微镜观察几种细胞	显微镜成像原理
从细胞中分离各种细胞器	差速离心原理
ATP 与 ADP 间相互转化、细胞呼吸、光合作用	能量守恒定律
实验：绿叶中色素的提取和分离	扩散原理、分子运动论
四种光合色素对光的吸收	光谱知识
物质跨膜运输	渗透现象
物理致癌因子	辐射致癌机理
兴奋在神经纤维上的传导	局部电流的产生机理

表 3　部分借数学解决的生物学问题

生物学问题	数学支撑点
蛋白质形成过程中，分子量的变化计算	函数与方程
温度、pH 对酶活性的影响	坐标图分析
遗传规律中配子基因型分析 解释"蛋白质结构多样性的原因"	排列组合

续表

生物学问题	数学支撑点
遗传病患病率计算	概率
种群数量变化	数学模型建构

表4　部分与地理知识密切相关的生物学事实

生物学事实	地理学支撑点
人种	人口与人种
生态系统的组成	气候地图
种群的特征	环境地理学——人口的变化
环境容纳量	环境承载力
群落的结构	人文地理学——群落的空间结构
生态系统的物质循环	地球生态平衡

总之，教师充分把握生物学与其他学科之间在知识、技术、方法等多方面的联系，利于引导学生在探寻知识时的多学科整合，更利于培养学生积极进取的科学态度和创造精神，实现课程与 STEAM 教学理念整合的核心价值。

二、课程设计——力求主题

主题教学设计是指围绕某一主题，让学生借助各种探究手段和活动，以及与主题相关的各类资源，使学生认知发生迁移，提高解决问题的能力等高级思维能力以及主动探究的精神，是整合认知目标、情感目标、技能目标三类学习目标的有效教学方式[2]。

在进行主题教学设计时，教师应力争打破"课时"主义的束缚，通过"到哪里去""怎样实现目标""怎样才算实现了目标"三设问，对教学内容进行目标、方法、评价三方面的思考与设计。如围绕生命系统的信息传递主题，教师应不局限于生态系统的信息传递，而融入分子水平、细胞水平、个体水平、种群水平等的信息传递过程分析，并通过遗传信息的转录模型建构、神经冲动在突触处的传递方式绘制、鸟鸣信息测算及功能演绎（如图2所示）等活动设计，诱发学生积极思维，自主探究，在"结构与功能观""进化与适应观""稳态与平衡观"等生命观念的形成水到渠成的同时，使学生更好地进行相关科学知识结构的建构，发展学生科学素养。

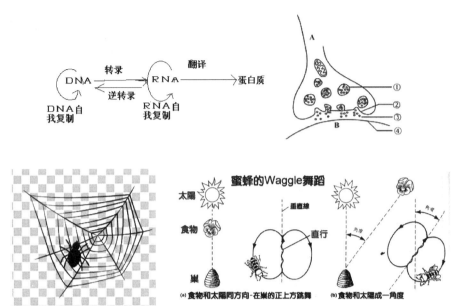

图2

三、课程实施——相辅相成

STEAM 教育理念与高中生物教学实践的重组，要思在设计、落在课堂。前者是理论基础，后者是实践内容，教师应用 STEAM 教育理念开展教学的实践及进行相应的成果展示。

以《生态系统的能量流动》一节为例，人教版教材设置在高二下学期必修三完成。整节教材内容由生态系统能量流动的定义、过程、特点及研究意义四部分组成。而在学习本节内容之前，学生已在物理、化学、地理等学科中对能量有了充分的学习，因此，教学中教师可以从学生熟悉的"能量"入手，引导学生尽可能多地说出能量类型（如动能、弹性势能、重力势能、机械能、热能、焦耳能、势能、光能、振动能、电势能、焦耳热、核能等）后，设问"这些能量哪些是能被生物直接转化的？"既帮助学生明确生物学中研究和聚焦的能量类型（动能、机械能、热能、势能、光能等），又帮助学生建立新知与已有知识的联系，更为进一步分析生态系统的能量流动奠定基础。另外，在教学内容中教材给出了林德曼对赛达伯格湖能量流动的统计数据，教师在对这部分进行处理时，应充分重视学生对数据的整理和分析，引导学生用数据来分析能量流动的特点，在学生归纳总结的基础上，进一步阐述生态系统能量流动的特点。

再如《减数分裂》一节，教师可提供毛梗、橡皮泥等教具，让学生在观看减数分裂的显微切片图后，当堂铺摆教具、模拟染色体在减数分裂过程中的形态、位置变化，使学生在动中思、思中学的同时，融入对减数分裂美学视角的观察（如图3所示）。

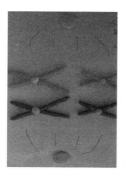

图3

四、课程评价——现实多元

STEAM 课程要基于现实，使学生能在真实的情境下，运用自己的知识解决实际问题，在此过程中，学生可以将已学习知识内化的同时，学习、应用新的知识，锻炼其知识迁移能力。另外，真实的问题解决需要团队合作，因此，STEAM 课程的实施注定不是一个人从头到尾的独立思考，而是团队协作、取长补短、互相学习的过程，因此，课程的评价也要多元化（如图4所示）。

总之，STEAM 课堂教学的研究及落实已成为教学研究者及一线教师关注的热点，但就我国而言，还处在探索阶段，具有系统性、实操性的系列课例还有待开发，一线教师应该多思、多想、多挖掘、多设计、多落实，梳理出优质的、整合性的 STEAM 教学系列案例，为我国 STEAM 教育模式带来新的"活例"，让我国教育改革呈现新的效果，为提升学生的思辨、创新能力助力。

参考文献：

［1］苏乐 . STEAM 视角下的小学《科学》教学设计研究［M］. 曲阜：曲阜师范大学，2017.

［2］肖平 . 基于主题教学的教学设计应用研究［M］. 上海：华东师范大学，2006.

［3］史颜君 . 基于 STEAM 理念的初中物理课程设计研究［M］. 南宁：广西师范大学 .

焖烧杯大比拼学习评价单（5E 教学）

1. Engage：Question　引导性问题　为什么焖烧杯能将生米煮成熟饭，它的原理是什么？

2. Explore：Inquiry　探索：做调查，探究焖烧杯的工作原理，找出它的内部结构。

3. Explain：Finding and Discussion　解释：发现与讨论

（1）理解绝热与热传递。

（2）知道什么材料是热的良导体与热的不良导体。

（3）理解热辐射（金属外壳）与热传递（瓶盖、真空夹层）的联系与区别。

4. Elaborate：Apply New Learning　深层次的探究：运用新知识

Engineering Design Process（DEP）　工程设计过程

（1）提出一个问题：如何能让焖烧杯的保湿效果更好？

（2）想一个可行的方法，并与搭档讨论：如各个结构材料的选择、密封问题等。

（3）设计方案，并尝试写下或画出你的方案。

（4）建模，制作你的焖烧杯。

（5）实验并测试模型。

（6）改进模型并重复实验。

5. Extensions 延伸：你认为焖烧杯的制作能给你哪些启示？它的原理还能用到其他哪些工程设计中？如房屋的保温等。

图 4[3]

基于人文教育的中学生物学教学*

生物学又称生命科学，历来注重人与自然的和谐，目的在于通过教学过程能够使人类在不断的探索和发展中更深入地了解自然、改造自然，实现人与自然互惠互利。近年来，随着科学技术的进步，教育领域也不断推陈出新，革故鼎新，在新课标的背景之下，核心素养成为当今生物教学的指导宗旨，人文教育也成为适应当今教育现状的必经之路。在中学阶段生物学教学中渗透人文精神，对于探索生命的历程、认识自然与人类关系、提高社会责任感具有十分重要的意义。

一、生物学中蕴含的人文精神

生物学知识对于人类行为具有重要的启迪作用。其中，动物的行为就能给人很多启示。人类诸多行为源于最原始的动物行为，捕食、求偶、竞争、传递信息等，无一不刻着历史的烙印。研究动物学时可发现人类行为与动物行为的共通之处，继而追本溯源，找到自己应当行走下去的路径。

昆虫或是其他动物，很多时候都能体现它们适应环境的特征。枯树枝上的枯叶蝶，将自己伪装得逼真至极；善于奔跑的羚羊，在山间河畔留下一道亮丽的曲线；此外，蝼蛄的开掘足、鱼的鳍与鳃、蛙的蹼、长颈鹿的脖子无一不是适应环境的结果。"优胜劣汰，适者生存"的定律对于人类社会一样成立。我们需要适应环境，我们需要竞争，我们需要与社会共同进步。起点或许不同，但是成为强者的路径是一致的，不断改造自我，寻求最优方案，与周围的环境、伙伴良性互动。这同样是一个臻于完美的过程，人文的思想浸于其中。

---

* 本文作者：刘媛媛。

二、初中生物教学中的人文教育

初中生物教材是学生生物学习的启蒙，内容编排逻辑性强，层次分明，深入浅出，且完全符合初中生心智稚嫩、好奇心强的特点。丰富多彩的插图和贴近生活的素材都是进行人文教育的良好素材。

课本中安排了许多科学家的故事，如七年级上册中施莱登和施旺提出细胞学说的故事就渗透着不惧艰难、追求真理的理性光芒。教师在课上可以启发学生自主阅读科学史，并且与其他同学交流心得体会，教师总结升华，让学生认识到科学硕果来之不易，让学生对接受知识予以感恩、感激，也能初步培养起他们吃苦耐劳的品格。再如八年级上册课本中介绍的生物学家——珍·古道尔，一位把大半生时光都献给了丛林中的黑猩猩的女性。学生通过表达交流读后感想，便能够发现人与自然相处的规则：人类如果可以与自然界的一切生物融洽相处，那么人类将进入一个崭新的世界：完满、幸福。

在七年级下册一书中，主要以生物圈的人作为教学重点，旨在使学生全面认识自身，养成良好的生活习惯，并学会珍视生命。全篇都渗透着以人为本、关注身心健康的观念，这一观念对于指导学生的生活也是大有裨益的。其中，有一节《关注合理营养与食品安全》，教师在指导学生设计合理膳食食谱之余，也可以组织学生开展厨艺学习活动，让学生在学习知识的同时也能体会父母的养育之恩，培养学生对父母的人文关怀。

八年级生物教材中介绍了生物圈中多种多样的生物，不仅渗透了结构与功能相适应的生物学观点，还在多处设置了增强社会责任、承担社会义务的人文教育板块。如在上册第六章中谈到的生物多样性的保护，就能够使学生认识到自然界的神奇富饶，也清楚地意识到物种多样性正逐渐减少，企图唤醒学生拯救濒危植物的意识。教师在课程设计中可以适当糅合当今社会热点问题，让学生真切感受到保护自然界的动植物就是保护人类自身。

在八年级下册教材中，课本着重介绍了生命的延续和发展策略，以生殖和遗传为主。繁殖是生物界经久不息的话题，也是自然界中最基本的活动。通过合理的教学设计，能够让学生体会到生命诞生的不易，产生对生命的敬畏感，也可以通过课堂活动让学生认识到生命的本质是物质性的，打破唯心主义观点。教材中还介绍了达尔文与他的进化论，教师在此基础上也可以启迪学生用发展的眼光看待问题，形成正确的人生观和世界观。

案例1：后天学习的重要性

师：同学们，在这节课开始之前呢，我先给大家猜一个谜语，看看大家谁能猜出来！谜语是（PPT 呈现）：穿着黑色燕尾服，系着白色宽领带。摇摇摆摆真可爱，冰天雪地冻不坏。（答案是什么呢？）

生：企鹅。

师：不错，谜底就是企鹅。相信大家在生活中或者影像资料上肯定都见到过企鹅，非常可爱是不是？现在啊，我这里有一只生活在日本，名叫 LALA 的企鹅，告诉大家，它可不是一般的"企鹅"哦，大家想不想认识它？好，我马上就给你们大家播放这段关于 LALA 的视频，请同学们认真看，看完视频之后，大家要认真回答我的问题：在视频里，LALA 都有些什么行为？或者说 LALA 都做了哪些活动？（播放 LALA 视频）

师：视频看完了，哪位同学起来回答一下？

生：有呼吸、睡觉、运动、取食、买鱼、冲凉、认路。

师：这些行为中哪些是企鹅天生就有的，哪些是后天学习获得的？

生：呼吸、睡觉、运动和取食是天生就有的，买鱼、冲凉和认路是后天学习获得的。

师：从 LALA 的例子中我们不难发现，对于动物来说，它们的行为有一些是与生俱来的，也就是说一出生它们就会的；也有一些是要它们自己通过后天慢慢学习才能会的。人类是不是与之类似？

生：是。

师：我们可以通过后天的努力学会很多事情，就像企鹅 LALA 一样。但是如果我们像《伤仲永》中的仲永一样，仅仅依靠先天的智慧最后也会泯然众人矣。所以我们应该怎么做？

生：通过不懈的努力实现自我的突破。

在这个教学环节中，教师设计了一个来源于课堂同时也贴合实际的问题启发学生思考，又结合了语文课本中的经典故事，让学生形成联想，进而形成自我认知，达到积极上进的心理激励效果。

三、高中生物教学中的人文教育

高中生物教材在内容的难度、深度和广度上都较初中教材有了更多的延伸，更加注重理性思维的培养和科学探究的引导。新课标提出之后，高中生物教材划分为必修、选择性必修和选修三个部分。

在必修模块，教材全面地呈现了现代生物学的核心内容，其中，必修一从细胞和分子的水平重新构建了生物学微观世界，能够让学生在学习中深入理解生命的本质，了解生命的物质性和生物界的统一性，以及生物体部分和整体的统一性，对于学生构建科学的自然观有着指导意义。在本册书中，教师可以合理安排科学实验的开展以及组织学生动手实践，制作模型，通过这些活动能够帮助学生构建生命的整体观，体会细胞各结构分工明确又相互配合的特点，在课堂上以工厂生产线作为细胞器加工蛋白质的形象比喻，也能够培养学生团队合作的意识。必修二模块主要介绍遗传的细胞基础和分子基础，其中，谈到的遗传病的病因和诊断措施都是培养学生人文情怀的良好素材。教师可以让学生在课下进行研究性学习，调查某种遗传病的发病率，总结其致病相关基因，让学生从内心深处认识到遗传和变异是自然界中的普遍现象，也能够正视身边的遗传病患者，并学会理解他们、关爱他们。

在选择性必修模块，主要包括稳态与环境、生物与环境、生物技术与工程三个部分。学生通过稳态与环境的学习能够理解高等生命活动的规律，从系统的角度认识个体生命系统的稳态。教师在讲授神经—体液—免疫调节网时，可以列举真实的案例，与学生共同分析，一步一步剖析人体健康维持的内在机理，让学生领悟到健康的生活方式对于生命的重要意义。在生物与环境模块，学生将会接触到更多生态系统的知识，教师借助多媒体资料和文本资料启迪学生思考生物与自然的关系，进而让学生认识到人与自然界的生物休戚相关，人与自然共荣共损的关系，从而使学生形成生态意识，为保护绿水青山做好铺垫。而生物技术与工程模块，相较于前两个部分来说更偏向于实践应用，本模块的设计理念是启发学生能够运用适当的生物学技术解决社会生产中的问题，并且能够理性看待与生物相关的社会热点问题。教师应该立足实际情况，结合社会热点话题，创设合理的空间给学生思考和讨论，让学生能够明辨是非，客观理性地判断与生物学相关的伦理问题，也能够为今后继续深造和走上社会奠定基础。

案例2：正确看待基因编辑技术

师：（展示2018年11月基因编辑婴儿诞生的新闻）近期，一位名叫贺建奎的科学家向世界宣称，一对名为露露和娜娜的基因编辑婴儿在中国健康诞生，这对双胞胎的一个基因经过修改，使她们出生之后能够天然抵抗艾滋病。此次基因编辑是把编码CCR5蛋白的基因进行了修改，较之天然的CCR5基因，它少了32个碱基对。为什么改变了碱基对之后能够抵抗艾滋病呢？

生：碱基对的缺失会导致基因结构改变，基因可以控制生物的性状，因此，碱基对的改变能够使得相应的性状发生改变，有可能产生抵抗艾滋病的能力。

师：生物性状的改变在遗传学中是一种什么现象？

生：生物的变异。

师：虽然变异是自然界的普遍现象，但是贺建奎的这种人为操作是否可取？

谈谈你们的观点。

生1：基因编辑产生的小孩要承受舆论的压力，严重影响身心健康。

生2：基因编辑技术尚未成熟，早早地应用于人类身上可能会带来不可预计的后果。

师：同学们说得都很好，生物技术是把双刃剑，它能够给我们的生产和生活带来极大的便利，但是也存在着潜在的隐患。尤其像基因编辑这种还处在实验室研究阶段的新兴技术，我们更要慎重使用，相信在不久的将来，我们能够正确且合理地使用生物技术，为美好生活的建设添砖加瓦。

在这个教学环节中，教师大胆地引入了社会热点作为授课素材，一方面可以解释基因控制性状的过程，另一方面能够起到很好的人文教育作用，让学生通过自主分析、辩论形成正确的认知，对于学生走向社会具有很好的启蒙意义。

结束语

当今社会，道德缺失现象日显，许多人的价值观、人生观发生扭曲，背离了人文精神的核心主张。通过研究生物学教材，深入挖掘生物学教育的本真，可以发现生物学教学中体现出的科学和精神，找到值得人类去借鉴学习的部分。同时，科学家们在生物学发现过程中所表现出的勇于探索、勤于思考、严谨求实、敢于挑战权威的品质，不仅遵循了实事求是的认知规范，也体现了追求真善美的崇高价值理想，是科学精神和人文精神和谐融合的光辉典范，也是生物学与人文精神联系的纽带。

生物教师在实际教学中，应该紧跟时代潮流，博取众家之长，跨学科、跨专业地引入更多的素材和案例，全面深入地挖掘生物学中蕴含的人文道义，力争在中学阶段培养出文理兼备、内外兼修的全面型人才。

参考文献：

[1] 普通高中生物学课程标准 [M]. 北京：人民教育出版社，2017.

[2] 顾勇. 论动物学教学中的人文教育 [J]. 湖北师范学院学报（哲学社会科学版），2007.

[3] 潘行知. 初中生物教学中渗透人文教育的实践和研究 [J]. 江苏教育学院学报（自然科学版），2011 (6).

"企业经营决策课堂模拟"项目的设计与实践[*]

一、"公司的经营与发展"教学内容简介

"公司的经营与发展"是人教版高中思想政治必修①《经济生活》（2008 年 3 月第 4 版）第五课第二框题的教学内容。教学要达成的目标，是通过教学使学生能够"识别公司的不同类型，描述公司的经营表现与发展状况，阐述锐意进取、诚实守信在现代经济生活中的价值"。这一内容，与第二课"多变的价格"中，"理解价格变动的意义，评述商品和服务价格的变化对我们生活的影响"①的内容高度相关，统整起来进行教学的意义和价值特别重大，具备设计成项目式教学的所有条件。

本内容的教学大多在高一年级第一学期第一学段进行，一般安排 1 个课时。此时的高一学生，虽然刚刚学习《经济生活》不久，经济知识储备有限，对经济学的理解还较肤浅，但大多数学生对经济现象和经济学还是充满好奇心的，诸如购物、消费等基本的经济生活实践经验还是具备的。这对授课教师而言，是开展有效教学的有利条件。挑战则在于：如何设计和实施受学生欢迎的课堂主题活动（PBL），吸引并持续保有学生的这一兴趣和好奇心，使他们在"课堂实践"中，感受和体验经济学知识的生成过程并理解经济规律，形成未来更理性地参与经济生活的能力。

二、"公司的经营与发展"教学设计的常见做法及缺憾

目前笔者见到的"公司的经营与发展"的教学设计，通常的做法大多是：先从最新的财经新闻中收集、筛选最新的公司经营的成功案例素材，"先有海

---

* 本文作者：史达为。
① 教育部：《普通高中思想政治课程标准（实验）》，2004 年

314

尔，其后联想，今是华为"，连篇累牍，然后把它们设计成案例或情境，课上以师生问答、小组讨论分享、教师总结提升、实践应用等环节依次展开教学。这种做法，常常给人的感觉是贴近生活，"时代感"强，在学生的课堂参与度、主体作用的发挥等方面看起来都不错，事实上也的确有不少获奖的课例作品。但笔者认为，这种教学设计一般都难以避免如下三个缺憾：

第一，教学最终停留在对书本知识的检验、验证的层次，学生无法体验到知识的生成过程；

第二，学生仅仅以"观察者"而非"亲历者"视角参与课堂，理论逻辑和生活逻辑相互冲突；

第三，学生对于所学知识，只是做到了"知其然"，却"不知其所以然"，更不知其中的"必然"。

三、我的教学设计——在"企业经营决策课堂模拟"中感受"公司的经营与发展"

（一）设计前的思考

1. 经济学的知识从何而来，经济学家们如何思考

每个科学研究领域都有自己的语言和自己的思考方式。借助于实验的方法，冷静地建立并检验自己的理论，是自然科学家的日常工作。而经济学家们同样努力以科学的态度和方法来探讨自己的主题。除了经济事件观察、经济统计之外，经济学家们也常常借助于经济分析和"受控制的实验"来研究经济现象，解释经济行为，揭示经济规律。[1]他们会以一系列假设条件为开端，逻辑地推导出对某一微观或总体经济行为的合理预期，或者在保持其他条件不变的情况下，通过对比研究某一个因素对多个群体经济行为的不同影响来检验某种假说。

2. 现实经济生活中，价格变动行为的主体、逻辑（前因后果）及本质

在现代市场经济条件下，绝大多数商品的价格和服务是由供求决定的，并由企业而非其他主体自主制定。自由价格"是市场这只看不见的手和隐形的眼睛得以运行的基本制度安排"[2]。由此可见，在竞争的市场中，价格的变动是企业根据市场上需求、竞争和自身的生产能力、生产成本等状况自主做出的。为自己的产品或服务定价，是企业的基本权利，企业通过行使这一权利，改变消

---

① 保罗·A.萨缪尔森，威廉·D.诺德豪斯.经济学（第十四版）上［M］.胡代光，等译.北京：北京经济学院出版社，1996：8，9.

② 张维迎.市场的逻辑［M］.上海：世纪出版集团、上海人民出版社，2010：2.

费者的消费选择以实现其经营目标。同时，作为价格接受者（Price Taker）的企业，也必须对市场上的价格信号做出自主的回应。一句话，企业才是价格变动的行为主体和受价格变动影响的客体之一。

（二）教学设计思路

基于以上两点思考，笔者在课堂上采用"企业经营决策课堂模拟"的形式，带领学生组建"公司"，站在企业经营者立场上，在经营条件不断变化的市场上，做出属于自己的经营决策，"亲历"经营决策的过程，并对自己的经营决策做出评估。学生通过体验价格决策、产量决策对公司客户的选择以及企业经营绩效的影响，感悟价格变动对居民消费行为和企业生产行为产生影响的一般规律。

四、教学过程与说明

【问题导入，复旧导新】同学们，我们知道，在市场上每一种商品都有一个"多变"的价格。那么，是什么因素在影响着价格，使之不断变动呢？它是如何影响价格的呢？（学生回答）

影响价格的，其实就是"企业生产行为"和"居民购买行为"两个因素。同时，价格也不只是个完全被动的因变量，它反过来对企业生产和居民生活也会产生非常重要的影响。那么，价格变动对生产、生活到底有何影响呢？今天我们就一起来研究这一话题。

【设计说明】复习必要的相关知识，为新内容的学习做好准备。

【活动设计，激学导思】在市场经济条件下，绝大多数商品价格的调整和变化，是由企业做出的。因此，今天我们采用"企业经营决策课堂模拟"的形式，一起来研究公司的经营与发展。下面假定我班同学组建了6家公司进入了"智能笔"制造行业，请大家先来了解一下当前的市场状况。

（下发课前准备好的情境资料："智能笔"产品、行业、竞争状况介绍；提醒小组合作的任务与注意事项；板书汇总式表格，填写各公司基本情况，决策项目留白备填；各项决策都完成后的完整表格，如图1所示。）

公司名称	总裁	订单量	价格	产量
第一制笔	李华	最少	60	700
如有神	张明	中	43	550
未来笔业	刘娜	最多	25	350
MTT制笔	吴彤	多	37	400
奇异笔	徐丽	少	50	280

图 1

学生活动：小组合作阅读文本，了解一下所处市场目前的状况——我们的产品；我们的行业；我们的公司；给自己的公司命名；选出总裁；到黑板汇总表中，填写本公司基本信息。

【设计说明】点明课堂形式，明确学习任务。立足企业视角，体现生活逻辑。了解问题情境，做好参与准备。

【模拟决策1】企业的日常经营决策，首先是价格决策（含义解释略）。下面请各公司总裁召集会议，根据你们对市场状况和公司状况的了解，讨论决定你们的定价策略，填写价格决策表。（下发课前准备好的价格决策表，指导填写要求。）

学生活动：以董事会召集会议的形式进行小组讨论，开始模拟企业决策；确定产品价位，填写本公司的价格决策表；到黑板统计表中，填写本公司基本信息，汇总价格决策信息。

现在，各公司都已经决策完毕，我们评估一下各公司的价格决策。在不考虑其他因素的情况下，请你依据定价，预估6家公司获得订单数量的多少，并说明你的判断依据。

学生活动：短时间讨论，回答问题；在黑板统计表"订单量"一栏中，填写多、中或少。

规律总结：不同的价格会带来不同的产品订单数量，表明价格变动会影响居民需求。这种影响，是遵循一般规律的，我们把它称为需求法则。这一法则也可以用函数图像来表示。（板演并介绍需求曲线）

学生活动：归纳价格决策影响居民需求的一般规律：①需求法则：若 $P\nearrow$，则 $Q\searrow$；若 $P\searrow$，则 $Q\nearrow$；②需求法则和需求曲线，以不同的方式，表明了价格变动对需求产生的影响。

【设计说明】寓内容于主题活动，带着问题开展活动；学生亲历决策过程，小组合作探究学习；教师促进活动开展，汇报展示交流分享，体验知识生成过程，促进学生思维发展。

【模拟决策2】有一种常见的说法：价格和需求量成反比。这一说法对吗？为什么？（学生抢答）

现在我们来分析一下，"第一制笔"公司现在执行的是高价格策略，假如业绩不佳，打算降价促销。那么，如果他们降价5%，请你预估一下这能给该公司带来新增客户的百分比，并说明原因。

学生活动：小组谈论，判断；回答问题，说明理由。

规律总结：我们生产的"智能笔"，目前是一种奢侈品，和其他生活必需的普通笔相比，它们的需求量，对价格变动的反应程度又是有区别的。这种差别问题，在经济学上，称为需求的价格弹性（概念解读略）。那么，奢侈品和必需品需求的价格弹性哪个>1，哪个<1呢？（学生抢答）

这里有两条同样向右下倾斜，但坡度不同的需求曲线（图片略），哪条可能是"智能笔"的需求曲线呢？

学生活动：小组讨论，识别判断；代表发言，分享交流；教师评价，归纳总结。

【设计说明】启发思考，承上启下，把抽象理论直观化；体验新知生成过程，即时检测学习效果，促进学生思维发展。

【模拟决策3】假如近期我国与某智能笔生产强国签署了一项自贸协定。按照即将生效的协定，我国海关今后对来自对方的包括智能笔在内的一切电子产品，必须执行零关税。你公司的订单会因此增加还是减少？为什么？贵公司打算如何应对这一贸易新政带来的冲击？

学生活动：小组研讨，推断订单增减；发言论证，分享交流。

规律总结：功能相同或相近，能满足消费者同一需要的两个商品，称之为替代品。替代品的价格变化，也会影响某商品的需求量：设 A、B 互为替代品，若 A 商品 P↘，则 B 商品 Q↘。

【设计说明】创设情境推进教学，设置可操作性问题，体验知识生成过程，促进学生思维发展。

【模拟决策4】假如近期我国与某国贸易关系持续恶化。而该国的三大跨国公司，是智能笔的专用配件——记忆卡的全球主要供应商。那么你公司的订单会因此增加还是减少？为什么？你们打算如何应对这一国际争端对公司带来的冲击？

学生活动：小组研讨，推断订单增减；发言论证，分享交流。

规律总结：必须组合在一起才能满足某种需要的一组商品，称为互补品。

互补品的价格变化，也会影响某商品的需求量：设 A、B 互为互补品，若 A 商品 P$\nearrow$，则 B 商品 Q$\searrow$。

【设计说明】创设情境推进教学，设置可操作性问题；体验知识生成过程，检测能力形成状况，促进学生思维发展。

【模拟决策5】在企业的日常经营过程中，还会常常遇到产量决策（含义解释略）。下面请各公司继续召集会议，根据你们对目前市场状况和公司状况的了解，讨论确定本公司的"智能笔"制造数量，填写价格决策表。（下发课前准备好的产量决策表，指导填写要求。）

学生活动：继续以董事会召集会议的形式进行小组讨论，模拟企业决策；确定产品产量数字，填写本公司的产量决策表；把数据汇总到黑板统计表中。

规律总结：产量决策的首要目标，是使单位生产成本最低（PPT 演示 U 形成本曲线）。最佳产量应该是多少呢？（学生回答）一般来说，产量达到产能的 80% 时，因为成本最低，所以利润最高。本次决策中，"如有神"公司的产量最接近产能的 80%，是最佳产量决策，请你们和大家分享你们的经验。

学生活动：观察、思考、抢答、分享经验。

下面我们注意观察"未来笔业"公司的决策，他们制定了最低的价格，产量也几乎是最低的。请大家评估一下该公司的经营效果会怎样。给他们提出改善决策的建议和具体措施，并用今天所学的知识说明理由。

学生活动：小组交流谈论，整体评价"未来笔业"公司的两项决策；提出建议和举措，说明理由。

规律总结：产量决策的另一要点是平衡自己的供给与需求。一般说来，采取高价策略者，应降低产量；采取低价战略者，应增大产量。可见，商品价格的变动，能够起到调节产量或生产规模的作用。从大家为"未来笔业"公司提供的调整产量的措施看，价格变动还具有调节生产要素或资源分配的作用。

【设计说明】设置情境促进学习，适当拓展探索新知；合作学习智慧分享，体验知识生成过程；即时检测巩固新知，促进学生思维发展。

【总结提升】1. 本课小结，内容概述（板书知识结构图）；

2. 公布小组比赛结果——各"公司"经营决策业绩，予以表扬鼓励。

【设计说明】建构知识体系结构，注重发展性评价的导向作用。

【布置作业】在 1 期决策中，你的企业采取的是何种战略？你的竞争对手呢？你们打算调整战略吗？为什么？根据 1 期市场状况，进行 2 期决策，论证并评估你们的决策。

【设计说明】体现大课程观的理念，课堂教学延伸课外。

基于项目的教与学课例[*]

一、教材分析

课标依据：感受身边的变化，了解改革开放 40 年和发展社会主义市场经济给国家、社会带来的巨大变化。知道我国现阶段基本经济制度。

地位作用：第三单元第七课第一框"造福人民的经济制度"，从逻辑关系上看，第一目在第三课"改革开放以来取得成绩的根本原因"基础之上，进一步从"三步走"上具体究因的过程，学好这部分内容有利于系统理解中国特色社会主义经济发展的过程和策略。从教学内容上看，第二目是在第一目的基础上进一步具体究因的结果，我国社会主义初级阶段的基本经济制度不仅是我国经济建设取得重大成就不可或缺的经济成分，而且是学习第九课"实现我们的共同理想"的前提和基础。

二、学情分析

这一框内容概念多，易混淆；距离远，难判断，对于接受九年义务教育的初三学生来说，有一定难度。为什么说我国社会主义初级阶段的基本经济制度充满生机和活力？稍有不慎易脱节。为了洞察、知悉学生学习"造福人民的经济制度"的认知程度和需求程度，调整教学策略，引导学生有效地学习知识，提高能力，塑造人格，从设计学前调查，感受身边的变化，了解父母单位所属性质入手，到学生职业理想的调查，调动学生学习的积极性。

1. 你的父母所在单位的经济性质。

2.（1）你知道我国经济社会发展大体分"三步走"的战略吗？

（2）你知道社会主义初级阶段的基本经济制度是什么？

---

* 本文作者：谷桂杰。

3. 在你将来就业时，如果让你在企业范围内进行选择，你会选择什么样的企业？

三、三维度四水平教学目标

水平1：通过"造福人民的经济制度"的学习，了解我国经济"三步走"的发展战略，初步培养判断和评估的能力；

水平2：通过对比感受生活变化，初步分析出人民生活水平提高的原因，学会透过现象看本质的究因方法；

水平3：通过情境分析，引导学生自主阅读，收集信息，认识我国的基本经济制度，增强对国家路线、方针、政策的认同感；在学习充满生机活力的经济制度之后，确立我国是一个社会主义国家，必须坚持公有制作为社会主义经济制度的基础。

水平4：树立我国社会主义还处于初级阶段，需要在公有制为主体的条件下发展多种所有制经济的观念。

教学重点：我国经济发展的原因和"三步走"的战略。

教学难点：以公有制为主体、多种所有制经济共同发展，是我国社会主义初级阶段充满生机和活力的一项基本经济制度。

教学方法：调查法、讲授法、情境法、问答法。

教学手段：多媒体，学生活动。

四、教学过程

（一）项目一：我国经济发展的原因和策略

1. 第一步：出示情境，观察思考

（1）组图：《身边的变化》

（2）提问：①以上成就和变化说明了什么？②这些成就和变化是怎样来的？

（3）结论：我们坚持了基本路线，促进了经济发展。

2. 第二步：提出问题，思考表达

（1）提问：我国在社会主义初级阶段的基本路线又是如何具体贯彻落实的呢？

（2）阅读：引导学生阅读教材 P88~89。

（3）出示：涉及"三步走"战略的填表。

3. 第三步：提出问题，自主探究

（1）提问："三步走"的时间、内容和目标是什么？

（2）评估：目前"三步走"的进展如何？

（3）结论：20 世纪末，我们实现了三步走战略中的第一步和第二步目标，人民生活总体上达到了小康水平。

设计意图：创设情境，突出重点，启发学习，探究原因。突出课程活动化的课改要求，在活动中进行能力训练和培养，形成知识，得出结论。学科德育、思想教育落实，情态与价值目标的具体内容。在回顾中反思，在反思中比较，在比较中生成。

（二）项目二：充满生机与活力的经济制度

1. 第一步：走进张家兄弟的幸福生活……

（1）大哥，49 岁。1983 年毕业于清华大学。被分配至北京汽车制造厂工作。20 世纪 90 年代，所属企业进行改制，成立北京汽车工业控股有限责任公司（北汽控股），大哥在新公司中留任。2002 年，北汽控股引进韩国现代汽车投资，和首钢以及北京国有资产经营公司共同注资成立"北京现代汽车有限公司"。大哥由于经验及技术成为新公司设计部门的负责人。

思考探究：大哥最初所在的北京汽车制造厂和北汽控股公司属于什么性质的企业？

（2）二哥，44 岁。毕业于建工大学。1987 年参加工作，就职于朝阳区南磨房乡建筑施工队，任技术指导。20 世纪 90 年代末，随农村城市化建设，乡政府在施工队基础上成立世纪城房地产开发公司，二哥任开发部经理。2005 年后，公司扩大规模，吸引私营企业的风险投资，成立了华瀚国际投资集团，进行房地产开发及周边社区服务。二哥任旗下一分公司总经理。

思考探究：二哥任职的世纪城房地产开发公司属于什么性质的企业？

（3）三弟，38 岁。大学毕业后自己创业。由于爱好厨艺，故自己开设了一家小饭馆，自己又当老板又当厨师还兼服务员。小饭馆经营不错，很快为三弟赚到了第一桶金，三弟开始招兵买马，加盟了"郭林"，开了郭林家常菜饭馆，并不断扩大，现在已有 3 家饭馆在营业。

思考探究：三弟自己创业开设的小饭馆，属于什么性质的经济模式呢？

2. 第二步：提出问题，自主探究

（1）提问：上述所有制地位、作用是什么？

（2）阅读：引导学生阅读教材 P90～91。

（3）填图

结论：我国社会主义性质与初级阶段的国情决定了：公有制为主体、多种所有制经济共同发展的基本经济制度。

3. 第三步：提出问题，分析判断

（1）出示：我国的外汇和 GDP 总量图表，与国有经济、集体经济、私营经济、个体经济之间的关系。

（2）提问：上述内容与我国经济制度的关系——能否用一句话对我国的经济制度做一个评价？（充满生机与活力的经济制度。）

4. 第四步：学习升华，思想教育

（1）在前面的学习中，我们学习了哪些知识？

（2）通过上面的学习，你有哪些问题和收获？

（3）①观察：漫画中的三种反常的经济现象。②结论：私营经济要鼓励支持监督管理。

5. 第五步：效果检测，反馈矫正

设计意图：出示情境，突破难点。学习探究，训练能力。知识形成，得出结论。学会联系，打通理论与实际之间的关系。知识形成，得出结论。学科德育、思想教育落实，情态与价值目标的具体内容。关注生活，学以致用。

（三）项目三：学生完成本课知识逻辑图，说出以下单位性质，畅谈职业理想

1. 第一步：知识逻辑图

2. 第二步：判断单位性质

（1）中国石油化工集团公司；

（2）中国移动通信集团公司；

（3）中国平安保险（集团）股份有限公司；

（4）TCL 集团股份有限公司

（5）百事（中国）有限公司

（6）富力地产

（7）网易；

（8）马华拉面；

（9）壹贰叁书店。

3. 第三步：畅谈职业理想

设计意图：阶段反馈，检测学生的学习效果，给学生以职业生涯规划引导。

五、教后反思

本课是初三思想政治教材第四单元的重点内容，是建设中国特色社会主义经济部分的主要内容，本课在这一单元中起着承上启下的作用，是认识我国经济现状、经济制度的重要一节。因此，学好本框对于学生全面理解建设中国特色社会主义和全面建成小康社会、构建和谐社会具有深远意义。通过创设情境，激发学生学习兴趣，激活学生思维，引发讨论，深入探究。以张家兄弟的幸福生活为主线，充分调动学生思考积极性，引发共鸣，解决抽象知识的学习。

基于项目的教与学，我设计了项目一：创设情境，激发学生学习兴趣，激活学生思维，引发讨论，深入探究。为了洞察、知悉学生学习"造福人民的经济制度"的认知程度和需求程度，调整教学策略，引导学生有效地学习知识，激发学生思维，深入探究，我设计了课前调查。

项目二以张家兄弟的幸福生活为主线逐一介绍我国的基本经济制度。引导学生自己"摘果子"，摆脱教师的说教，帮助学生理解国有经济、集体经济、个体、私营经济都是我国社会主义初级阶段国民经济的重要组成部分，从而为理解我国社会主义初级阶段的基本经济制度打下基础，能够用平等的眼光看待个体、私营经济，形成正确的价值观。通过开展合作学习，学生在阅读课文知识的基础上深入探究，发表自己的见解。尽管在这一过程中学生的说法五花八门，指向分散，甚至出现了错误的知识判断，但我仍然能鼓励学生敢于质疑，敢于提出问题，敢于标新立异，对他们的错误观点及时纠错，正确引导，从而收到了较好的教学效果。

项目三启发点拨、整合知识、形成认知。为进一步加深学生对"公有制为主体、多种所有制经济共同发展，是我国社会主义初级阶段的基本经济制度"的理解，我把"社会主义初级阶段""我国社会主义性质""初级阶段国情""公有制为主体""多种所有制经济共同发展"及"个体、私营经济"用关系图的方式展现出来，这样学生一目了然，达到整合知识、形成认知的目的。学习反馈，能判断单位所属性质，同时对学生职业规划做进一步引导。

浅谈项目式学习策略在高中思想政治课中的应用*

——以"从共享单车看市场配置资源"为例

项目式学习在真实情境中开展探究活动，有利于提高学生政治学科能力与核心素养。本文以"从共享单车看市场配置资源"为例，分析项目式学习在高中思想政治课堂中的具体应用，结合自身教学实践提出关于促进项目式学习在高中思想政治课中有效应用的几点思考。

一、高中思想政治课项目式学习的现实意义

高中思想政治以立德树人为根本任务，以培育社会主义核心价值观为根本目的，是帮助学生确立正确的政治方向、提高思想政治学科核心素养、增强社会理解和参与能力的综合性、活动型学科课程。项目式学习是以学科的概念和原理为中心，以制作作品为目的，围绕项目任务，通过驱动性问题引导、小组合作学习，在真实情境中开展探究活动，进而逐步习得知识、提高学科能力，提升核心素养的一种研究性学习模式。因此，学生通过参与主题项目式学习，能够及时发现社会问题并分析背后原因，最后讨论总结出合法、合理的应对方案，增强学生公共参与、科学精神与法治意识。与此同时，在积极参与项目活动的过程中，学生能够感知党和政府对待社会问题的态度以及采取的措施，拥护、相信党和政府，进而增强其政治认同。

总之，项目式学习中的活动设置恰好能够实现"课程内容活动化"与"活动内容课程化"的目标，对促进教师专业发展、培养学生的核心素养以及改进思想政治课教学具有重要现实意义。

---

* 本文作者：刘亚芬。

二、高中思想政治课项目式学习应用策略——以"从共享单车看市场配置资源"为例

在对项目式学习的研究基础上,笔者围绕高中思想政治课设计了一个学习案例:

【项目名称】从共享单车看市场配置资源

【项目背景】

(一)社会背景

随着社会和科学技术的不断发展,越来越多的共享单车涌入市场。共享单车的出现逐渐增多,一方面满足了环境保护和人们的日常出行需要;另一方面也带来了很多社会问题。这种现象既反映了我国社会主义市场经济的优点,也透射出社会主义市场经济的局限性。为此,有必要通过共享单车这一个例子的探究,分析总结出完善和发展社会主义市场经济的有效途径。

(二)课标要求

评析市场机制的优点与局限性,辨析经济运行中政府与市场的关系,解析宏观调控的目标与手段。

(三)教材内容

《市场配置资源》是人教版思想政治《经济生活》第九课第一框内容,起着承上启下的重要作用。首先,第八课刚刚学完分配制度和分配方式,而资源如何更好地进行分配,市场作用很关键,因此,本课是第八课的逻辑结果和必然延伸;其次,学完第九课之后将要学习社会主义市场经济,因此,本课对市场经济的了解和把握又是学好后面知识的基础。

基于课标要求和教材内容的分析,围绕市场配置资源这一理论知识,以共享单车为线索展开项目研究具有可行性与现实意义,且可操作性较强。

【项目任务】

第一,通过对各共享单车企业竞相发展现状的观察分析,理解市场配置资源的方式和优点,进而增强自己的公共参与意识和科学精神,提高公共参与能力。

第二,通过分析共享单车发展过程中出现的社会问题并提出解决方案,明确市场调节具有局限性,需要国家进行宏观调控,进而增强对政府的信任,增强政治认同感。

【项目流程】

(一)制订项目计划和实施方案

1. 学生在明确项目意义与项目任务后,在教师指导下共同讨论制订项目计划以及具体的实施方案。

2. 规划好项目学习的进度。项目式学习的学习时间规划为 3 课时：第 1 课时，理论学习，查阅资料，完成"预习案"；第 2 课时，走访调研，制作课件展示交流；第 3 课时，总结巩固，拓展学习。

（二）成立项目组

把班级学生分成 4 个小组，每组 8 人。分组时先由学生自愿组合，然后由教师根据学生自身情况进行适当调配。

（三）展开探究学习

第一环节：分组讨论，确定项目基本问题。围绕"共享单车问题"，笔者和同学们共同探讨确立了 3 个问题：1. 假如你是企业负责人，面对共享单车日趋激烈的竞争场面，你如何来提升自身竞争力？2. 共享单车的发展过程中存在哪些问题？为什么会出现这些问题？3. 如何防止这些乱象发生，维护共享单车正常的市场秩序呢？

第二环节：理论学习，做好项目任务预习。这一环节主要是学习通过自主学习的方式了解市场配置资源的方式、优点、局限性以及市场规则等基本知识，做好知识储备。

第三环节：调查分析，形成项目评价。这一环节需要学生设计调查问卷，调查共享单车在使用过程中存在的问题，各品牌企业以及政府相关部门采取的应对措施，填写前期调研报告，梳理问题产生的原因以及政府、企业在应对过程中的正确举措和面临的困难，由此管中窥豹，形成对市场配置资源与国家宏观调控的态度性评价。同时，可上网查阅其他国家应对共享单车问题的一些方法和策略，并结合中国实际情况形成自己的建议。

第四环节：展示交流，巩固项目成果。课上由 4 个小组就项目的 3 个基本问题方面的探究成果进行展示，形成对"共享单车问题"的整体性评价，每组展示完毕，先由其他小组进行评价，再由教师点评。展示的形式多种多样，学生自愿选择，如 PPT 讲解、相声、小品等形式。

三、对项目式学习在高中思想政治课中的应用的思考

基于项目式学习理论以及教学中的实践，笔者对项目式学习在高中思想政治课中的应用做出如下思考：

第一，项目设计要紧紧依据新课标。最新版普通高中思想政治课程标准中是以"议题"为主线的。这恰与项目式学习相一致，也启示我们在进行项目式学习探究时尽量基于单元或基于主题，从而使教材内容以整合后的形式出现在

学生视野，这也在一定程度上提高了学生的综合思维能力。

第二，项目式学习的步骤和策略要明确。在高中政治教学中，教学内容看似宏观分散，实则联系紧密，因此，采用项目式教学时，务必提前设定好项目安排。首先，分组讨论，确定项目基本问题；其次，理论学习，做好项目任务预习；再次，调查分析，形成项目评价；最后，展示交流，巩固项目成果。

第三，增强项目实施的实操性。项目任务是否具有实操性是项目式学习能够成功的关键因素，因此，必须保证项目活动设计的可行性。一方面，可以在项目实施前进行调研，选择学生们感兴趣的活动，提高学生参与热情。另一方面，要对项目活动进行预设和考察，以保证项目顺利进行。当然，在这个过程中就会出现一个高中政治课项目式学习的普遍问题——学生在准备项目的时候浪费很长时间，有时会与学生的其他课程安排相冲突。因此，高中项目式学习可尝试与学校研学工作相结合，既节省时间，又能保证项目式学习的实操性与效果。

第四，转变教学理念与方式。首先，教师要以学生为中心，在项目式教学中改变传统纯"讲授"的教学方式，多引导、多启发。其次，学生要改变传统被动式的接受方式，积极参与项目方案的讨论、项目活动的实施以及形成自己对项目主题的整体性评价，逐渐培养自己的自主、合作、探究能力。

参考文献：

[1] 朱明光．关于活动型思想政治课程的思考［J］．思想政治课教学，2016（4）．

[2] 李晓东，张璇，刘宇思．新课程标准背景下政治学科能力框架改进研究［J］．教育参考，2018（2）．

[3] 付华敏．在常规历史教学中开展项目式学习——历史学科核心素养培养的新探索［J］．中学历史教学，2019（1）．

[4] 渠月．高中思想政治课项目式学习策略探究——以"从治理县城拥堵看政府权力的运行"为例［J］．现代教育，2018（7）．

始于问题式项目学习的实施与教学策略[*]

　　本文提出了一种真正发起于学习者自己的问题的项目学习，并对其在通用技术课程中的必要性和可行性进行分析，然后结合具体教学案例论述了该项目学习的实施过程、原则和教学策略。

　　项目学习以学生为中心，通过一段长时期的任务，让学生在应用知识、操作实践和完成作品的学习中解决问题，获得知识和技能并发展能力，已经成为通用技术的一种重要教学方式。根据开放性程度，通用技术实践项目主要可以分为限定条件式项目、始于情境式项目和始于问题式项目。限定任务式项目一般会明确地给出任务和约束条件，如高空坠蛋项目——制作一个鸡蛋保护装置，使得生鸡蛋从一定高度坠落，能够安全着陆不会摔破；桥梁设计项目——使用提供的材料制作一定跨度的承重比最大的桥梁，承重比为桥梁自身重量与负载承重之比。情境式项目是由给定的情境明确问题确定项目，例如，教师会为智能浇花装置项目创设这样的情境：长时间外出期间，家里养植的花草由于无人浇水而枯萎干死。限定条件式项目和始于情境式项目有一定的相似性，都是在教师的主导下通过具体条件和具体情境限定项目的主题范围。有时教师为了方便学生理解项目需要解决的问题，会给限定条件式项目创设一个情境，而情境式项目也相当于隐秘地给出了问题。这两种项目都偏向封闭，实际上都是由教师提出问题，学生探究解决。始于问题式项目学习是由学生从真实的学习、生活中确立情境和发现问题，然后在教师的引领和指导下，以解决问题为导向，学习新知识和新技能，并结合已有知识、技能和经验，展开实践探究，最终以产品的形式完成问题的解决，从而掌握知识和技能，获得发展。

---

　　* 本文作者：阮祥兵。

329

一、始于问题的意义与可行性

始于问题式项目何以可能？这与通用技术课程教育价值和学习内容不无相关。项目承载没有具体科学知识的限定，但又基本能够涵盖技术课程标准内容。如图 1 所示，梳理通用技术学习内容我们会发现，必修模块《技术与设计 1》与《技术与设计 2》的核心概念主要有设计过程、结构、流程、系统和控制。通用技术课表组长顾建军教授强调用贯通大概念的大项目承载教学内容开展教学活动。通用技术项目所涉及的领域主要有木工、金工、电子、机械等，任何一个项目的实施一般都不会脱离结构、流程、系统和控制这四部分内容，而且项目完成的过程，基本就是设计的一般过程。教育研究表明，项目学习有助于学生核心素养或 21 世纪技能的培养。同时，项目确立、计划和实施要经历发现与明确问题、设计分析与构思方案、用技术图样呈现方案、制作模型或原型、测试交流与优化等步骤，包含了通用学科核心素养的所有内容，不难看出，在通用技术学科中实施始于问题式项目学习具备充分的依据。

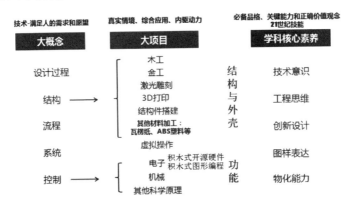

图 1　通用技术学习内容、活动和目标梳理图

始于问题式项目学习与其他项目学习的关键区别是真正地由学生自己发现问题并解决，其教育作用主要体现在以下三个方面：

（一）学生自己从现实世界中提出需要解决的真实问题，更有利于激发学生的学习动力。巴克教育研究所认为，好的驱动问题或真实性问题能够激发学生学习兴趣和学习课程内容的需要，引发学生对真实且重要的专题进行深入探究①。与教师指定问题的项目相比，始于学生自己问题的项目，学生从自己的兴趣出发，依托自己的生活背景发现并提出问题，必然更能激发学生的学习兴趣。学习真正从每位学习者自己发现问题开始，根据兴趣自由组建项目团队，然后自己解决自己提出的问题，更好地体现了以学习为中心，赋予学习更切身的意义，将会增加学生的学习内驱动力，增加学习中的意志投入。多次经历这样的活动体验，有些学生将发现自己的专长、志趣和热情，并通过自主性引导，持续地为之努力，精通某个领域的知识。

（二）问题在人类生产和教育中都有着非常重要的意义。社会进步与发展的过程其实就是不断发现问题、解决问题的过程。问题意识和发现问题能力，更是与学生现在的学习和将来的工作息息相关。创新能力是学生核心素养的重要组成部分，也是通用技术的重要价值追求，而问题意识、发现问题能力是创新能力的基础。没有问题，就没有设计，或者说有了问题，才有了解决问题的行动，才有了创造。通用技术课程中，设计过程的首要环节就是发现与明确问题。始于问题式项目学习为学生发现问题的实践搭建了平台，有助于培养学生的问题意识和创新能力。

（三）问题来自没有边界的现实生活或者是相对宽泛的生活情境，问题将更趋于多样，有利于学习者在更广的范围内共享和相互学习，同时有效避免抄袭和模仿。真实的问题使得学习与真实世界的联系更加紧密，过程和结果也将更加充满不确定性，给学生带来充分的挑战性，引发学生深度思考，最终带来的是真实的问题解决过程，有助于培养学生的学习能力、设计思维和问题解决能力。

二、始于问题式项目学习的实施过程

始于问题式项目学习分为项目启动、项目计划、项目实施和项目总结四个阶段，具体参见图2。

（一）项目启动阶段

项目启动阶段的核心任务是界定问题，产出的阶段作品为问题。学生从生活中发现和提出尽可能多的问题，形成问题列表。要求能够准确表述问题，明确解决问题的限定条件，问题具有一定的价值性、可行性和创新性。

始于问题式项目中的问题情境被置于学生的整个生活世界，部分学生可能

---

① 巴克教育研究所. 项目学习教师指南——21世纪的中学教学法 ［M］. 北京：教育科学出版社，2008：5.

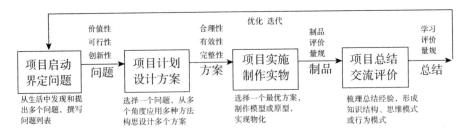

图2 始于问题式项目学习流程

会陷入无法提出令自己满意的高质量的问题的困境。在笔者教学中曾经出现过这样的问题。

问题：杯子盛开水时烫手

解决方案：增加杯把手

学生提出这样的问题，如果接下来也不能设计出有价值的方案，会影响项目实施和学习效果。教师在教学中一方面要强化问题的评价，另一方面要加强发现问题方面的指导。除了教材中发现问题的三种途径以外，教师可以引导学生选择特定的事、物或场所，选择特定的使用者或使用情境，通过小组讨论、发散思维、实地观察、用户调查、沉浸体验等方法提出更多的问题。图3是笔者上课组织学生选择厕所这一场所运用发散思维所得到的思维导图。思维导图作为过程性文件是教师观察和评价学生思维过程的重要证据。

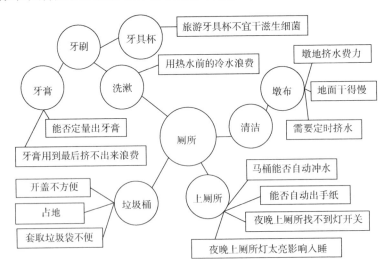

图3 发现问题思维导图示例

（二）项目计划阶段

项目计划阶段的核心任务是设计方案，产出的阶段作品为方案。学生选择一个合适的问题，综合应用知识，从多个角度应用多种方法分析、构思，设计多个方案。要求能够用技术图样并结合必要的文字说明清晰表达方案，方案具有一定的合理性、有效性和完整性。

驱动问题联系学习目标和项目活动，在项目中起关键作用，作为项目的驱动问题，教师要审核把关。选择驱动问题的原则是保证项目在不脱离学科课程标准和内容的基础上，具有一定的复杂度和可行性，具有技术实践价值。

项目教学的关键是学生就某项实践活动或某一件要做的事情进行预先计划①。设计分析并构思方案，从而在观念里实现问题解决是项目计划的重点，也是难点。

问题的解决对于学生来说是一件全新的事情，需要学生创造性地解决。根据创造性问题解决理论，问题解决者需要有效地综合使用启发式和算法式两种方法，交错运用发散性思维和聚敛性思维。学生思考解决问题的方法通常是从问题直接出发，依据经验路线或逻辑路线探寻答案，往往指向个别的答案。为找到新颖大胆的方法，求解的思路应从问题本身循着低概然性的思路向四周发散，尝试从不同角度、不同层面并用不同方法思考，求取不同的答案，这就是波诺水平思考或发散性思维。在想法产生阶段需要引导学生发散思维，不断探索不同的思路，对问题的陈述发展出尽可能多的可能选择。在方案形成阶段，需要充分考虑现有的可用资源，综合应用所学技术知识，对自己的方案进行综合评判，保证最终方案的科学性、完整性和可行性，具体参见图4。

问题解决需要一定的知识背景。学生在调研和查新的基础上，分析问题产生的原因，寻找可能解决问题的原理和可资借鉴的已有技术，探寻可能的问题解决方案。

（三）项目实施阶段

项目实施阶段的核心任务是制作实物，产出的阶段作品为制品。学生选择一个最优方案，根据具体条件选择合适的工具和材料，制作模型或原型，实现创意物化。评价依据为根据具体的项目制定的评价量规。通用技术中合理的人机关系、人机关系要实现的目标以及设计的一般原则等是评价作品的重要依据。

---

① 罗伯特·M. 卡普拉罗，玛丽·玛格丽特·卡普拉罗，詹姆斯·R. 摩根. 基于项目的STEM学习：一种整合科学、技术、工程和数学的学习方式［M］. 上海：上海科技教育出版社，2016：18.

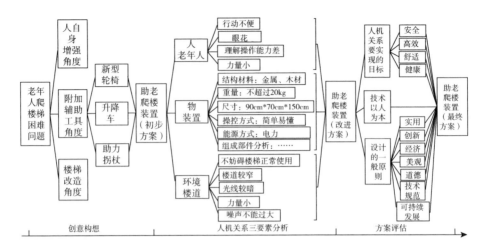

图4 构思方案思维导图示例

问题的解决除了需要技术核心概念知识以外,更多地需要学习者综合应用已有相关知识或者根据需要自主学习新知识和新技能。如图1所示,制作结构和外壳可能需要木工、金工、激光雕刻、3D设计和3D打印等技能;实现功能可能需要电子控制和机械结构等相关知识,也可能会用到物质科学原理知识。当然,结构和功能有时是统一的。模块化、积木式的开源硬件和图形化编程软件使智能控制更加简单。适合中学生的常用硬件主要有树莓派、Arduino、Micro:bit等电路控制板及丰富的传感器、执行器等配件,常用程序设计软件主要有Scratch、Mixly、AppInventer等,常用3D建模软件有Solidworks、Autodesk 123D、3Done等。学生如果需要学习这些知识,能够从互联网上获取丰富的资源。

难以预料或者思虑不周而产生的问题随时可能出现,需要学生具体分析并探索解决。

(四)项目总结阶段

项目总结阶段的核心任务是反思总结,产出的阶段作品为学习总结。神经科学研究认为,学习是依据证据、经验和反思有意识地修改观念、理解和行动。学习者需要在环境中积极地接受反馈,重组与改造自己的经验,才能获得对知识的深层理解。学生回忆整个项目过程,思考其间遇到了哪些问题?这些问题是否解决了,如果已经解决,是如何解决的?对比预先设想和实际效果,比照观念、图纸和真实作品,寻找差异并分析其产生的原因,体悟理论与实践的关系;总结有哪些收获和心得,分析其对自己今后学习和生活的作用;思考如果重新执行这个项目,将如何做?学生梳理经验和教训,撰写学习总结。最后展示交流,演示介绍作品成果、设计思路和学习感受,基于学习过程表现和学习结果做出终结性评价。

三、始于问题式项目学习的教学策略

始于问题式项目学习的问题更加多样，过程更加开放，结果也充满不确定性，给教师和学生都带来了巨大的挑战。为了能够保障学生最终完成项目，实现学习目标，教师的教学也需要做出相应的调整。

（一）创建自主学习支持环境，增强学习资源与实践资源支持

为了满足多样化需求，可以整合资源，基于安全性原则和可持续原则，建设设备齐全、更加开放的工作空间，为学生提供通用易用的加工工具、设备、常用材料和计算机终端。在日益网络化、信息化、智能化的今天，可以发挥虚拟空间的优势，针对通用技术学科内容特点和项目特点，组织丰富的数字化的学习资源、认知工具、探究工具，创建自助环境，方便学生通过自主学习、网络搜索等操作获取需要的知识和技能指导，获取所需的特殊材料选购等信息。

（二）构建学习共同体和学习虚拟社区，增强社会化学习机会

始于问题式项目学习过程中学习者与同伴、教师、专家等的连接更加重要。教师可以利用网络社交媒体为学习者组建学习虚拟社区和学习共同体。由于涉及的领域更广，单靠技术教师的力量往往是不够的，应尽可能地引入相关学科专家或专业人员，为学习者提供咨询和指导。

（三）发挥导师角色育人作用，增强策略性知识指导

始于问题式项目学习对学习者提出了更高要求，学习者的自主地位更加凸显。教师作为这一过程的组织者、引导者和辅助者，需要指导学生更好地进行工具管理、材料管理、时间管理、团队协作和情绪管理等。始于问题式项目学习更加注重学习者自主获取需要的知识，教师需要做好学法指导，帮助学生学会学习。学习者可能因为遭受困难和挫折而轻易放弃或者降低要求，教师应激励学生培养坚毅品格，不畏挫折勇于探索，力争寻求突破。

学生完成项目的过程，也是学习和学会学习的过程。在学生解决具体问题的过程中，教师还要帮助学生觉知、分析和总结自己是如何解决问题的，在掌握陈述性知识和程序性知识的同时掌握策略性知识，提升一般意义上的问题解决能力。

始于问题式项目学习在通用技术课上为所有学生提供了体验创新实践的机会，有益于发掘学生的学习需求，引发内在学习动机，提升学生通用技术学科核心素养，引领学生学会学习和发展共通能力，相信它会成为特定主题或特定范围项目学习的有益补充，促进学生的主动发展、个性发展和全面发展。

参考文献：

［1］巴克教育研究所. 项目学习教师指南——21 世纪的中学教学法［M］. 北京：教育科学出版社，2008：5.

［2］罗伯特·M. 卡普拉罗，玛丽·玛格丽特·卡普拉罗，詹姆斯·R. 摩根. 基于项目的 STEM 学习：一种整合科学、技术、工程和数学的学习方式［M］. 上海：上海科技教育出版社，2016：18.

［3］中华人民共和国教育部. 普通高中通用技术新课程标准（2017 年版）［M］. 北京：人民教育出版社，2018.

［4］罗伯特·斯莱文. 教育心理学——理论与实践［M］.7 版. 北京：人民邮电出版社，2004.

［5］R. 基思·索耶. 剑桥学习科学手册［M］. 北京：教育科学出版社，2017.

［6］顾建军. 技术与设计 1［M］. 南京：江苏教育出版社，2013.

［7］顾建军. 技术与设计 2［M］. 南京：江苏教育出版社，2013.

［8］徐朔. 项目教学法的内涵、教育追求和教学特征［J］. 职业技术教育，2008，29（28）：5－7.

［9］任英杰，戴心来. 网络环境下基于项目的协作学习探究［J］. 电化教育研究，2004（12）：57－60.

物理实验在 STME 教学过程中的应用*

——读《在课堂中整合工程和科学》笔记

学校开展 STME 教学探索已经有好几个年头了。几年来跟在教研组的后面只是往前跑、往前跑，让干吗就干吗，但是，心中有迷茫有困惑，一直没找到自己合适的位置，工作处于盲从状态，有些被动，于心不安！

读了这本书，就像黑夜里突然亮起的一盏灯，让我一下子看清了周围的一切，找到了自己的位置。弄明白了一件事——工作中的一件事，心里畅快！

在 STME 教学过程中实验有着不可或缺的重要位置。在《在课堂中整合工程和科学》这本书中的"第一部分工程设计的 2. 科学与工程——实验室研究的两种模式"中就细致地阐述了实验室研究在教学中的作用和注意事项。我重点阅读了这一部分，并有一些自己的体会。

实验活动在科学课堂上占据着重要的地位。它们引领学生去了解科学概念，同时，教给学生关于科学过程和科学本质的知识。虽然这些活动很有价值，但是教师还是要谨慎地安排课程，避免引入太多类似的实验活动。即使实验室学习经历对学生很有益处，教师也要关注到开展实验活动的经历同时也可能会让学生形成一种科学实验的错误理解，即实验的目的就是获得一个指定的结果。

理解科学实验的本质对于现今的科学教学非常重要。科学教育的目标——培养科学素养不仅要求学生对科学内容具有全面的理解，还要对科学研究方法、目的甚至限制条件有全面的了解。

作为科学教师，我们知道学生经常会有一些与已经确认的科学观点不一致的先入之见，因而让学习科学变得更加复杂。而少有人知的是学生的先入之见也会影响他们看待实验活动的方式。如此一来，有些学生就会形成对科学实验本质的错误认识。按照正确的理解，科学实验是对因果关系进行的探索，而其目标是探寻和认识自然界中的因果机制。这种类型的试验涉及"科学模型"。把试验活动转化成科学模型加以研究。

---

* 本文作者：胡学军。

第二种实验方法的特点则是通过操作变量去得出一个预期的结果。这种实验涉及"工程模型"，它在很大程度上反映了工程师关注的典型问题。

当然，真正的科学家和工程师在做研究时常会同时运用科学模型和工程模型。这两种方法都非常重要。一种从实用性角度出发旨在达到预期的效果（工程模型），而另一种则是为了获得科学的理解（科学模型）。两种模型在科学教学中都非常重要。

然而，有研究发现学生并不能够分辨出科学模型和工程模型的实验。大众媒体对科学家和工程师工作场景的刻画甚至会意外地导致学生把这两种模式混为一谈。

在大部分课堂实验中，学生通常倾向于单独使用工程模型——即使在他们应该使用科学模型的时候。

对学科教师的启示：学生应该理解并熟悉科学模型实验和工程模型实验。教室必须有意识地设计一些能更好地反映科学实验本质的活动。

谨慎地使用验证性实验：要求学生验证某个指定的结果会把科学刻画成与科学家研究问题不一致的方式。这种类型的活动会加深"工程模型是实验的唯一模式"这种错误观念。因此，应该在教学中均衡地开展验证性实验与应用科学模型的实验。

探索和应用：教学设计应该涵盖能让学生通过研究结果关系去探索一个概念的实验活动。一旦学生能够正确理解变量对实验环境的重要影响，教师就可以要求他们应用工程模式，并且利用新形成的概念性理解去生成结果或最大化产出。如此一来，科学模型就在课程的探索环节及早地得到运用，而工程模型则在随后的环节里体现为学生如何应用自己了解到的知识。

仔细设计研究问题：准确措辞，明确地引导学生去探索一个变量可能会造成的影响。

教师都想要教给学生正确的科学知识，同时还希望能高效率、有实效地结合实验活动。因此，他们就强迫自己过度使用那些偏向于应用工程模型的实验活动。然而，"对科学发现的本质的精确刻画是所有高质量科学教学的核心任务"。

作为教师，我们的目标是设计出反映科学实验本质的实验活动，并讲解基本概念；同时还要激励学生使用并理解科学和工程模型的实验。

学以致用，在实践中完成美育教育[*]

——北京市第八十中学国际部留学生的美育教育

暑假中我读了《学以致用：世界教育趋势及令人振奋的实践》一书，书中第75页有这样一段引文："教育者所能做到的最好的事情，就是培养学生不仅拥有基础知识和技能，也对学习充满热情，并积极参与到世界中来。这样，当问题真正出现的时候，学生们就会有能力也有动力去应用自己所学的知识和技能。"我觉得这段论述的论点与我的教学实践不谋而合。我在给八十中学国际部的外国留学生上美术课时，注重培养留学生的实践能力，通过让学生们动手画国画，在画的过程中学习中国画知识，充分发挥了美术教育在提高人的综合素质方面所起的独特作用。

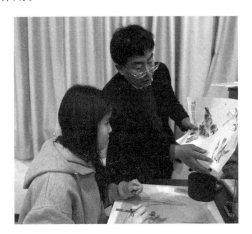

图1　张伟老师在辅导留学生临摹中国工笔画

北京市第八十中学的国际教育经过近20年的发展，已经成为北京市国际化

---

* 本文作者：张伟。

教育的领军学校，每年有很多优秀的外国留学生来我校学习中国文化。根据调查，目前在北京众多的国际化学校里，没有哪所学校像八十中学一样，系统地有针对性地给外国留学生讲授中国画课程，主要原因是很多学校不是太注重美育教育，对于提升现代化全面发展人才的素质，没有足够的认识。中国画是中国古典审美的代表，是东方绘画艺术的代表，中国画的表现方法和西方绘画的表现方法很不一样，很多外国留学生来到中国，就是想学学真正的中国画，感受中国传统艺术的魅力。

目前北京很多国际化学校对于中国画方面的教育，大多数是简单地介绍基本常识，安排几节国画欣赏课，给那些留学生讲几个有趣的中国画的故事，很少有学校从美术教育的科学性考虑，给留学生安排有动手实践机会的绘画课程。大多数的留学生上完国画课后，对传统中国绘画艺术的理解只停留在表面上，一些外国留学生错误地认为中国画就是这么简单的笔墨游戏，但究竟什么是中国画的美，他们都没有真正地理解。

那么如何在较短的时间里，有针对性地给留学生开设中国画课程呢？这是一个没有多少美术教育工作者探索成功的新领域。我已经在八十中学国际部开设8年的中国画课了，通过多年的实际工作，我认为在对待外国留学生的美术教学上来不得半点虚假，一定要把中国最好的艺术展示给世界，必须踏踏实实地教授国画的基本绘画技法，很多背离了美术教育规律上课作秀的方法，只会让留学生错误地认为中国画不够严谨，就是一些简单涂鸦，对中国文化产生误解。众所周知，中国画已经有近2000多年的文化积淀，是东方绘画的代表，如果外国留学生来到中国学习中国画，没有学到中国画中最基本最重要的知识，那一定是我们这些美术教育工作者的失职，也是对中华文化的亵渎。因此，作为一名肩负中华文化使命传承的美术教师，必须通过恰当的美术教育方式，来传播优秀的中华文化。

既然要给留学生讲中国画，从哪里入手好呢？怎样动手实践呢？中国绘画的种类繁多，博大精深，分类科目细致，如果在短时间内，一下子讲述太多的理论知识，很难让人理解，于是，我采用了以下一些方法。

一、找准教学切入点，深入解析一幅名画

留学生不远万里来到中国，那我们就要把中国最优秀的艺术展示给他们，一定要让西方的优秀人才切实感受到中国艺术的魅力，一定要让全世界的朋友们了解灿烂的中华文化，因为这也是我们民族优秀文化自信力的一种体现。

中国画大体分为写意画与工笔画两大类。其中写意画，以其鲜明的艺术特色自立于世界艺术之林，写意画是中国画的一个重要组成部分，具有强大生命力，在绘画方面积累了丰富的审美理论和表现技法，短时间内不易掌握，因此，我不准备过多讲这部分内容。中国工笔画主要以写实表现方法为主，注重准确造型、表现细腻，利用熟宣纸上颜色不外渗的特点，运用工整、细致的技法来描绘对象。工笔画以其细腻的描绘技法，匀净的设色，融感情于自然，代表了东方含蓄的美。宋代花鸟画在我国绘画史上是一个巅峰，是花鸟画的杰出代表，作品严谨并且独具匠心，直到今天还是美术专业的必学经典，因此，我选宋代工笔花鸟画作为留学生学习国画艺术的入门课。

我了解到由于东西方文化差异很大，留学生很少有机会学画中国画，他们画中国画的实际动手能力比较弱，要让留学生在较短的时间里，快速提高国画绘画水平，真不是一件容易的事。我打破教师先讲画理画论后实践的常规，采用边画边学的方式，引导留学生在短时间内快速学习中国画。我制订了教学计划，从临摹开始学习，我认为这是学中国画最有效的途径。我精心挑选了一些便于留学生领会掌握的高清的工笔画摹本，因为中国画是视觉艺术，对于摹本的印刷的好坏清晰程度都有很高的要求，以点带面，每人深入学习临摹一幅作品，不要涉猎太多，从这一张临摹作品中，我要做详细的绘画技法解析，让留学生们学到中国画的精髓。

二、教师亲自动手作示范，在实践中学会中国花鸟画的表现技法

找到切入点后，如何来教留学生画画？我制定了如下的学习方针：循序渐进，边练边讲，在用中学习，以练助学。

首先，加强教学硬件现代化多媒体设备的运用。

我精心设计了多功能美术临摹桌，这种课桌是根据自己多年的教学实践独立发明的，市场上没有销售，根据我的设计图纸，请工厂特意定制。多功能美术临摹桌巧妙地将美术课桌与电子多功能显示屏相结合，使教室里的留学生无论坐在前面还是后面，都能非常清楚地看清教师的教学示范细节，可以一边看教师演示，一边在自己的作品上同步动手练习，这样学生的学习就能与教师的教学节奏保持同步。

其次，精心选取绘画内容，分组合作教学。

我精心选取的宋代纨扇花鸟画作品，将一个班的学生分为几组，四人一组或三人一组，一组的学生都围坐在一张多功能临摹桌周围，临摹画的内容都是一样的，这样便于同学们比较别人的作业，有利于提高自己的绘画水平。从第一次上课我就把留学生分好组，第一堂课就绷好自己的画绢，在边框上写好自

图2 张伟老师设计的便于学生们分组学习的多功能美术临摹课桌

己的姓名，然后就教留学生做熟绢，完成这些准备工作之后，就开始利用熟宣练习勾线稿。在教学过程中，我制作了一些简单的便于理解的教学小视频，把比较难懂的知识转化成留学生容易理解的小视频，这些教学微课可以反复播放，一遍没有看清楚的学生，还可以在自己座位上的显示屏再看几遍，那些看清楚看明白的学生，可以在自己座位上练习画画，这样学生之间互相不影响，大大提高了教学效率。上课期间，教师在各组巡视，解决学生绘画中遇到的具体问题。

图3 教师现场指导学生绘画

图4 学生分组临摹宋代花鸟画

最后，我上课前做好准备工作，精心将绘画内容与生活中的景物联系在一起。

我上国际部美术课都是连上两节课的，因为留学生的年龄大，持续学习能力强。如果只上一节课的时间，45 分钟根本不够用，还没有学到什么知识，就下课了，因此，我上国际部美术课都是连上两节课的。课间休息时间 10 分钟，哪位学生要休息或是去卫生间，都可以自行去解决，不用去卫生间的学生可以继续画自己的画，这样就保证了学习时间，能多学一些内容。每一次上课时都要准备很多美术材料，我注重学生动手实践学习，绘画耗材量是很大的，因此上课前，我都要事先准备好具体的美术材料，不打无准备之仗，浪费宝贵的学习时间。

图 5　方便学生仔细观察的蝴蝶标本

图 6　张伟老师拍摄的葡萄照片
供学生参考

　　为了让留学生理解中国古代艺术家是如何描绘自然景物的，我常常找到相关实物，还有自己从生活中拍摄的照片，让他们仔细观察生活中花鸟的真实形象，并且与他们临摹的内容互相比较，进一步加深对中国画表现艺术的理解。在《学以致用：世界教育趋势及令人振奋的实践》一书第 75 页中，一位学生说："我总是灰心丧气，因为事实是学习并没有包含足够的探索……学校提供给你的知识，就好像一个密封的盒子，抽象而又脱离现实世界。"为了避免这种现象，我常常把画中描绘的对象真实化。例如，为了画好蝴蝶，我买来了蝴蝶标本，让留学生仔细观察，理解中国古人高超的表现技法，体会中国画中高雅的审美情趣。再例如，画葡萄时，我拍摄了真实的葡萄照片，让学生描绘。这种教学方法生动有趣，使很多留学生在学习中国画时产生了浓厚的兴趣。美国留学生安碧儿就是在临摹一幅宋代工笔画《出水芙蓉》后，自己重新画了一幅创作稿，将我讲的构图知识学以致用，自己组成新的画面，这是她的稿子（如图 8所示）。在离开中国时，安碧儿恋恋不舍，因为她在学习过程中感受到了画中国画的乐趣。

图7　美国留学生安碧儿在临摹宋画　　　图8　安碧儿自己画的创作画稿

三、肯定学生成绩，鼓励学生在生活中应用自己所学的知识和技能

我深知实现自我价值是每一位留学生的内在愿望，在认真教留学生画画的同时，我还精心设计了多种教学反馈形式，提供学生们在现实生活中展示自己才华的机会。每次上课前，我会经常将学生们的国画作品摆在一起，让学生们自己来对比作品之间的差距，我借此机会向留学生讲述艺术家都是做事认真、一丝不苟的人，从事艺术的人都要全神贯注，能静下心来，并且是心灵手巧的人，以此鼓励学生们不断努力，细心学习中国画的表现技法。一般来讲，我有如下四种方式对留学生作品进行反馈：一种形式是将学生们优秀的工笔作品加以装裱，在学生们上课的教学楼走廊里展示。另一种形式是将学生们优秀的工笔作品在学校公共小画廊里展出，在展示时还要将学生的照片与画作放在一起，这也是对学生们努力的一种肯定。在观看自己作品的时候，对于留学生自身来讲，也是一种自我评价，他们从同学那里也学到了很多东西，增强学生们的自豪感。第三种形式是将学生们的作品细心装裱好，返还给他们，让他们带回本国，向家人展示他们的学习成果。第四种形式是将留学生们认真上美术课的场景制成录像，给留学生们播放，进行鼓励宣传。每一届留学生毕业时，我都坚持做反馈活动。通过我的授课，留学生提高了审美能力，他们能够辨别出工笔国画的好坏，能够从构图、色彩等方面认识到东方艺术的美。同时学以致用，鼓励留学生利用他们的美术作品，参与到学校各项装饰美化校园的实践活动中。对于留学生们的作业要给予正确的艺术评价，尊重他们的学习成果。

图9　2018年5月国际部走廊展出留学生部分国
画作品

图10　展板前言

　　我读了《学以致用：世界教育趋势及令人振奋的实践》一书，书中第73页
讲到学生技能和能力的评价方式依然受制于旧时的评价方法，它不能足够反映
出如解决问题的能力等"21世纪技能"的重要性。在中国，作为大学入学考试
的"高考"让人们筋疲力尽，因此备受指责，被诟病为"背诵能力测试"。南
方科技大学的学生何明浩说："因为这个考试，高中老师将所有的努力都用于帮
助学生通过大学入学考试，而不是提升自己知识的质量。优先次序就错了——
我们需要学习新的重要的技能，而不是机械地重复信息。"我对于我学生的评价
方式不像高考那样，而是运用多种反馈形式。这一方面是由学习科目的特殊性
所决定的，还有另一方面基于对教育人性化的不同理解。当我上国画课时，绝
不是将所有的作品都展示，那些背离了高品位艺术的糊涂之作，是不给展出的。
有很多留学生都希望将自己的画作带回西方国家，送给自己的父母欣赏。有的
学生的作品作为学校领导到欧洲国际学校进行文化交流的礼物，还有的挂在学
校教学楼的走廊墙壁上，每当留学生们经过时，都能看到谁的作品被装裱好，
在那里被展示，这也是一种光荣、一种肯定。

　　在今后，对于国际化学校的美术教育，我也做了更深层次的规划。我常常
这样想：如果我是一名留学生，在我很年轻时，应该广泛学习各种知识，千里
迢迢来到国外，我应该怎样学习，我会遇到什么样的老师，我能得到什么真才
实学呢？教育是一个心灵对另一个心灵的鼓励和启发。我想如果遇到的外国老
师，他只是像蜻蜓点水一样，讲些知识的皮毛，应付了事，那我就什么也学不
到了，白白浪费了学习时间。因此，我在给留学生上课时，常常讲到他们来中
国学习是多么不容易，一定要珍惜学习机会。我想我教的留学生在上完国画课

图 11　留学生波维华准备将他的国画作品送给他的妈妈

图 12　每一届的留学生最后毕业时张伟老师都和他们来一张全家福合影，纪念这美好的时光

时，通过他自己所掌握的国画技巧，画出了满意的精美的国画作品时，那他一定会对中国画产生浓厚的兴趣，并且会向他的父母、同学等身边的众多亲朋好友讲述他的中国留学经历，这些会成为他终生难忘的美好记忆，这样潜移默化地培养了留学生对中华传统艺术的热爱。每次留学生要离开中国时，我都跟他们照一张合影，也让他们拿着自己的国画作品拍照留念，让他们记住在中国学习的幸福时光。我国南宋诗人陆游在《冬夜读书示子聿》一诗中劝勉他的儿子学习时，说道："古人学问无遗力，少壮功夫老始成。纸上得来终觉浅，绝知此事要躬行。"意思是说，前人做学问总是不遗余力的，即使这样，从年轻时开始

就下苦功夫，并且不断努力，直至老年才有所成就。学生仅仅是从书本上得到的知识终归是浅显的，最终要想认识事物的本质，还必须自己亲身努力去实践。真正的美术教育是来不得虚假的，真正从事教育的人，更知道在教学中让学生学以致用的重要性。

图 13　留学生古朋和他的国画作品

图 14　留学生蔡南琳和她的国画作品

习近平主席多次谈到继承和弘扬中国优秀的民族传统文化的重要性，中国是世界上具有灿烂文化的国家，我们有很强的民族文化自豪感。通过众多优秀的艺术教育工作者的努力，我们会培养许许多多热爱中国艺术的留学生，他们会领悟到中国艺术中蕴含的中国艺术精神。经过一届又一届的留学生的传播和交流，也会让世界上越来越多的人感受到中国艺术的魅力。很欣慰，我的工笔画课提升了我们八十中国际部留学生的艺术素养，真正有效地实现了艺术的传播和交流，培养众多留学生对于中华民族文化的认同感。展望未来，我会更加努力工作，将这一领域的工作做得更好、更有新意。

参考文献：

［1］刘文斌. 古画·临摹·实技［M］. 沈阳：辽宁美术出版社，2001.

［2］〔英〕瓦莱丽·汉农，〔英〕萨拉·吉林森，〔英〕莉奥妮·香克斯. 学以致用：世界教育趋势及令人振奋的实践［M］. 北京：中国人民大学出版社，2016.